経営と技術

テクノロジーを活かす経営が
企業の明暗を分ける

クリス・フロイド[著]

前田琢磨[訳]

経営と技術

MANAGING TECHNOLOGY FOR
CORPORATE SUCCESS
by
Chris Floyd
Copyright © Chris Floyd 1997 All rights reserved.
Published by Gower Publishing Limited
Japanese translation rights arranged with Gower Publishing Limited
through Japan UNI Agency, Inc., Tokyo.

訳者まえがき

　研究開発・技術開発を技術屋に任せて事業成果がでる時代は、歴史的には20世紀の半ばに終わった。今では、研究・開発・生産・営業・企画など機能横断的な垣根を取り払い総力で戦わない限り、技術を実用化し市場に製品やサービスを輩出していくことはもちろんのこと、市場で競争力を発揮することは覚束ない。こうした話はもはや語りつくされているように思えるが、これを実践できている企業は少ない。

　そもそも、研究開発を巣立った技術が実用化され、上市に至るのは開発テーマで見ると4テーマに1つと一般的には言われている。さらに、4つのうち1つが上市できたとしても、その後、自由競争の中で生き残れるのはさらに少ないのだ。こうしてみると、研究開発から市場競争まで全体を眺めたとき、研究テーマとして採用されてから市場競争で生き残る確率は、おそらく1割もしくはそれ以下というのが実感ではないだろうか。

　このように生存率が低いのは、かならずしも技術屋だけの問題ではない。また、研究開発を巣立つのは4テーマのうち1つと先述したが、残りの3テーマのうち2つはマーケティングの問題で実用化が断念されていると言われている。営業・マーケティング側も当然その責を負っているのだ。

　研究・開発・生産・営業といった機能部門を横断的に束ねることができるのは、本質的にはその上位に構える経営幹部でしかない。機能別部門はその本質的特性として、自身の役割に集中する傾向がある。役割という冠をかぶせられた瞬間から、他の役割には関わらなくて良いと考えがちなのだ。いくら機能横断的に協力するように号令をかけても、いくら研究や開発の部門長が奔走しても、各機能が自律的かつ効果的に機能間融合することは稀である。真のパフォーマンスを発揮させるカギは、経営トップに委ねられているのだ。経営トップのコミットメント、つまり本気で取組まない限りこうした本質的な機能融合型の企業運営はおぼつかない。その意味で、技術にまつわる経営論をCTOだけのものと考えたりしてはならない。事業の競争優位を技術に依存している企業にとって技術は経営課題そのものなのである。

経営と技術の関係の歴史は長い。おそらく、技術が当時の企業経営に爆発的なインパクトを与えた最初の歴史的出来事は、1771年の産業革命であろう。蒸気の物理現象を活用して大量生産する手段を獲得し、一気に原料から製品を仕上げることに成功した。次が1804年のリチャード・トレビシックによる蒸気機関車の発明。この最初の商用化が1825年のイギリスのストックトン・ダーリントン間を結ぶ鉄道である。翌々年の1827年には、アメリカでも商用鉄道事業が開始された。以降、19世紀は世界中に鉄道網が発達した。

こうした中、ペンシルバニア鉄道は1876年に世界で最初と思われる企業研究所を設立する。しかし、この研究所の成果は決して目覚しくはない。鉄道における多くの目覚しい技術革新は外部発明家に頼っており、エア・ブレーキ、ポイント、信号機に関する多くの発明は、外部のジョージ・ウェスティンハウスによるところが多い。

一方、19世紀後半の科学の先端であったドイツでは産業界が大学の研究を資金面で支援した。時には独占的な支援を行い優秀な大学院生をそのまま採用したりしていた。事実上の企業研究所の始まりであり、企業が自前で研究所を正式に持つのは時間の問題であった。ドイツのバイエル社などはその先駆けである。

このころの企業研究所の多くは、まだ経営者の関与が少なく科学者の経験と勘に頼っていた。科学者は科学者で、金儲けのための研究は純粋でないという時代の空気のなかで、大学の純粋な学術的追求をしている人たちに揶揄されながら研究をしていた。経営者は、エジソンが発明した白熱電球やデュポンのナイロン66のようなものが発明されることを願い、科学者に任せておけば何か出てくるだろうと考えていた。ADLでは、これを「第一世代のR&D」と呼ぶ。

その後、20世紀半ばから後半にかけて自然科学の原理を技術に応用し製品化する流れは枯渇してきた。R&Dからなかなか、モノが出なくなってきたのである。経営者は「R&Dどうした」とばかりに、研究・開発に歩み寄り、「お客が欲しがっているものは何か」、それを作るためにはどうすればいいかを議論し、社内プロジェクトチームを立ち上げ、研究開発をバックアップするようになる。今でも、この「第二世代のR&D」を行っている企業が多く存在する。

そうこうしているうちに、時代は多いに進んだ。ビジネスは、もはや一人で

は出来ないほど複雑になり、専門性が進み、また顧客の嗜好が多様化した。いままでのプロジェクト型R&Dに頼った経営を続けている限り、この時代の流れにはついていけないと考える。世の中のあらゆるBest & Brightestの人材やリソースをオープンに取り入れながら、研究・開発・生産・営業が真に融合し、多様な市場ニーズを先取りまたは応えていく「第三世代のR&D」を模索しつづけなければならない。第三世代のR&Dのエッセンスは、1991年に弊社が発行した『第三世代のR&D』（ダイヤモンド社）に詳しい。

　このように社内外の垣根を取り払い、時代のニーズに合った本質的な融合を遂げた経営を行っていく重要性は次のような例を見ると分かりやすい。自動車業界でのガソリンエンジンと電気の融合、コンピュータと通信さらに放送の融合、製薬業界における化学とバイオの融合。こうした業界を越えた技術の融合は、経営が積極的に取組まない限り成し遂げられない。また、半導体業界では、微細化が究極的に進み、微細化そのものをシリコン・レベルで考えるデバイス屋だけに委ねておけばいい時代は終わり、いまでは回路屋、実装屋、CAD屋が総力で戦わなければならない。これも研究者ひとりひとりに委ねていただけではなかなか進まない。なぜなら、通常、異なる研究組織で異なる研究テーマとして取組が行われているからである。この意味で、半導体業界のような場合でも、経営の関与が不可欠である。

　さらに、iPodのようなものも時代の潮流の嗅覚に長けた経営者が必要だ。iPodの場合、技術そのものはいずれも最先端技術というわけではない。State of the artともいうべき技術を組み合わせてつくられたものだ。世の中の多くの技術者が、iPodを始めてみたときに、「おれでも作れる」と思ったのではないだろうか。しかし、結果的には簡単に見えても、それを最初に行うのは難しい。パソコンに様々なデータ（音楽、動画など）の複雑なデータベース・マネジメントを任せ、iPod自身は再生に特化してAppleらしいシンプルで洗練されたデザインを金属表面加工技術やインターフェース技術に求めていくそのやり方は、時代の技術潮流を感じられない限り、纏め上げることはなかなかできない。ばらばらに存在していた個別技術を融合させてひとつの新しい形にするためには、世の中を広く見て新しいものを創造する構想力が必要なのである。これもまた、個別技術に没頭している技術者ではなく、そこから一段抜けた経営レベル

で主導し個別要素を融合させないとコトは起きないと思われる。

　本書の邦題を考えるにあたり「技術経営」という言葉をあえて避けた。この言葉は、あたかも「経営」とは異なる何かが存在するかのような錯覚をもたらす。または、「技術者が担うべき経営」といった経営の役割分担論と誤解される可能性もある。こうした錯覚や誤解は、時に経営者を「技術経営」から遠ざけ、技術をマネジメントすることをCTOの課題として矮小化させてしまう。CTOの本質のひとつは経営陣が技術にコミットすることを組織的に体現することなのである。繰返しになるが技術を世の中の役に立つ形で市場に出すためには、先述した「第三世代のR&D」さながら機能役割の垣根を越えて全社員および外部のパートナー企業と協力しながら総力で戦わなければならない。そのためには技術をマネジメントするための経営のコミットメントが欠かせない。その意味を込めて、「経営と技術」という邦題とし、「経営」という言葉を最初に据えた。

　邦題に込めた意味からも想像できるとおり本書は、最高技術責任者（CTO）や研究所長・研究技術企画担当者のような技術関係者だけでなく、経営と技術に関わっている経営幹部（CEO、役員）・管理職・経営企画担当者を対象としている。「技術畑」「生産畑」「営業畑」などの役割の差も意識していない。もし読者の所属している会社の事業の競争優位性が技術と何らかの関係があるのであれば、ぜひ本書を手にとって読んでいただきたい。もちろん、志のあるマネジメント予備層の方も対象としている。

　本書は経営者が企業において技術とどう付き合っていけばよいか、また技術者がどのように技術を事業価値に結び付けていけばよいかの「経営と技術」の基本が包括的かつ体系的にコンパクトにまとめてあり、読者の方々は技術マネジメントのさまざまな示唆を得られるものと自負している。

　最後に、この本を日本に紹介することで、少しでも多くの方々が「経営と技術」について理解が進み、日本の技術と経済、ひいては社会の発展に寄与すれば幸いである。

2008年10月
前田琢磨

経営と技術　目次

訳者まえがき　*3*

序 論　**なぜ技術が重要なのか**　*13*

第1章　**技術とは何か？**　*17*
　技術はあらゆる製造業にとって重要　*19*
　● 製品の差別化　*19*
　● コストの削減　*21*
　● 新しいビジネスチャンスの創出　*22*
　● 戦略転換の促進と支持　*24*
　長期的成長への道　*25*

第2章　**本社は技術とどう関わるべきか**　*31*
　本社の関与を促す要因　*31*
　● 会社の成長と技術の選択　*31*
　● 投資の規模　*34*
　● 技術の相乗効果　*35*
　本社のマネジメントスタイル　*38*
　本社の技術方針　*41*
　経営が積極的に関与すべき領域　*44*
　● 長期的ポジショニング　*44*
　● 技術ポートフォリオのバランス　*45*
　● 相乗効果の実現　*47*
　● 合弁事業と提携事業の立ち上げ　*47*
　● 事業部活動の監視　*48*

第3章　**技術ポジショニングの評価**　*51*
　どの技術が必要かを決定する　*55*
　● 製品／市場セグメントの特定　*57*
　● 競争の基盤を特定する　*58*
　● 成功要因（KFS）の見極め　*59*
　● 関連技術の特定　*61*
　● 戦略的に重要な技術の選択　*67*
　競争上の強みと弱みの把握　*71*

第4章　技術戦略の策定　*79*

企業の技術の優先順位の設定　*79*
戦略的活動の決定　*85*
- 技術プロジェクトの決定　*85*
- 個別プロジェクトの評価　*87*
- ポートフォリオの評価　*94*
- 本社レベルでの評価　*95*
- 計画の最終化　*96*

第5章　長期的な計画立案　*101*

技術進化の予測　*102*
- トレンドの外挿　*103*
- デルファイ予測　*108*
- 市場圧力の予測　*110*

代替脅威の予想　*113*
- 代替技術になりうる技術の特定　*121*
- 技術の成熟度の監視　*122*
- 代替技術を提供する業種の特定　*123*
- 代替技術の出現の監視　*124*

代替脅威への対応　*125*
技術変化の脆弱性の軽減　*128*
- 特定の技術への過剰な依存を避ける　*128*
- 市場テスト　*130*
- 新市場の創造　*131*
- 将来の製品の計画　*133*
- 技術以外の要因の強化　*133*

第6章　技術の購入　*135*

なぜ技術を購入するのか？　*136*
何を購入すべきか？　*141*
技術の外部委託の管理　*143*
- 技術開発の契約　*145*
- 技術の購入またはライセンス供与　*146*
- 技術開発のリスク分担　*148*
- 提携と合弁事業　*149*

長期的な協力　*153*
競合企業との共同開発　*155*
公共分野の資金調達　*161*
事業成果の創出　*162*

第7章　技術の販売　163

なぜ技術を売るのか？ 164
- 消極的な販売　164
- 積極的な販売　167

技術の戦略目標との整合化 169
- 戦略的レバレッジの獲得　170
- コア事業の強化　174
- 収益の創出　176

技術販売の管理 177
- 戦略的ガイドライン　177
- ガイドラインの実行　179

技術資産の評価 180
- 技術提供者の再現コスト　181
- 技術購入者の再現コスト　182
- 将来価値　183
- 時間依存将来価値　183

第8章　技術活動の組織化　185

マネジメントの役割 187

最高技術責任者の役割 190
- 技術戦略の決定　191
- 研究開発プランの作成　192
- 戦略の調整　193
- 職務上のリーダーとしての役割　194
- 販売とライセンス供与の管理　194
- 技術的アドバイスの提供　194
- 新事業のサポート　195

組織構成 195
- 戦略研究　197
- 技術プロジェクト　199
- 製品開発　201
- 製品製造　203
- 技術サポート　203

権限委譲のトレンド 207

グローバル組織 207
- 組織戦略の適合　208
- 国際的な障壁への対処　210

技術開発の資金調達 211

第9章 イノベーションを起こす　*219*

社風の創造　*221*
- 報奨制度　*223*
- コミュニケーション　*224*
- 経営体質　*228*
- イノベーションの価値に対する社内の認知　*231*
- 外部との接触　*231*

チームワークの奨励　*232*
- 最適な環境の整備　*234*
- 分散したチームを管理する　*237*
- 開発プロセスに合わせてチームを管理する　*239*

障害を取り壊す　*242*

第10章 成果測定とベンチマーキング　*247*

測定し難いものの測定　*247*
既存の測定方法　*249*
マクロ指標　*252*
- 創造性の測定　*254*
- 創造性の活用の指標　*256*
- 比較計測　*260*

ミクロ指標　*263*
ベストプラクティスに対するベンチマーキング　*266*
- 開発力のベンチマーキング　*266*
- 開発プロセスのベンチマーキング　*268*
- 「世界クラス」のベンチマーク　*269*

第11章 技術と株主価値　*271*

コストと利益の見積もり　*272*
技術の重要性の社内への伝達　*273*
- イメージ　*275*
- 価値　*276*
- 満足感　*277*

技術の重要性の外部への伝達　*278*
- 情報公開と伝達ルールの作成　*282*
- メッセージとなる「イメージ」の開発　*283*
- 「価値／満足感」メッセージの開発　*286*
- 「私は自分の会社に投資するだろうか？」　*287*

計画は長期的な株主価値につながるか？　*293*

参考文献一覧　*296*
図表一覧　*299*

序論

INTRODUCTION

　あなたが売上高4,000億円、収益600億円の消費財メーカーのCEO（最高経営責任者）だとしよう。あなたの会社は業界ではごく一般的な企業とする。この会社は、次々に新製品を発売し、現代的な生産工程によって低コストで効率的な生産を行うために、毎年約120億円を技術と新製品の開発に費やしていた。ところが、何もかもうまくいかない。投資の大半が無駄になっており、新しいプロダクト・イノベーションではいつも業界で2位、3位といったところ。生産工程でさえ、競合企業が利用している最新の製造技術に遅れを取っていた。

　対処を迫られた社員は、多大な努力を払って製品開発プロセスを合理化し、開発の遅れをいくらか取り戻した。これで約6億円の純利益になるのだという。純利益として手元に残る現金は常に便利だが、わくわくするほどのものではない。あなたは技術責任者にさらに努力するように伝えた。数カ月後、彼は工程のスピードアップによってさらに6億円の追加利益を獲得できると得意げに報告に来たが、あなたはそれでもまだ十分ではないと彼に告げる。

　すると彼は立ち去り、別のアプローチで問題に取り組む。最初からやり直し、技術が事業にどれほど付加価値を与えるかを考え、何を社内で行い、何を外部に委託するかを特定した。また、どのように営業資源と技術資源をまとめるべきか、どのようなチェック・アンド・バランスを導入すべきかを考えた。この努力の根底にあるのは、技術による価値創出は、コストの抑制目的より、事業成果と価値向上を目的としていることに徐々に気づきはじめたということである。言い換えれば、価値は主として開発プロセスの改善だけでなく、より良い製品とより良い生産技術の両方を開発することから生じる。

このアプローチの結果は、驚くべきものだ。見積もりは、この努力の正味現在価値が260億円を超えること、そしてこれは適切な活動に焦点を絞っただけで達成できたことを意味している。こうした活動を通して生まれた技術マネジメントの向上を強みとして、会社はさらに大きな収益を上げながらイノベーション主導の成長をとげていくことになるだろう。

ここで紹介した実例をみれば、優れた技術マネジメントがどれほど大きな利益をもたらし得るかがわかる。これは技術マネジメントが悪かった会社の例ではない。むしろ、優先事項を決める既存のプロセス、プロジェクト管理、資本配分などが適切に行われている一般的な多くのヨーロッパ企業の例である。ここで実際に問題となったのは、不適切な技術マネジメントそれ自体ではなく、優れた技術主導のイノベーションが販売、利益、事業の長期的成長につながっていなかったことである。

本書では、前述のような利益をもたらす技術マネジメントの方法を扱う。製品と生産に利用される技術に焦点を合わせた本書の目的は、優れた製品を生み出すために、戦略、プロセス、組織の点から見て、どのように技術をマネジメントすべきかについて概説することにある。

技術とイノベーションが事業の成功にとって欠かせないという考えは、新しいものではない。かつて、多くの経営者や戦略アドバイザーは、会社の役割を単一の技術群に基づいた単一の目標を持つ単一の企業体とみなして、比較的単純化されたアプローチを採用してきた。したがって、技術のリーダーになるかフォロワーになるかという決定、その結果生じる技術戦略の検討、組織的枠組みの決定なども、比較的単純に行われてきた。

しかし、今日の企業はそのようなものではない。分権的なコングロマリットも多く、収益の伸びに重点を置き、多様な分野にわたる製品、技術、地域、市場をカバーしている。同じグループ企業内に、低コストの日用品を製造する事業体もあれば、最先端技術でニッチ市場に参入する事業体もある。その一方で、技術はかつてないほど事業の成功にとって不可欠になっている。競争の圧力が増せば増すほど、差別化の余地は少なくなり、技術は、多くの競合企業が保有するただの武器になり下がってしまう。

そのため企業経営者は、技術の優先順位を決め、長期的な脅威と機会を予測し、社内のさまざまな事業に技術資源を配分するという難しい課題に直面している。本書は、こうした課題の解決を助けることを目的とする。

　したがって本書が想定する対象読者は、最高技術責任者や研究開発責任者に限らず、経営陣や管理職、そのアドバイザーである。第1、2、11章で紹介する議論は、企業の技術とイノベーションのマネジメントが、部門責任者だけに任せられないほど企業の成功にとって重要であることを示している。

　本書は三つの部分に分かれる。第1、2章では、企業における技術の役割を検討し、効果的な技術マネジメントが事業にとってどれほど重要であるかを説明する。第3～7章では技術戦略の策定方法を扱う。最後の第8～11章では、技術マネジメントの実務である組織論、管理プロセス、評価指標、コミュニケーションについて詳述する。

第1章
なぜ技術が重要なのか

WHY TECHNOLOGY MATTERS

本章では、技術が何を意味するのか、またどのような方法で事業に影響を与え得るのかについて詳しく説明する。次に、大企業が多岐にわたる事業分野の技術を管理するときに直面する問題を取り上げ、企業の代替技術方針のメリットを検証する。

技術とは何か？

第一に、テクノロジー（技術）とは何か？　この言葉は、しばしば誤解されている。多くの人が技術とは情報技術を意味すると考えており★、さらにその定義を広げて、技術的であるか否かにかかわらず情報システムのあらゆる側面をカバーする包括的な用語として使っている。また、技術を何か科学的なものを意味する言葉として使っている人もいる。技術者（テクノロジスト）は科学者（サイエンティスト）、つまり研究室で長期間の理論的研究を行う白衣の人のことだと思っている。だが、どちらの定義も包括的でもなく正確でもない。

ビジネスとの関連では、次の幅広い定義を用いる必要がある。

★　日本では必ずしも当てはまらないかもしれない。著者が本書を執筆した時代と国籍に注意。

技術とは、製品または提供品、生産工程または事業運営に関する構想・開発・応用のための、科学的あるいは工学的知識の実用化である。

　このやや冗長な定義の各要素は、きわめて重要だ。第一に、技術は知識そのものではなく、知識の実用化と関係がある。この点で科学とは異なる。金属学は科学だが、帯鋼の鋳造は技術である。技術は科学的知識にもとづくが、知識それ自体だけでは不十分だ。技術とは知識をいかに応用するかということを知っていることである。

　第二に事業に関わる技術だけが潜在的な利益を持つ技術である。そのため、「製品あるいは提供品、生産工程あるいは事業運営に関する構想・開発・応用」という表現が成り立つ。企業が技術を利用して製品開発や生産工程のイノベーションに成功したいなら、この広範な定義を用いることが重要だ。特に、技術と科学を結びつけるという従来の定義を用いると、企業は技術的差別化を実現する機会を見逃すようなマインドに陥る。製紙化学にとりつかれた製紙会社は、新しい包装技術やロジスティックス計画システムの利益を十分に利用できない可能性が高い。電子設計や技術的性能にとりつかれた家電メーカーは、消費者の購買決定要因である製品の感触や雰囲気をあまり重視しない恐れがある。

　対照的に、技術を広義にとらえると、たとえ事業が会社の中核にある科学領域と関係がなくても技術がその事業のどこにインパクトを与えることができるかをとらえることができる。FDA（米国食品医薬品局）の認可を得る方法を知ったり、缶詰製造ラインをオートメーション化したり、半導体製造設備を効率よく稼働させることは、製造される製品の背後にある科学を深く理解することよりも、事業上ずっと重要かもしれない。だが定義を広げすぎると、競争力のあらゆる側面は多少の科学的・工学的知識の応用を必要とするため、「技術」は「企業競争力」と同義語になる恐れがある。それでも、技術マネジメントについての優先順位を判断するには、技術活用の選択肢をなるべく幅広く考えることからスタートするほうがいい。

　技術の定義を自分なりにはっきりと考えるにあたり、なぜ技術が重要なのかもよく考える必要がある。技術は二つの理由できわめて重要だ。第一に、技術はあらゆる製造業（と多くのサービス業）の成功にとって欠かすことができない。

技術の効果的な利用なしには、どんな競争状態も維持できない。第二に、テクノロジー主導のイノベーションは長期的成長へ至る唯一の道であり、そのため、長期にわたって技術の使い道を明示的にマネジメントする必要がある。

技術はあらゆる製造業にとって重要

技術は以下に到達するための第一の、そしてしばしば唯一の手段である。

- 製品の差別化。
- コストの削減。
- 新しいビジネスチャンスの創出（または代替脅威との対抗）。
- 戦略転換の促進と支援。

●───製品の差別化

製品の差別化は、技術の活用の最もわかりやすい目的だ。他の製品とは一線を画す製品の開発は、新しい技術の応用をほぼ常に必要とする。缶入りドラフトビール、電子レンジで作れるポップコーンなどは、技術的な差別化から利益を得た典型的な製品だ。またドライラン・ガスコンプレッサ・シール★、引抜強化プラスチック構造材、インクジェット用プリンタなどは、その工業製品の例である。

技術的差別化は、しばしば製品ライフサイクルの満期に続いて起こる。製品が最初に売り出されたときには、その存在だけで十分差別化されている。最初の製品を作るときや、顧客に受け入れられるまで性能をよくする段階では、技術的努力が主な焦点になる。製品は完成すると、成長段階に移る。顧客が競合他社の製品のほうを買いたがるようになると、差別化のポイントは顧客のニーズに最適な製品機能の向上になる。通常これは、より費用対効果が高く、より信頼性があり、よりメンテナンスが簡単な製品を開発する技術の利用を意味す

★ ガス圧縮機（コンプレッサ）の漏れを防ぐための仕組み（シール）。ドライランとはプログラムチェックを行うために空運転すること。

る。最終段階になると、すべての製品がこれらのニーズを十分に満たし、市場が成熟し、別の転換期が訪れる。転換期では、製品性能の限界を拡大するような差別化特性が求められるようになる。

工業用インクジェット・プリンターを例にとれば、初期段階は規制の要件を守るための製品、つまりソフトドリンクの缶に賞味期限を印字するプリンターの開発だった。ECの規制では、缶入り飲料に賞味期限を表示する必要があった。缶詰製造ラインの速度は非常に速いので、密着焼き付けやプリントネームの貼り付けによる賞味期限の表示は実用的ではなかった。当時最新式の缶詰ラインには1分間に1,000個の缶が流れていたが、最も速い密着焼付法でもその速度の半分以下が限界だった。インクジェット・プリンターでは、一筋のインクの滴がノズルを通じて製品に吹き付けられ、文字を作り出す。非常に高速での印字が可能であり、初期の印字の形や品質は悪かったが、缶詰ラインをフルスピードに保てることを考えればささやかな代償だった。

当初は、インクジェット・プリンターは使用できる唯一の技術であり、製品の存在そのものが十分な差別化だった。他社が競合製品の開発を始めると、業界トップはより高い解像度やより速い印刷速度という性能の向上によって差別化を進めようとした。だがまもなく、より高い信頼性とより簡単な保守性という顧客の激しい要求を満たすことに重点を移さざるをえなくなった。初期の製品はノズルの詰まりやインク汚れに悩まされ、それほど信頼性の高いものではなかったのだ。バックアップ用のプリンターのコストは稼働ラインを保つために支払うべきささやかな代償だと主張して、製造ラインごとに二つのプリンターを設置する缶詰製造業者もいたほどだ。

製品がもっと普及すると、顧客は信頼性や使いやすさの向上を要求するようになった。最初の製品が売り出されてから20年以上経ったころには、インクジェット・プリンターは成熟した事業になった。今や差別化の焦点は製品の性能に戻り、投資の方向はオレンジなどの果物や野菜に吹き付けるための食用インク技術、インクの消費量がより少なく文字の形がより正確なドロップ・オン・デマンド技術、そしてより環境への影響が小さい水性インクなどに向かっている。このような成熟の後期と平行して、雑誌の宛名ラベル付けや他の包装材へのラベリングなどへの利用が広がった。

このインクジェット・プリンターの例は二つの重要なポイントを浮き彫りにしている。第一に、技術が工業用インクジェット・プリンターにとってその存在全体を通じてきわめて重要な差別化要因だったことである。第二に、技術的優位性をめぐる競争により、技術的努力の目標が絶えず変わってきたことである。文字定義のよりよいアルゴリズムを設計する技術者は、より安く、より信頼性の高い製品を開発する電子設計技術者に取って代わられ、その電子設計技術者が今度は食用インクを開発する食品化学者に取って代わられる。技術開発チームを確立するには何年もかかるので、効果的な技術マネジメントはこの事業にとって昔も今も最優先事項の一つである。

●──コストの削減

すべての産業において、成熟期に差別化の機会が生まれるわけではない。必需品になった製品、たとえば鋼鉄やアルミニウムの半製品、塩基薬剤、ポリマーなどの原材料事業にとって、技術マネジメントの主眼はコストの削減にある。アルミニウムの精錬はおもしろい例だ。アルミニウムの精錬は、限定された領域内で非常に激しい競争がくり広げられている資本集約産業である。というのも、産出される金属の世界市場価格に応じて、原料とエネルギーの単価がほとんど決められているからだ。企業は、精錬所の場所、金属の供給契約、下流部門の提携や統合などによって収益性や市場占有率を上げることに注力してきたが、業績を上げる重要な手段は、より優れた技術を活用して加工費を削減することである。

利用された技術は、1886年に初めて開発されたホール・エルー法だ。これは、アルミナを溶解させたおよそ950℃の電解塩浴でアルミニウムを作る方法である。高電流の直流電流を約6ボルトの低電圧で通すと、黒鉛の陰極に液体アルミニウムが沈殿する。この製法の概念は単純だが、高温と高アンペアが必要なため当時は実用化が難しかった。だが、当然のことながら、1886年からこれまでにプラントの規模は拡大し、生産性は大きく向上した。

図表1.1が示すように、プラントの規模は80年間で100倍に増大し、溶解電流は50倍以上に増加した。より大規模で生産性の高いプラントに移行した結果、アルミニウム精錬の主な変動費であるエネルギー消費量は、1890年の

図表1.1　アルミニウム製錬業者の発展

年	典型的なプラントの規模 (トン／年)	溶解電流 (アンペア)
1910	3,000	5,000
1950	100,000	36,000
1990	300,000	280,000

出典：アーサー・D・リトル

1kgあたり40kwh（キロワット・アワー）から、1910年の24kwh、1990年の14kwhに変動した。この傾向は続くものと思われる。

　長年にわたり向上の一途をたどる技術開発のおかげで、ますます大規模で優れた設計の精錬所がより精密な制御システムの下で稼働するようになった。この技術はインクジェット・プリンターよりもゆっくりと変化しており、技術開発の方向はより予想しやすい。それでも、新しいプラントの費用と、小さな技術改良が事業の変動費に大きな影響を及ぼすことを考えれば、あらゆる技術的決定が全体的な収益性にとって重要な意味をもつことがわかる。効果的な技術マネジメントは経営にとって最優先事項なのである。

●──新しいビジネスチャンスの創出

　この第三の技術の役割は、元来、魅力的でわくわくするものであり、誰もが話題にしたがるものの一つである。だが残念なことに、コスト削減や既存製品の改良に比べると、あまり重要とは見なされていない。技術経営が盛んに叫ばれているにもかかわらず、大部分の事業イノベーションはマーケティング主導のものであり技術主導のものではない。技術を新規事業のドライバーとして活用している企業は少なく、多くの企業はそれを難しい戦略ととらえている。しかし、この難しい道を選び、技術を基に前進した企業の一つがレイケムである。放射線化学を専門とする何人かの科学者によって設立された（それが名称の由来である[1]）この企業は、プラスチックと金属とセラミックスの物質特性の

---

[1] Ray＝放射、Chem＝Chemistry（化学）

変化に基づいて専門的な部品を作る大事業を築いてきた。形状記憶合金、熱収縮プラスチック、特殊回路防御装置などが代表的な製品だ。

1957年の設立以来、レイケムは経常売上高約1,600億円、40カ国以上で従業員約1万人を有するまでに成長した。レイケムの戦略は、3Mと同様、同社の原料の専門的知識の応用によって無数のニッチ市場のニーズを満たすことだ。たとえば、耐火性ケーブルシース★2と熱収縮ケーブルコネクタ・スリーブ★3は、いずれも熱収縮ポリマー技術を利用しているが、まったく違うニッチ市場をターゲットとしている。この方法の長所の一つは、製品が対象用途にのみ特別に最適化されており、多くの場合特許で保護されているため非常に高いマージンをもたらすことだ。だが、ニッチ市場は成長の余地が少ない。したがって事業全体を成長させるためには新しいニッチ市場を見つけつづけることが必要である。さらに悪いことに、事業が安定的に成長すると、未開発のチャンスの数が減少するにしたがって、もっと優れたもっと大きいニッチ市場を見つけねばならないというプレッシャーが増大する。結果として、この戦略に従う企業は、既存の市場よりも小規模なニッチ市場での売上を求めるにつれて、成長を維持するのがますます困難になることに気づく。この問題はしばしば、新製品のニッチ市場が見つかるたびに新しいマーケティングと流通チャネルを加える必要があることから生じる。そのため、コア技術に基づいた事業戦略を立てることは、ビジョンと優れた技術、そして戦略と整合する事業領域を有する企業だけが実現できるハイリスクなアプローチである。

技術主導のアプローチをまったく無視すべきだというわけではない。もしチャンスが現れたら、もし新事業領域が事業の全体目標や戦略と一致するものなら、すべての事業は新事業領域を切り拓く技術を利用すべきだ。もしチャンスが既存事業の方向性と一致しないなら注意しなければならない。技術だけが新事業領域に進出するための根拠となることはまれである。

ある企業にビジネスチャンスをもたらす新技術は、他の企業にとって脅威となる。レイケムがケーブルコネクタ・スリーブ向けの熱収縮プラスチックを開発したとき、樹脂充填ダイカスト★4合金コネクティング・ボックスを製造

★2 シース：鎧装（がいそう）のこと。
★3 スリーブ：棒軸などをはめ込む金具。
★4 ダイカスト：鋳造方式の一つ。金型に溶融した金属を圧入して鋳物を大量生産。

していた企業は事業から手を引いた。同様に、電卓が計算尺★に取って代わり、CDがテープやレコードに取って代わり、トランジスタに代わってダイオードが、次にダイオードに代わって集積回路が用いられる。技術的な脅威はしばしばその産業の外部からやってくる。そして、事業運営に急激な変化をもたらす脅威が予想されても、それに適応するのは難しい。唯一の逃げ道は、脅威に対応する戦略を開発する余裕がある早い段階で、その脅威に気づくことだ。この点で、技術は事業の成功にとって欠かせない。すべての経営責任者はこれを効果的にマネジメントする方法を理解すべきである。

●───戦略転換の促進と支持

　技術は戦略転換の「てこ」として重要な役割を果たしうる。まず、ヨーロッパに拠点を置く電球メーカーの事例を見てみよう。マーケットリーダーになるだけのスケールメリットがない中で、低価格競争に直面したこの会社は、大量生産型の家庭用電球メーカーから、スポットライトやキャンドル電球のような少量生産型の国産品ニッチメーカーに戦略転換した。その結果、幅広い種類の製品とより高い在庫水準が必要になることが判明し、生産管理システムを変更した。ところが、基本的な生産技術を理解していなかったために、高い廃棄率を見込んでいなかった。生産ラインを稼働させるたびに、工程を微調整するため、最初の5,000個がスクラップになった。大量生産の工程ではこれは問題にならない。200万のうち5,000がスクラップになっても容認できる。しかし、1回25,000個の少量生産のうち、5,000個のスクラップは破滅的だった。調査の結果、電球の少量生産の経済性に見合うためには、センサー、器具類、自動工程管理システムなどにかなりの設備投資をして、製造工程全体を変更しなければならないことがわかった。新しい戦略の経済性に対し疑問が投げかけられた。しかし、それでも経営陣は何としても続行するという考えに固執した。その結果、会社の業績は落ち込み、これがその後の買収を招く一因となった。教訓は明らかだ。技術が事業戦略案に及ぼす影響をじっくり考え、戦略を実行するために必要な費用を計算に入れることだ。

★　対数の原理を利用したアナログ式の計算用具。測量等に使われた。

以上の四つの例を見れば、技術が事業の成功にとって欠かせないものであることがわかる。技術は主要な競争手段を提供するからだ。だからこそ、すべてのトップ・マネジメントは技術を理解し、技術の選択決定に関与すべきである。

長期的成長への道

　イノベーションの中でも、特に技術イノベーションは、長期的な成長への唯一の道であり、現在、産業を取り巻く環境下において、最も重要な成長ドライバーである。技術イノベーションのできない企業は、競争力のない製品、売上高の減少、販売利益の減少という負の連鎖に陥る。
　しかも、この傾向は加速している。第一に、製品がすぐに時代遅れになり、さらに進化した新製品を出す必要があるため、製品のライフサイクルはますます短くなっている。エレクトロニクス業界がよい例だ（図表1.2）。
　エレクトロニクス業界以外の人々にとっても、無関心ではいられない。ドイ

図表1.2　家電業界におけるライフサイクルの短縮

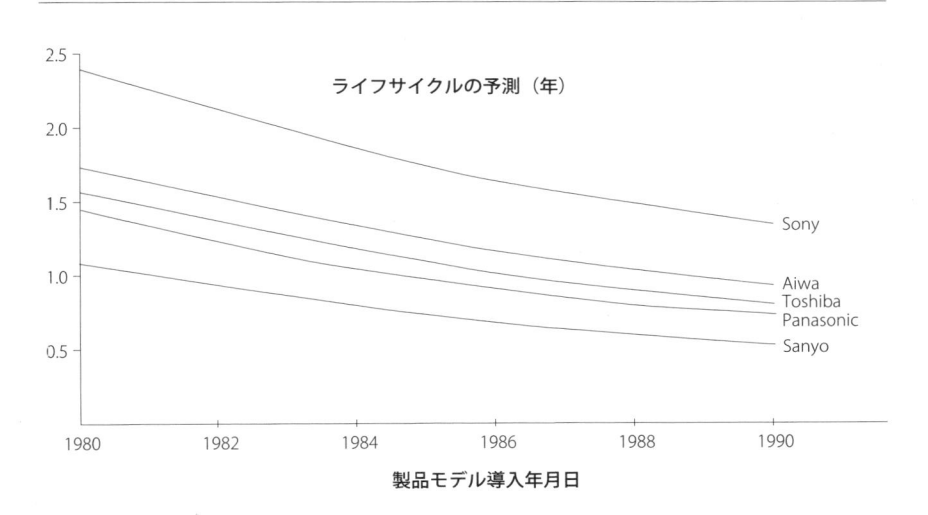

出典：サンダーソン・アンド・ウズメリ（文献1.1）

図表 1.3　DRAM の記憶容量

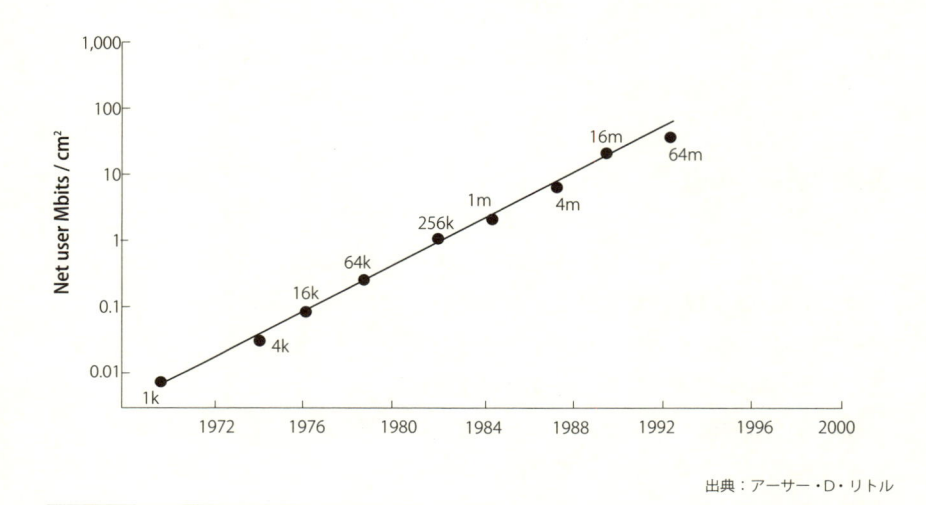

出典：アーサー・D・リトル

図表 1.4　耐衝撃性ポリマーの開発

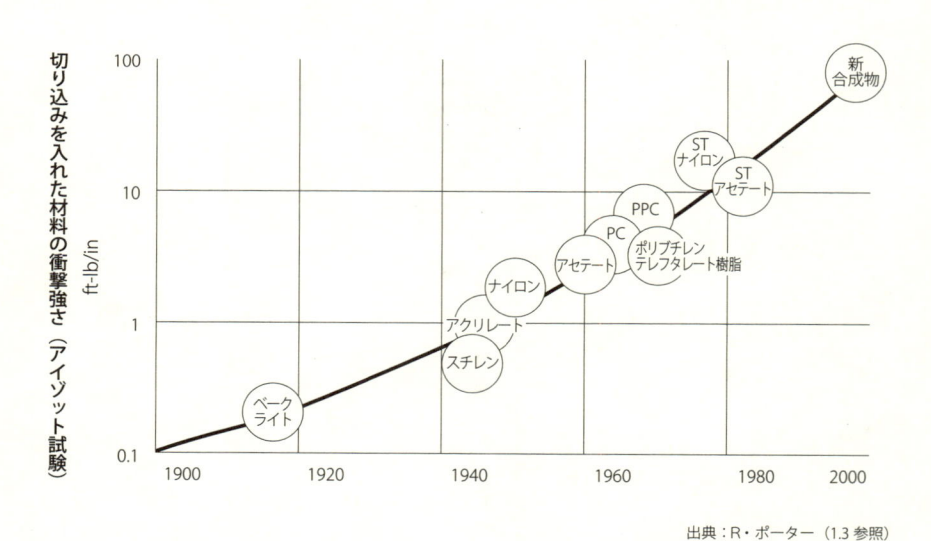

出典：R・ポーター（1.3 参照）

図表 1.5　航空エンジンの高温材料の進化

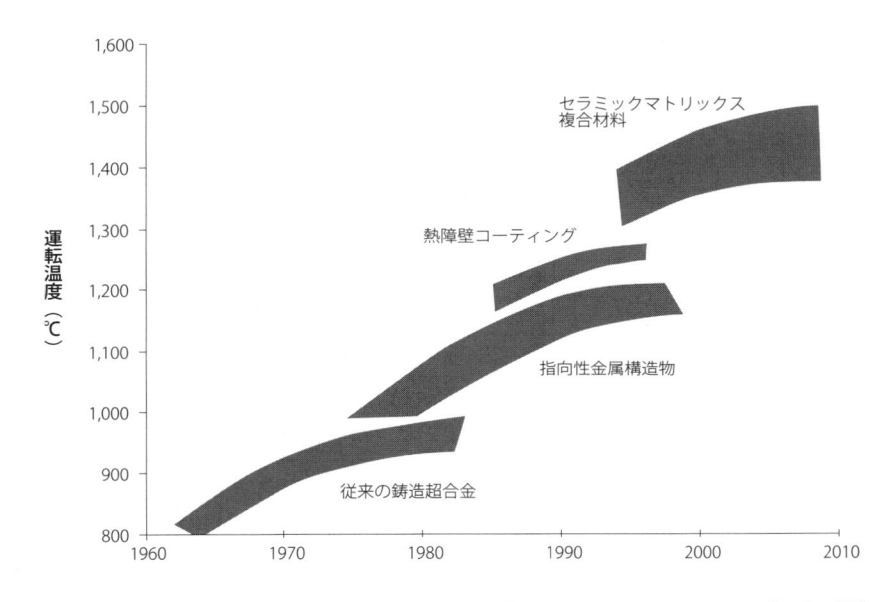

グラフ内ラベル：
- セラミックマトリックス複合材料
- 熱障壁コーティング
- 指向性金属構造物
- 従来の鋳造超合金

縦軸：運転温度（℃）　800～1,600
横軸：1960～2010

出典：J・P・クラーク＆M・C・フレミングス（1.4 参照）

ツのフラウンホーファー研究所の調査によれば、さまざまな業界においても製品のライフサイクルが短くなっているという。自動車部品業界では、1980年に寿命が10年間あった製品が、今日ではたった7年になっている。工作機械のような成熟した業界でさえ、製品寿命は12年から8年へと短縮している。

　第二に、技術はつねに進化している。またもやエレクトロニクス業界はよい例だ。DRAM★の記憶容量は、指数関数的に増え、およそ18カ月毎に倍増している（図表1.3）。耐衝撃性ポリマーの開発は、タイムフレームがもっと長いとはいえ、同じようなパターンを示している（図表1.4）。概して同じ傾向が大半の産業で見られる。ある技術がその限界に達すると、それに代わる次世代技術が開発されるのだ。航空エンジン用途での耐用温度を上げる新素材はもう一つの明らかな例である（図表1.5）。これらはすべて、一種類の技術によっ

★　Dynamic Random Access Memory：半導体メモリ。

て前進した例だ。

同様の傾向は複数の技術に依存する複雑なシステムにも生じている。たとえば、鉄道機関車の荷重配分比への電源供給は、1810年から1980年までに70倍も改善したが、これは素材、部品、部品組立品、全体的なシステム設計などの技術における数々の開発の成果を反映している（文献 1.2）。

しかし、なぜイノベーションと技術が、拡大と成長につながる唯一の現実的な道なのか？　コスト削減や M&A によって規模拡大や市場シェアの拡大をしてもいいのではないのか？　いずれにせよ、そもそもなぜ成長するのか？　株主が満足しているなら、なぜ現状維持ではいけないのか？

まず二番目の疑問を取り上げよう。成長が成功の必要条件であるべき経済的理由は多く存在する。経営の見地からは、二つの要因がある。一つ目は、静止するという選択肢はないということである。成長に代わるものは下降である。競争上の優位性は、成長する人、そしてさらに成長しようとする人のものになる。二つ目は、株主は配当と株価の成長を期待しており、もしすぐに成長が見込めないなら、そう長くは満足してくれない。短期的には、経営のやり方と資産の使い方を改善すれば、多少の成長は見込まれる。だが長期的には、収益性の向上とその結果として生まれる配当の増加は売上の増加からのみもたらされ、株価の上昇は資産価値の増加あるいは将来の成長機会となる現在価値の増加からのみもたらされる。そのため、企業は成長しなければならないのだ。

短・中期的には、成長が地理的拡大、コスト競争力の増加、あるいは M&A によってもたらされるのは事実である。だが長期的には、このような成長の選択肢は限界にぶつかる。地理的拡大には明らかに限界がある。コスト競争力を高めようとすると、往々にして利益が圧迫されることになる。M&A を行うと、一定の成長率を維持するためにさらに大きな会社を買いつづけなければならないという問題を抱えることになる。ハンソン・アンド・BTR のようなイギリス最大のコングロマリットが成長記録の維持に汲々とせざるを得ないことが、その証拠だ。

この他の成長へのアプローチも無視すべきではない。有機的成長★によって

★　買収などを伴わない自己成長

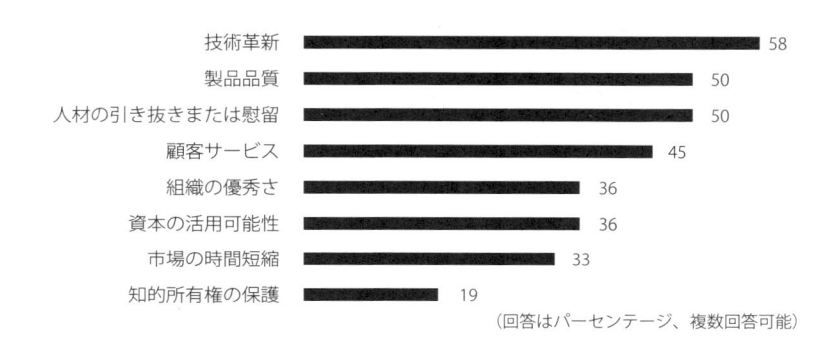

図表 1.6　アメリカの最高経営責任者の重大な関心事

- 技術革新　58
- 製品品質　50
- 人材の引き抜きまたは慰留　50
- 顧客サービス　45
- 組織の優秀さ　36
- 資本の活用可能性　36
- 市場の時間短縮　33
- 知的所有権の保護　19

（回答はパーセンテージ、複数回答可能）

出典：『エレクトロニクス・ビジネス』誌 1991 年 3 月号より転載

必要な規模を確立する方法もある。この際、マネジメントが優れていれば、さらに高収益がもたらされる。1980 年から 1996 年にかけておよそ 12 ポンドから 200 ポンドまで株価を増大させたハンソンは、この期間以降、大勢がうらやましがる一貫した業績向上を続けている。結局、製品や生産技術の改善と、技術開発によって後押しされた有機的成長がなければ、拡大しつづけることはできない。アメリカの『エレクトニック・ビジネス』誌の調査によると、CEO にとって技術イノベーションは最大の関心事であることが明らかになった（図表 1.6）。アメリカのエレクトロニクス業界の CEO たちの関心事であるなら、あなたにとってもそうかもしれない。

　技術マネジメントにもっと注意を払わねばならない最後の理由は、技術と経営計画のパラドックスにある。企業にとって、技術と事業を同時に推進するのはまれなことであり、事業戦略の実行を後押しするために技術を使うほうがずっと一般的だ。技術と事業を同時に計画できればいいのだが、実際のところうまくやるのは非常に難しい。ほとんどの事業計画が次の四半期を正確に予測し、翌年の予算と計画の概要を述べているが、2 年目以降の構想と目標は漠然としている。それにひきかえ、技術計画は、その実効性を担保するために、プロジェクトのタイムスパンに合わせたり、専門家チームの立ち上げに要する時間を見込んだりする必要があり、少なくとも 5 年間かそれ以上の期間を視野

に入れたものでなければならない。したがって、事業計画の要件をわずかしか反映できないとはいえ、技術計画は事業計画を織り込んでおく必要がある。このためには、技術管理職も非技術管理職も、何が可能であり何が必要であるかについて建設的な対話が行えるように、技術マネジメントという問題を十分に理解する必要がある。このことはますます重要になっている。後に本書で取り上げる例が示しているように、今日では多くの事業が新技術によって引き起こされるビジネスの機会と脅威への対処という前例のない課題に直面している。

現在、マネジメントを考えている人たちの多くが、企業は以前よりもずっと積極的に戦略決定すべきだと論じているのも驚くべきことではない。ハメルとプラハラドによるコア・コンピタスと企業目的に関する考え方（文献 1.5）、キャンベルのミッションとビジョンに関する著作（文献 1.6）、アーサー・D・リトルの取り組むアンビション・ドリブン・ストラテジー（文献 1.7）はすべて、事業は 10 年あるいは 12 年先の将来を見据えるべきであり、実行したいと願う事業の種類を定めて、取るべき主要な戦略ステップを特定すべきであることを示唆している。

長期技術計画は、戦略的に将来を展望するために最も重要なものの一つであり、経営者が将来について合理的な議論をするための確かな情報を提供するものだ。また、長期技術計画を策定する手法は、長期事業戦略策定のテンプレートの一つとして役に立つものである。

以上、技術が重要であることの戦略的理由を前半で、実践的理由を後半で述べたとおり、技術は企業経営にとって重要であり、今後いっそう重要になることは明らかである。

第2章
本社は技術とどう関わるべきか

TECHNOLOGY AND CORPORATE INVOLVEMENT

本社の関与を促す要因

　現在の競争力を支え、将来の成長の機会を提供する技術は重要だ。この前提を受け入れるなら、あなたの会社がどの程度うまく技術を管理しているかに関心があるはずである。それでもなお、本社が積極的に技術マネジメントに関与すると価値を高めるどころか現場のマネジメントを妨げることになると思っているかもしれない。しかし、経営陣が現場にさらなるイノベーションとより効果的な技術の利用を強く促すだけでは不十分だ。問題は非常に広範囲に及び意思決定が事業に与える影響は甚大であるため、技術によって事業価値を高めたいなら本社の積極的な関与は不可欠だ。

　本社の関与が求められる要因には以下の三つがある。

- 会社の成長と戦略がどの技術を選択するかに依存している。
- 技術開発に必要な投資の規模が非常に大きい。
- 各部門・各事業部が選択する技術は、会社にとって全体最適なものとはかぎらない。

●────会社の成長と技術の選択

　会社の成長と技術の選択との間に関連があることを示すグラクソ社とザン

タック、TI グループとメカニカルシールの二つの例を紹介する。

　グラクソ社は、1982 年に潰瘍薬ザンタックを発売するまではイギリスの中規模な製薬会社だった。ザンタックの成功以来、グラクソ社は海外に進出し、世界中に製造とマーケティングの拠点を設立。さらに競合企業を買収した。医療用医薬品産業で世界第二位になり、ザンタックから得た潤沢なキャッシュフローを次の大型商品につながる新薬の研究開発に注ぎ込んでいる。
　ザンタックの成功は偶然ではない。グラクソ社は新薬の開発を強力に推進し、特許権の取得から販売まで業界平均で 12 年かかるところ、わずか 7 年で成し遂げた。短縮された 5 年間でザンタックの特許ライセンス販売が生み出した経常利益は、今日の相場でおよそ 4,000 億円に匹敵する。グラクソ社は、早い段階でザンタックがヒット商品に育つことを確信し、スミスクライン社（仏）の抗潰瘍薬タガメットと比した優位性を強調しながら、ザンタックを精力的に販売した。さらにグラクソ社は、ザンタックでの成功を足がかりに、次世代の新薬の発売を考慮した生産能力、規制への習熟、販売経路を獲得していったのである。
　現在ではザンタックの特許は切れたが、グラクソはその成功をもとに前進しつづけている。

　1960 年代と 1970 年代を通じて、TI グループ★1 は同社が 51%の株式を所有するクレイン・パッキング社のメカニカル・シール★2 事業における強力な市場ポジショニングを維持するため、自社研究所において広範な研究プログラムを続けていた。残りの 49%の株式はアメリカのフーダイル・グループの系列会社であるジョン・クレイン社が所有する。ジョン・クレイン社も技術開発に多額の投資を行い、活発に意見交換をしていた。しかし、この技術での努力にもかかわらず、二つの会社は平均並みの業績しか得られなかった。1987 年、状況が一変する。TI グループは、研究プログラムの抜本的再編に着手し、自転車と屋内電気器具の事業を売却して、ハイテク工業部品に焦点を合わせた。同じ年、

★1 イギリスのエンジニアリング会社
★2 軸封装置。ポンプなどの回転機器の回転軸での液体の漏れを防ぐ仕組み。

> グループはジョン・クレインを完全に掌握するためにフーダイル社を買収した。ジョン・クレイン／クレイン・パッキングは、メカニカルシールの分野で世界的なリーダーとなり、技術的な強みによって成功した。
>
> 　開発時には、TI グループのシール事業は、グループの四つのメイン部門の一つである小さな部門にすぎなかったが、10 年後には、この小さな部門が会社全体の三分の一を占めるようになった。この成長は買収や地理的拡大によって促進されたばかりでなく、この専門的なニッチ市場での会社の技術的能力に対する信用によって支えられたのだ。

この二つの事例は、共通の特徴を持っている。

- 技術の飛躍的進歩が実際に製品化されるまでには数年かかった。
- 事業的な成功は優れた技術の効果だけでなく、他の多くの要因にも左右された。
- 経営陣が新しい戦略方針を支持し、将来に向けて会社を再編するために、技術を利用した。

　メッセージは明確だ。本社の関わりなくしては、これらの製品が研究所を出るまでの長い期間、十分な援助を受けることはなかっただろう。また、たとえ製品が上市できたとしても、その製品の売上が成長し、成功を遂げ、会社の業績に影響を与えるまでになるためには、本社が関わっていくことは根本的に重要である。

　レーカル社の携帯電話事業は対照的でおもしろい。レーカルは、戦場で使う無線機に焦点を合わせた軍事用電子機器の会社として生まれた。1984 年、レーカル社は初期の携帯電話事業への参入を決め、レーカル・ボーダフォン社を設立する。1991 年、ボーダフォンはレーカル社から独立した株式公開企業として 7,000 億円を上回る時価総額で市場に売り出された。ボーダフォンの成功は紛れもない事実だったが、レーカルに残された事業は数年の間になおざりにされて衰退した。ボーダフォンの会社分割の後、残された事業は財務的脆弱さ、過度の多角化、買収への無防備さなどを批判された。レーカルは、ボーダフォ

ンの技術によってもたらされた安定性や報酬があるにもかかわらず、これらを利用して時間と空間を買いながら会社全体を再編していくことをしなかった。それどころか、レーカルはボーダフォンを追加の独立型事業体として管理したので、相乗効果のメリットに気づく機会を逃してしまった。

　結末がどうあれ、上記の三つの例はどれも技術が企業成長の基礎的要素の一つであり、戦略の選択肢を広げ、競争優位を獲得するための手段を提供するものであることを示唆している。しかし、技術開発はリスクも費用も高くつき、ひどいときには破綻にもつながる可能性がある。だからこそ、防御的な理由からも本社の関与が必要とされるのだ。

● **投資の規模**

　1971年にロールスロイスが破綻したが、少なくともその原因の一つはRB211エンジンプログラムに費やされた過度の開発費と開発の遅れのせいだった。この他にも技術への行き過ぎた投資の例として、クロリド社の業務用ナトリウム硫黄電池の試みや、本書の執筆時点ではまだ成功していないが、GKN社の自動車産業への複合材部品の進出などが挙げられる。一般的に研究プロジェクトに割り当てられる予算が比較的低いことにだまされてはいけない。大部分の技術開発には、Piルール[★1]が当てはまる。一般的に、研究に2,000万円使ったら、開発には6,000万円以上、製品化には1億8,000万円以上かかる。その上、一度研究プロジェクトが始まったら、経営陣は中止するのに気乗りしないものだ。プロジェクトが進めば進むほど費用がかかり、支援をやめることにますます気が進まなくなる。それどころか、経営陣が自分の時間を費やして全力を注ぐようになればなるほど、ますますプロジェクトの機会コストがかかるようになる。だからこそ、初期の決定段階での本社の関与が不可欠なのだ。

　研究から市場導入までの投資の規模を考えると、開発したい製品をすべて開発する金銭的余裕のある企業は一つもない。選択が必要なのだ。正しい選択をすれば、会社の成長に必要なツールを得ることができる。だが、誤った選択をすれば、会社を破産させてしまう。あなたはこのような決定を人任せにする危

★1　研究費を1とすると開発費用は、その約3倍、製品化にはさらにその約3倍かかるという経験則

険を冒せるだろうか？

● ──**技術の相乗効果**

　最後に、技術が個々の事業部や事業にもたらす利益よりも、会社全体にもたらす利益のほうが確実に大きいことを担保するためには、本社が技術に関与する必要がある。多くの企業が技術開発と資金調達の権限を事業部に移譲している。その結果は驚くにはあたらない。事業部は自分たちに関係のある技術に資金を使い、大きな事業部は小さな事業部より多くの資金を使う。このやり方は事業部のマネジャーを満足させるとはいえ、本社レベルでは戦略的意味をなさない。

　本社のマネジャーは、各事業の能力に応じた配分から戦略的必要性に応じた配分まで、資源配分のやり方をもっと注意深く見守るべきだ。たとえば、アルミニウム製造と構造ポリマー製造の二つの部門をもつ、原材料会社について考えてみよう。今日、アルミニウム部門はグループの売上の80％を占めているが、ポリマー部門の成長は早く、5年以内にグループの売上の半分を占めるはずである。会社の研究開発費はどのように配分すべきだろうか、80対20か？

　明らかにそうではない。ポリマー部門は、技術進化が速いこと、事業としても成長の見込みがより大きいことの二つの理由から、より活発な研究開発が求められている。しかし、この実際の会社の単純化した事例では、アルミニウム部門は技術開発の全予算の80％を使って、三つの別個の研究センターを維持し、新しいアルミニウム製品と製造工程のための幅広い研究プロジェクトを実施した。これらのプロジェクトのいくつか、たとえば耐久性のある押出ダイス★2のような製品は、事業的に成功した。だが、その他のアルミニウム・マトリックス複合素材の強化繊維のようなプロジェクトは、おもしろく挑戦的なプロジェクトではあるが、事業的には失敗だった。一方、ポリマー部門は、狙えるビジネスチャンスのすべてを開拓するために必要な開発資源の不足に苦しんだ。部門に自治を許すという会社の方針により、この状況が続き、その結果どちらの部門も競合企業から遅れを取ることを意味した。アルミニウム部門はそ

★2 金属を押し出して成形する金型のこと。

の資源を浪費し、アルミニウム産業が不況に陥ったときに十分な収益を維持することができない一方で、ポリマー部門はあまりに成長が遅かったために、競争力ある経済規模を獲得できなかった。

本社の方針が自己事業領域への集中と所定の利益獲得である場合、事業部が内向き思考に悩まされることもある。その結果は深刻だ。事務用普通紙部門とコート紙部門を持ち、主にファックス用紙を製造するある製紙会社は、普通紙ファックス機が普及すると窮地に陥った。普通紙部門にはテクノロジーに関する専門知識と生産能力があったが、ビジネス要件、用途知識、顧客基盤などはコート紙部門にあった。業績への圧力が各事業部に課されたせいで、たとえ会社全体の利益になるとしても、各事業部はあまり協力し合う気にはならなかった。前述の例のように、あまりに多くの権限が各事業部に委譲されていたのだ。この事例での唯一の解決策は、事業部の合併だった。

本社が技術マネジメントにもっと積極的な役割を果たしていても、資源配分を誤る危険性がある。フィリップス・コンシューマー・エレクトロニクス社では、CDプレーヤーの成功は、CDプレーヤーの利益が減りはじめていたにもかかわらず、光学式記録技術への遅れをもたらした。会社の上級管理者の多くはCDプレーヤーでの功績によって昇進したので、当然ながらこの開発領域に肩入れしていた。結果として、彼らは磁気記録を何か見劣りするものとみなした。当時のジャン・タイマー社長が介入してバランスを正し、磁気部門にもっと資源を投入した結果、デジタル・コンパクト・カセット[1]（DCC）が開発された。その時でさえ、DCCに投入された資源が不十分だったため、競争力のあるコストで製造できるほど技術は進歩しなかった。結果として、市場での売上は期待を裏切ることから始まった。

このようにさまざまな理由から、グループ内の各部門や各事業部に任せていては、会社全体にとって最適な形で技術資源を使うことはできない。日々の業務に干渉せずに、技術開発部門に指標を与え、開発対象をフォーカスさせるためには、本社がいっそう関わっていくことが必要だ。

---

[1] 1990年代前半にフィリップスと松下電器産業が共同で開発したオーディオ規格。MD（ミニディスク）と同時期に発売されたが普及せず2000年までに生産を終えた。
[2] スイスに本拠を置く、電力、自動制御、石油化学製品、建築技術、金融サービスなどを提供する企業。

しかし、多くの企業が戦略的意思決定をできるだけ低いレベルに移譲し、権限を分散化させている。たとえばABB社[★2]は、100を超える自立した事業体で操業しているが、すべてが会社の中心部から腕を伸ばせば届く距離にある。分散化のメリットは疑いようがない。日常作業の効率がよくなり、経営責任が増し、マネジメントの応答が早くなり、本社のオーバーヘッド・コストが安くなる。しかし、分散化は注意深く管理しないと、技術の相乗効果の欠如、開発努力の重複、資源の浪費、技術の不適切な優先順位づけなどをもたらす。本社レベルでどのように技術マネジメントを行うか、どのように相乗効果を活かし、事業部門間で技術を移転し、優先順位を設定するかが、本書の基本的なテーマである。

　これらは重要な問題だ。グールド、キャンベル、アレクサンダーによって報告された最近の包括的研究プロジェクト（文献2.1）は、本社の役割をより一般化して検討している。このプロジェクトは、本社の存在意義を正当化するために、ある種の「親業としての務め」を果たすべきだという結論を下した。さもなければ本社は管理をやめ、事業体に独立した経営を任すか、親としての務めを果たせる他の企業の一部に事業部が取り込まれるのを許すべきである。もちろん、技術マネジメントは本社がその子会社に提供できる唯一のメリットではない。だが、多くの製品事業にとって最大のメリットの一つであり、積極的な本社のマネジャーにふさわしい活動領域である。

　本社の技術方針が必要であるという認識と、この方針は本社のスタイルと補完し合うべきであるという理解、この二つが出発点だ。

本社のマネジメントスタイル

　本社にはあらゆる形態と大きさがあり、本社の技術方針の特徴は事業領域や規模の点で非常に異なっている。それでも一般的な本社を想定した場合、いくつかの基本的な指針が存在する。1987年にグールドとキャンベルが導き出した三つのマネジメントスタイル（文献2.2）は、有益な出発点だ。彼らは、多様な企業の経営方法を広範囲にわたって研究し、次の三つの異なるマネジメントスタイルを確認した。

- 戦略企画型（strategic planning）
- 戦略コントロール型（strategic control）
- 財務コントロール型（financial control）

「戦略企画型」の企業は、その言葉通りのことを行っている。本社が事業計画に密接に関与し、全体の利益を最大化するために各事業部の戦略を調整する。この経営方法は、強力な有機的成長と優れた長期財務実績をもたらす。だが、このタイプの企業は動きが遅く危機の場合に柔軟性がないという側面をもつ。イギリスのBP社やキャドベリー・シュウェップス社、ドイツのジーメンス社、アメリカのゼロックス社などがこの例だ。

「戦略コントロール型」の企業は、本社が各事業部の業績を監視し、成長領域に資源を集中させたり、業績不振の事業に投資したりする。各事業部は長期的戦略を発展させるための自由を与えられるが、事業間の相乗効果を実現させる試みはあまり行われない。このマネジメントスタイルは、安定性と適度な利益水準とに結びついた有機的成長をいくらかもたらす。安全で着実なスタイルだが、反感をもたれる危険性や官僚的で非能率的になる危険性がある。このスタイルの代表として、イギリスのインペリアル・ケミカル・インダストリー社やビッカーズ社[1]、オランダのフィリップス社などがある。

　興味深いことに、事業部制をとる多くの日本企業もまた、本質的に戦略コン

---

[1] 兵器・航空機・自転車・事務機などのメーカー

トロール型の企業である。事業部制は、1950 年代に松下によって導入されたが、現在では日本やその他の環太平洋地域の大企業の主要な組織構成になっている。家電メーカーの三洋電機が典型的な例だ。本書の執筆時点では、三洋グループは、オーディオ・ビデオ製品から住宅システムまで9つの製品事業本部に分かれている。そして、各製品事業本部はさらに事業部に分かれている。たとえば、オーディオ・ビデオ事業本部には、セパレート TV、ビデオ・カセット・レコーダー、ハイファイ装置★2、部品の事業部が含まれる。製品企画・設計とすべての製造・組立は事業部のレベルで行われる。研究開発は一定の製品設計の調整とともに製造部門レベルで行われる。地理的にグループ分けされた販売組織が、販売とマーケティングを担当する。このシステムの下で個々の事業単位は市場ではグループの規模の経済を保ちながら、それぞれが選んだ製品区分の中で迅速に対応する自由を持っている。本社は安定した戦略計画のアプローチを使って、キャッシュを必要とするスター事業とキャッシュを生む成熟事業とを見分け、戦略的に重要な新分野に資金を投入する権限をもつ。

　ヨーロッパでもそうだが、歴史的にこのマネジメントスタイルは優れた成長能力を一貫してもたらしてきた。しかし最近では、仕入先からの多重購買の問題や二重の研究開発、ビデオ付きテレビのような事業体を越えた製品の取り扱いができないといった問題により、一般的に次善策とみなされている。最近では、これらの問題を解決するために、本社が事業部の事業運営の意思決定に関与する度合いを増す試みがなされている。

「財務コントロール型」は、グールドとキャンベルが確認した第三のスタイルである。財務コントロール型の企業は、財務実績に焦点を合わせている。これらの企業は非常に分権的で、広範囲の財務目標に応じる限り子会社にほぼ完全な経営の自律を許している。このような会社は財務的に成功し、たいていは株価の上昇も高いが、短期的な業績向上に集中して取り組まざるをえないために苦しんでいる。典型的な例であるゼネラルエレクトリック社（GE）は、20 年間にわたる M&A によってなんとか成長し、株主に多大な利益をもたらしてきた。だが、根本的な有機的成長は期待外れだった。この経営スタイルは、長

★2 High Fidelity（高忠実度、高再現性）。高音質、高画質を意味する。

図表2.1 本社の技術方針とマネジメントスタイル

本社のマネジメントスタイル	技術方針の決定	計画対象期間
戦略企画型	本社	長期
戦略コントロール型	事業部	中期
財務コントロール型	事業部の現場	短期

出典：アーサー・D・リトル

期的には維持できない傾向があり、一定の成長率を維持するにはさらに大きな買収を必要とする。先に述べたように、イノベーションによってもたらされた有機的成長だけが長期的成功へつながる確実な道である。とはいえ、財務コントロールによるマネジメントスタイルが短・中期的には非常に有効であることは疑いようがない。いくつもの戦略コントロール型企業が、捕食性の財務コントロール型企業による買収の後、オーバーヘッド・コストの効率と使い方が大きく改善している。

　戦略企画型、戦略コントロール型、財務コントロール型の三つのマネジメントスタイルは、本社としてどの技術方針を採用すべきか、方針に関わる課題をどのレベルで決定していくかを考える際の枠組みである（図表2.1）。戦略企画型の企業の場合、技術方針は本社レベルで決められ、本社が会社全体の技術マネジメントにおいて強力な役割を果たす。戦略コントロール型の企業の場合、技術方針は本社と事業部門の両方で決定され、本社の技術マネジメントの度合いは限られている。財務コントロール型の企業の場合、本社レベルでの明確な技術方針はなく、技術マネジメントは事業部の現場レベルに集中している。
　もちろん、これは単純化したモデルだ。財務コントロール型企業であっても、長期的に強みを発揮する技術のすべてが短期的な財務利益のために犠牲にされることがないように、ある程度の本社の監視と調整が必要とされる。したがって本書の内容は、戦略企画型や戦略コントロール型の企業に比べて本社の関与の度合いが低いとはいえ、財務コントロール型企業にも関わりがある。

本社の技術方針

　すべての本社がある種の技術方針を必要とする。これは、本社がどの程度、技術のリーダーとして競争するつもりであるかに応じて定めるものだ。これを明らかにすれば、会社のさまざまな技術活動に対する本社の関与や監視の度合いを決定することができる。

　第一に、企業は技術のリーダーになりたいのか、フォロワーになりたいのかを決定する必要がある。IBMやゼロックス、ヒューレット・パッカードのような企業はすべて、この決定を行っている。ゼロックスは技術リーダーの立場を選んだ。そして、長期的研究に莫大な投資を行い、技術と製品成果に基づいて選択した全市場で全面的な競争を行っている。ヒューレット・パッカードも技術リーダーの立場を選び、他社に負けない価格の高性能、高技術製品の提供により、競争相手の一歩先を迅速に進みつづけている。ワークステーション、プリンター、試験装置などの優れた製品はすべて、この方針が成功した例である。

　対照的に、IBMは迅速なフォロワーを自認している。この企業は製品の先駆者となって失敗するリスクを負いたがらない。その代わりに、いつでも迅速に追随する製品を発売し、強力な市場とIBMのブランドを確立し、先発製品に対する市場の不満に応えることを目標としている。それでもIBMは高水準の技術競争力を維持しており、新市場が開拓されたときに迅速に動けるよう、研究開発にも十分な投資を行っている。実際に、本書の執筆時点では、IBMはヒューレット・パッカードとほぼ同じくらい（1996年には、売上の5.2％対7.1％）研究開発に投資している。この戦略は、市場が比較的安定しているときにはうまくいくが、新しい傾向に気づくのが遅れるリスクも持っている。もしIBMがリーダーの戦略に従っていたら、PC産業の変化に対してこれほど脆弱ではなかっただろう。

　IBMが採用した迅速な市場二番手という戦略だけがフォロワーの戦略ではない。もう一つは、アプリケーションに焦点を当てた戦略であり、顧客と密接な連絡を保ちながら、最先端ではないが性能がよく、信頼性のある製品を開発する戦略である。アプリケーション・ベースの企業は、製品開発に大金を使うが、基礎研究や長期的な先端開発は他社に依存する。多くのアプリケーション・エ

ンジニアリング企業は、OEM（相手先商標製品製造）で、技術性能よりも信頼性・コスト・品質の一貫性を重視する市場で事業展開している。

アムストラド社は、また別のフォロワー戦略を採用している。この会社は魅力的なマーケット・ニッチを特定し、低コストの外部業者から製品を調達することに注力している。本社の技術方針は、できるだけ金を使わないことだ。会社が新しいビジネスチャンスと製造元を見つけるというゲームで先行できれば、この戦略はうまくいく。だが、リスクが高いので採用する企業は少なく、自社内に製品や技術の強みを保持する企業が多い。

本社が明確に定義された技術方針を採用し、それを守ることができるかどうかは、企業のタイプによって決まる。ゼロックスやIBMのような戦略企画型企業は、全社的な技術方針を決定するのはそれほど困難ではない。これらの企業の経営スタイルは長期的な経営判断をすることであり、本社の技術方針の考え方と一致する。

しかし、多くの戦略コントロール型企業にとって、実態はあまり明確ではなさそうだ。医療機器からタンカーまで幅広い分野を持つビッカーズのような企業は、ある部門ではリードしているが、他の部門ではフォロワーである。実際に、すべての分野で技術的リーダーになろうとすることは、世界的な大企業を除いて、ほとんど困難な仕事である。そのため、戦略コントロール型企業が採用する技術方針は、ある程度の全社的一貫性を保ちながら各部門のさまざまなニーズを考慮に入れる必要がある。企業グループ内のすべての領域に及ぶ方針がないなら、それはグループ内の各事業部の成功に寄与していないことを示唆している。さらに悪いことに、グループ内に相反する方針があると、その企業グループのイメージを損なう恐れがある。

これは過去10年にわたりフィリップスを悩ませてきた問題の一つである。電球から電気通信に至る幅広い事業と多様な技術方針をもつフィリップスでは、グループとして首尾一貫したイメージを保つのが困難だった。フィリップスは、双方向メディアや光学データシステムを含む主要分野では技術的リーダーのイメージをもつが、そのイメージはオーディオ・システムや電球などの量産市場での「模倣」のイメージによって希釈されてしまう。

極論すれば、グループ全体で技術方針を一致させることができないなら、グ

ループの存在意義を疑わざるを得ない。相乗効果の機会があまりないならば、グループが戦略コントロールではなく財務コントロールによって正当化されない限り、各事業部はグループの内部よりもむしろ外部に置かれたほうがよいかもしれない。財務コントロールされているグループは本社の技術方針を必要としない。事業部門間の相乗効果は、事業部が何をしているかではなく、どう経営されているかによって生まれるからだ。

技術方針を考えるにあたって、リーダーシップと成功とを混同してはならない。図表2.2が示すように、技術的リーダーがいつも成功するわけではない。EMIと医療用CATスキャナーはその一例だが、この会社は技術リーダーシップをとったものの、製品の売り込みに失敗し、最終的にソーン・エレクトリカル・インダストリー社の買収に屈した。反対に、フォロワーがいつも失敗するわけではない。パーソナル・コンピュータのIBMとクオーツ時計のセイコーは、成功したフォロワーのよい例である。

事業成功は、リーダーであるかフォロワーであるかには左右されない。事業

図表2.2　技術のリーダーシップと事業の成否

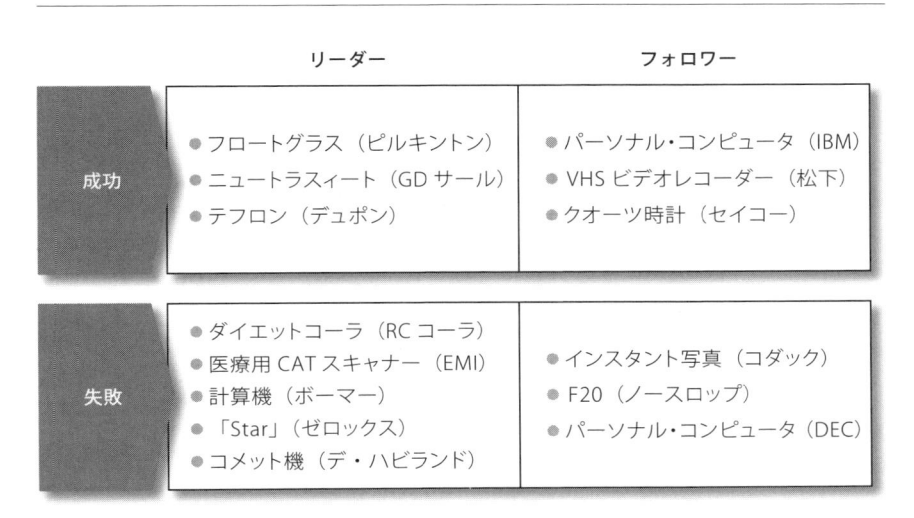

	リーダー	フォロワー
成功	● フロートグラス（ピルキントン） ● ニュートラスィート（GDサール） ● テフロン（デュポン）	● パーソナル・コンピュータ（IBM） ● VHSビデオレコーダー（松下） ● クオーツ時計（セイコー）
失敗	● ダイエットコーラ（RCコーラ） ● 医療用CATスキャナー（EMI） ● 計算機（ボーマー） ●「Star」（ゼロックス） ● コメット機（デ・ハビランド）	● インスタント写真（コダック） ● F20（ノースロップ） ● パーソナル・コンピュータ（DEC）

出典：ティース（文献2.4）

の成長が技術の強みの上に構築されるように技術と事業戦略を密接に整合させる能力があなたの会社にあるかどうかにかかっている。この整合性を効果的にマネジメントしながら、新しいイノベーションの開発と製品化を続けることができれば、技術リーダーも技術フォロワーも成功することができるのだ（文献2.3）。

経営が積極的に関与すべき領域

いったん会社にとって適切な技術方針が定義されたら、どの技術活動を事業部に任せることができるか、またどの技術活動が経営陣の積極的な関与を必要とするかを決定しなければならない。

本質的に、どんな全体的方針でも、経営陣は以下の積極的な役割を果たす必要がある。

- 長期における会社のポジショニング。
  - 新しい技術分野への参入マネジメント。
  - 技術的脅威と機会特定。
- 事業全体に広がる技術のポートフォリオバランス担保。
- 全社にわたる相乗効果実現。
- 合弁事業と提携事業創設と監督。
- 事業部の活動の監視。

以上の五つは、事業部よりも会社全体の課題だ。

●――長期的ポジショニング

本社だけが、会社の長期的なポジショニングを決定できる。事業部長は、当然ながら短期的な課題の方により焦点を合わせている。事業計画を作成するにあたり、次の四半期はかなり正確に計画を立てることができるが、翌年の計画となるとアウトラインレベルとなり、さらに二年後の計画は漠然としたアイデアと目標になってしまう。ところが、技術計画は、その実効性を担保するために、

プロジェクトのタイムスパンに合わせたり、専門家チームの立ち上げに要する時間を見込んだりする必要があり、少なくとも5年間かそれ以上の期間を視野に入れたものでなければならない。したがって、多くの企業では技術計画は事業計画に先行するが、これは計画が考慮しているタイムスパンのずれについて、本社との建設的な対話が必要であることを意味している。たとえば、焼結金属部品を製造し、自動車部品市場に供給している事業会社は、強化プラスチックがもたらす脅威に気づいているかもしれないが、焼結工場の稼働率を最大化するというプレッシャーに追い立てられて、いまだに焼却金属に的を絞っているのだ。市場に存続するためにプラスチック事業を立ち上げるか、徐々に手を引いて別の焼結金属市場に的を絞るかどうかの決定は、本社レベルでのみ行うことができる。

　長期計画において本社が関与する必要性は、特にこの例のように新しい技術が関係するときに増大する。事業部レベルでは、次期製品計画に基づいて新技術とそれに付随するプラントへの投資を正当化するのは難しいことが多い。新技術プロジェクトは個別に処理されるとき負の正味現在価値を持つことが多く、その真価は次世代の製品が完成したときにだけ明らかになるからだ。さらに悪いことに、新技術への投資は、既存技術に関連する資産に莫大な損金処理ももたらす可能性がある。スイッチングコストは、事業部レベルで見たときには非常に高いため、新技術への投資は、単なる財務上の障害ではなく、むしろ会社の戦略目標に基づいて決定されるべきである。

●──技術ポートフォリオのバランス

　技術ポートフォリオのバランスを取るのも本社の責任である。各事業部において、経営陣は特定のプロジェクトのリスクと報酬のトレードオフを見積もり、ある事業部が一つの高リスクのプロジェクトにだけ依存しすぎないようにすることができる。だが、これは会社の全体像を見て行うべきだ。本社レベルでは、事業全体でハイリスク・ハイリターンのプロジェクトとローリスク・ローリターンのプロジェクトの間のバランスを維持することが重要である。多大な費用のかかるブレークスルーねらいのプロジェクトはどれも、その費用を稼ぎ出す、もっと小規模だが安全なプロジェクトの一群を必要とする。タイムスケー

ルもまた重要だ。各部門はそれぞれ、最初の5年間はもっとも支出が多く、その後、高収益をもたらすような計画を立てるかもしれない。もし会社が財務基盤の弱体化により買収に対して脆弱になれば、各部門が行っているプロジェクトが会社に与える影響は壊滅的なものとなる。本社レベルのどこかで誰かが目を光らせ、ポートフォリオが不均衡にならないように、必要な措置を講じなければならない。

　同様に、たとえ投資余力があっても、本社は、技術に適切な投資を行うべき部門とそうでない部門を判断する責任を持つべきだ。どのような方法でこれを行うかは、会社のタイプによって左右される。戦略企画型または戦略コントロール型の企業では、本社は直接的な役割を果たし、資源を何に集中すべきかマネジメントすることができる。財務コントロール型企業では、もっと間接的な措置が必要である。事業の成熟度に応じて、各事業部に対して異なる財務目標を導入するのも一つの選択肢だ。

　　磁気テープ装置の主な用途は、カセットテープレコーダー、ビデオテープレコーダー、ビデオカメラである。これら三つの製品で利用される技術は多くの点で似ている。どの製品も、リールからリールへテープを動かす機構と、読取・記憶のピックアップ・ヘッドを必要とする。またテープをぴんと張る仕組みやモーター制御回路も必要だ。だが、大きな違いもたくさんある。カセットテープは、一般的に、安くて楽しい商品であり、非常に低コストで確立された技術により製造されている。この分野では、低コストと小サイズを目指して技術が進化している。ビデオテープはもっと複雑で、テープは斜めに回転するシリンダーに巻きつく。高画質のために精密さが必要とされ、技術はより高解像度を目指して進められる。ビデオカメラも同様に異なり、小型化と衝撃感度に焦点を置いている。

　　したがって、テープ張力の技術開発プロジェクトはこの三つの製品のどれにも役立つが、このプロジェクトが高分解能の衝撃感度部品を開発しても、カセットプレーヤーで使うには高すぎるし、ビデオカメラで使うには大きすぎるし、三つの製品のすべてに適するものを作るには時間がかかりすぎてしまうだろう。

● ── **相乗効果の実現**

　会社全体にわたる相乗効果の実現が難しいのは、主にそれが各事業の利益に即座に結びつかないためである。二つの事業の個別のニーズに合わせて開発された技術は、どちらか一方のニーズにはかないそうもない。そのため譲歩と話し合いが必要であり、これは本社の責任だ。本社が調停者となり、会社全体の利益を最大化するため、各事業部固有の思いを抑えるのだ。これにはリスクが伴うかもしれない。相乗効果を実現する試みは、大きなマイナス効果を生み、会社全体のためにならないかもしれない。最悪の場合、技術開発に関する妥協は、どの事業部にとっても役に立たない中途半端な技術をもたらすこともあり得る。そうならないまでも、皆を満足させる一つの技術を開発することから生じるコストと遅延は、競争力と市場シェアの低下を招くかもしれない（コラム参照）。したがって、技術の相乗効果は両刃の剣である。多くの場合、基礎研究の段階では価値があり、いくつかの事業が研究費を拠出するような技術、たとえば高温材料や精密組立などの技術は、実際の製品化に近づくにつれて相乗効果が減っていくことが多い。したがって本社の役割は、相乗効果をめざすことが経営努力に値する場合と、技術開発を各事業部に任せるのがよい場合とを見極めることである。

● ── **合弁事業と提携事業の立ち上げ**

　四番目の本社の責任は、合弁事業と提携事業の立ち上げとその経営である。合弁事業と提携は、技術開発と事業の成長を促進する優れた手段としてよく引き合いに出される。だが、企業間の相乗効果を実現するのは、事業部門間で実現するほど容易ではなく、望ましい利益を得られない可能性がある。当然ながら、合弁事業や技術の共同開発プロジェクトのパートナーは、異なる目標と働き方をする。すべてうまくいけば、二倍どころではなく利益は多大となり、材料サプライヤーと部品メーカーのようなバリューチェーン上の関係においては特に有意義だろう。この良い例としては、自動車会社と共同で自動車用プラスチックを開発した化学企業、特にダウ社とBASF社を挙げることができる。しかしながら、マイナス効果もまた大きい。また、技術に関する合弁事業や提携は、市場認知度、顧客と供給者の関係、株価などにも大きな影響を及ぼす。だ

からこそ本社の関与が不可欠なのだ。

●──事業部活動の監視

　最後に、企業のタイプがどれであれ、本社は少なくとも事業部が策定した技術計画が理にかなっているかどうかを確認する程度の、事業への関与が必要である。本社のマネジャーは、各事業部がその計画をじっくりと考えたという確信を持ち、そのような計画が明確かつ実践的であり、他の投資や事業計画と整合していることを確認しなければならない。

　図表2.3のチェックリストは、『イノベーション計画ハンドブック』（文献2.5）の資料からの引用だ。本社のマネジャーが事業部の技術方針を評価するときに尋ねるべき質問事項を示している。

　技術に関して何をするかという明確なアイデアを考案するだけでは、まだ半分終わったにすぎない。それをどのように実行するかを決める必要がある。社内でどの程度実行し、社外からどれほど購入するか？　大学やその他の知的財産はどれほど役立てられるか？　どの分野で合弁事業や共同の研究開発プロジェクトを行うことが理にかなっているのか？　結果が確実に事業に反映されるためには社内で研究開発を行うべきか？　これらの問題については次章で取り組むことにする。本社は技術に関与せざるをえないのだから、答えを知る必要があるだろう。

図表2.3　技術方針のチェックリスト

技術開発計画は、事業戦略と一致しているか？
- 事業戦略にとって技術はどれほど重要か？
- 計画は市場のニーズに適うものか？
- 国内および海外の競合企業と比べて十分な投資を行っているか？
- 技術への投資と技術以外への投資とのバランスは適切にとれているか？

事業部が望ましい結果を達成するために必要なスキルを持っていると言えるか？
- これまでの努力が成果に結びついた実績はあるか？
- 技術開発活動を管理するための適切なシステムや手段がすべて整っているか？
- 外部の技術資源を利用するという計画を充分考慮したか？

技術開発活動のバランスを適切に保っているか？
- 漸進的なイノベーションと飛躍的なイノベーションとの組合せを適切に行ったか？
- どのくらい長期の研究が必要か？
- 事業のさまざまな部分に適切な資源配分を行ったか？

低リスクと高リスク、短期と長期のプロジェクトの間で最高のバランスを取っているか？
- 予期されるリスクやタイミングを確認したか？
- すべてのプロジェクトが成功するわけではないことを認識したか？
- 一つのプロジェクトの成果だけに依存しすぎていないか？

正味の財務的影響を見積もったか？
- 期待できる収益はどれほどで、いつもたらされるか？
- イノベーションの活動に資金供与するためのキャッシュフローは十分にあるか？

出典：『イノベーション計画ハンドブック』。この図式および本書が『イノベーション計画ハンドブック』から引用したその他の図式は、政府出版局の許可を得て複写しており、国家著作権に属する。（文献2.5）

第3章
技術ポジショニングの評価

ASSESSING TECHNOLOGY POSITION

　先の二つの章で強調したように、技術はすべての事業にとって重要である。したがって、経営者やマネジャーは自らが関係している領域の技術の役割を認識する必要があり、また営業実績に最大の効果を与えるような技術方針を策定しなければならない。原則として、これには議論の余地がない。それでも、経営者にとって技術が重要であることを認めることと、その効果を増大させるために特定の対策を講じることとは、まったく別物である。困難なのは、何をどのくらい技術に費やすかを決定するための簡単な手法がないことだ。

　最も当たり前な出発点は、あなたの企業が技術にどれほど費やしているかにかかわりなく、どのくらい費やすべきかの目安だけでも得るために、すべての競合企業の研究開発費を検討することだ。残念なことに、この種の取り組みは実際には役立たない。イギリス産業省と協力してカンパニー・レポーティング社が出版した『1997年イギリス研究開発スコアボード』（文献3.1）は、同業種の企業の研究開発費の間に大きなばらつきがあることを示している。たとえば、化学業界の企業における1996年の研究開発費が売上に占める割合は、0.1〜3.9％である。エレクトロニクス業界では0.2〜20％であり、食品業界では0.3〜2.7％だった。建設資材のような安定し、成熟した業界でさえ、0.1〜3.7％の幅があった。この大きなばらつきの原因の一つは、確実な比較が難しいことにある。研究開発の勘定科目に何を入れ、何を入れないかの正確な定義は存在しない。SSAP 13★（文

★ Statement of Standard Accounting Practice：標準会計基準のこと。

献 3.2) は一つの定義だが、完全に満足できるものではない。インスティチューショナル・シェアホルダーズ・コミティー★は、SSAP 13 について次の説明を与えている（文献 3.3）。

> SSAP 13 は、研究開発を次の大まかなカテゴリーに分けている。
> - **基礎研究**：特定の目的や用途向けというより、主として新しい科学的・技術的知識それ自体の獲得のために着手された実験的・理論的な研究。
> - **応用研究**：新しい科学的・技術的知識の獲得のために着手され、特定の現実的な目標や目的に向けられた、独創的で重要な調査研究。
> - **開発**：新しい、あるいは実質的に改良された原料、機器、製品、サービスを製造するために科学的・技術的知識を利用すること、商業的生産や商業的応用の開始に先立ち、新しい工程やシステムを設置すること、あるいは、すでに製造または設置されたものに実質的な改良を行うこと。

研究開発の勘定科目の定義を改善するための試みは、これまでもなされてきたが（文献 3.4）、特に製品設計や生産技術の開発などのあいまいな領域の説明に関しては、まださまざまな解釈がある。「新」製品の開発費は明らかに含まれるが、工作機械の設置、プロトタイプ試験、法規制順守に関する試験についてはどうなのか？「既存」製品については、「実質的な」改良にかかわる費用のみ含まれるべきだが、これも「実質的な」改良とは何かによって左右される。

これらの定義や解釈の問題が解決されても、二つの理由によって支出のばらつきはまだ生じる。第一に、研究開発費は「技術」費の確実な尺度ではない。企業は研究開発に資源を振り向けることができるが、それと同時に合法的にそのような資源を、先端技術を組み込んだ新しい加工機械の入手や、より技術的に進化した部品や部品組立品の調達に使うことができるかもしれない。この三つのどの場合でも、企業は技術による競争力の開発に投資したわけだが、最初の場合だけが研究開発費とみなされるだろう。

第二に、同じ業種の企業は、表面的には同じに見えるが、多くの場合、異なる方法で競争している。技術的リーダーの企業もあれば、フォロワーの企業も

★ イギリスの機関投資家で構成される討議委員会。

ある。もっぱら製品技術で戦う企業もあれば、販売、配送、サービスで競争する企業もある。たとえば、イギリスの建材業界で、排水管などの製品を製造するヘップワース社は、セメントやコンクリートを製造するブルー・サークル社の2倍の研究開発費率を1996年に報告しているが、一方でブルー・サークル社は競合企業のマーリー社やレッドランド社よりも高い研究開発費を報告している。ヘップワースの研究開発費率が高いことは、必ずしもヘップワースのほうが技術的に進んでいることを意味するわけではない。これはむしろ異なる事業における、レンガのような商品原料とガス管のような差別化された原料との間のバランスの違いを反映している。ブルー・サークル、マーリー、レッドランドは、業界でも量販比率が高く、製品技術よりも価格や配送への対応が重要である。したがって、興味深いことに、競合企業を見ても、必ずしもいくら投資すべきかについての的確な指針は得られず、当然ながらどの技術に投資すべきかのヒントも得られない。

　それでは、どの技術にいくら投資すべきかをどのように決めたらいいのだろうか？　十分に役立つ機械的アプローチはない。事業目標に照らし合わせて、決定すべきである。事業の技術的ニーズを分析し、決定を行うのを助ける以下のアプローチがある。

- 事業の戦略的目標を支持する技術を選択する。
- 焦点となる技術において、競争上の強みと弱みを見つけ出す。
- 技術の優先順位を設定する。
- 自社ポジショニングを強化するための戦略アクションを決定する。

　ひとまとめにして考えると、以上のアプローチは、事業と技術戦略を統合するために事業目標と技術の強みとを結びつける枠組みである（図表3.1）。しかしこれは思考を助けるための枠組みであり、機械的な戦略開発ツールではない。やはり洞察と経営判断に代わるものは何もないのだ。

　本章と次章ではこれらのアプローチを順番に議論し、技術戦略の策定のための基礎を提供する。本章では最初の二つのアプローチ、技術的ニーズと競争ポジションを扱う。この二つの問題はまず事業部レベルで取り組むべきである。その上で、

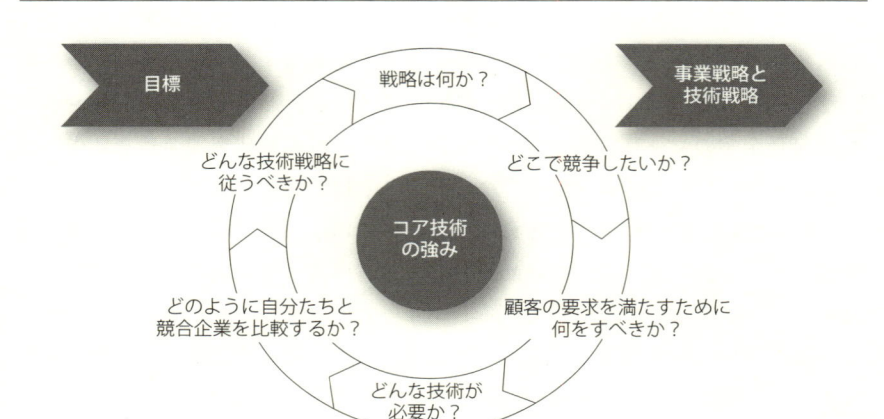

図表 3.1　事業と技術戦略の体系的アプローチ

目標　　　　　　　　　　　　　　　　　　　事業戦略と技術戦略

- 戦略は何か？
- どこで競争したいか？
- 顧客の要求を満たすために何をすべきか？
- どんな技術が必要か？
- どのように自分たちと競合企業を比較するか？
- どんな技術戦略に従うべきか？

（中央）コア技術の強み

出典：アーサー・D・リトル

本社レベルの戦略イニシアティブと一緒に組み合わせて会社の優先順位を決めることができる。その結果、戦略的意思決定の責任は、本社に移行し、事業部レベルで提供された詳細は企業分析の基礎を形成することになる。

どの技術が必要かを決定する

　技術戦略を開発し、重要な技術が何で、どの程度の開発努力が必要かを判断するにあたり、マネジャーは技術から考えはじめるのが自然だと思いがちである。つまり、事業が本当に必要とする技術よりも、「興味深い」技術や事業がすでに投資している技術に多大な注意を払うというリスクを冒しがちだ。

　それでもなお、多くの技術者や販売責任者は、これは適切なアプローチであり、技術に焦点を合わせることだけが効果的に将来に目を向けるための方法であると主張する。市場動向は一年以上先をめったに予測できないのに、技術動向は5年以上先を予測できるのだから、技術から始めるのが当然だと言うのだ。しかし、反対の主張はより強力だ。技術に焦点を合わせることは、機能的に優れた製品や部品をもたらすかもしれないが、事業の成功は保証しない。市場についての知識がない場合、技術者はひたすら技術を扱うことに専念するが、メンテナンス性、大きさ、重さ、製品の柔軟性などに関する顧客のニーズに十分配慮しないかもしれない。試作品からのフィードバックを収集すれば問題がいつも改善されるとも限らない。初期になされた技術的決定はこの時点で変更できないかもしれない。たとえば、電熱線にプラチナを使った電子調理器は、熱効率はよくなったが、コストが高すぎて事業的にはうまくいかないかもしれない。その場合、プラチナをもっとコストの安い素材に変えるだけでなく、結合材、電気こんろの天板シートの材料、コントロール機器やセンサーも変更する必要があるだろう。要するに、開発チームは試作品を投げ捨て、最初からやり直さなければならなくなるということだ。

　多くの製品が多数の部品を持ち、部品それぞれが多くの技術を体現しているため、技術開発は相互依存的になる。顧客が買いたがるより良い製品ができるのは、技術だけが頑張った結果ではない。成功する製品や生産技術のイノベーションをもたらす技術的決定を効果的に行いたいなら、技術的努力の焦点を市場ニーズに合わせる必要がある。難しいことかもしれないが、市場からスタートする以外の選択肢はない。技術的ニーズを見極め、技術戦略の策定に必要とされる情報を得るために、市場と事業のニーズを利用するのだ。

　どうすればそれができるだろうか？　事業部や事業部内の製品グループに

図表3.2　事業の技術的ニーズを特定する

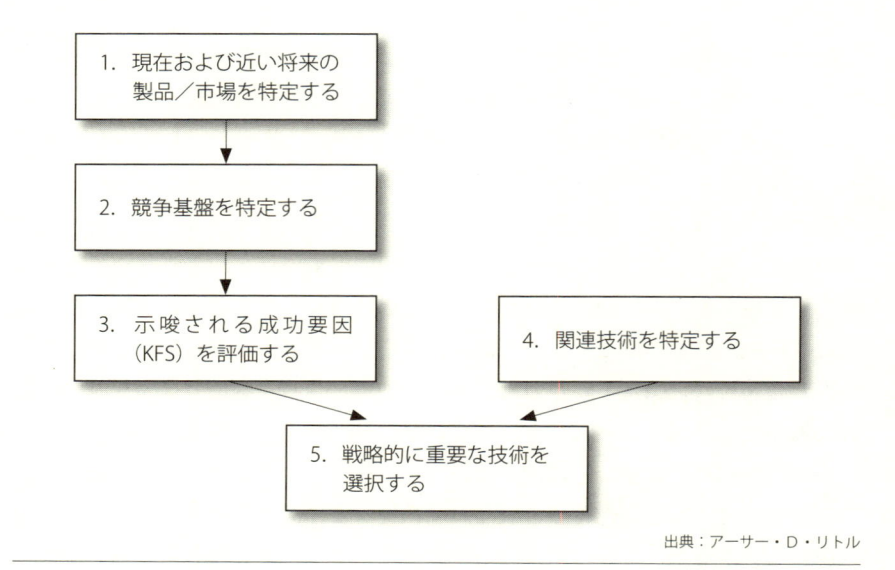

```
1. 現在および近い将来の
   製品／市場を特定する
        ↓
2. 競争基盤を特定する
        ↓
3. 示唆される成功要因        4. 関連技術を特定する
   (KFS) を評価する
              ↘         ↙
        5. 戦略的に重要な技術を
           選択する
```

出典：アーサー・D・リトル

とっては、次の五つのステップで構成されたプロセスがあり、現場のマネジャーはこれに従って事業の技術的ニーズを特定することができる（図表3.2）。

- 製品／市場セグメントの特定。
- 競争基盤の特定。
- 成功要因（KFS）の見極め。
- 関連技術の特定。
- 戦略的に重要な技術の選択。

後で詳細を述べるが、このプロセスは、現場のマネジャーが事業部レベルで戦略的に重要な技術を特定するために役立つ情報を提供する。本章の次節では、さまざまな技術の中で、事業部はどのような競争ポジションにあるか、そしてそのポジションを強化するために何をすべきかを議論する。

大企業では、これらの技術戦略決定のプロセスをすべての事業部で繰り返し

行い、その結果出てきた活動計画を合算して全社的な活動計画にまとめることができる。しかし、このボトムアップのアプローチは、事業部同士の相乗効果から生まれる技術的メリットをとらえられず、また、事業部自身が事業部のニーズに優先順位付けすることも認めない。相乗効果のメリットをとらえ、優先順位を割り振るのを担保するためには、ボトムアップ／事業部的な観点を、トップダウン／全社的な観点で補う必要があるだろう。本章後半では、このための方法を検討する。

●──製品／市場セグメントの特定

この最初のステップは、製品と市場のセグメントを特定するためのものである。市場セグメンテーションの技術は本書の対象外だが、要するにあなたがすべきことは、以下の観点から見て異なる市場セグメントを見分けることである。

- 顧客基盤
- 競合企業
- 販売チャネル
- 地理

たとえば、小型歯車や取付金具のような精密機械部品を製造する事業を考えてみよう。この会社は売上20億円で、主として自動車、屋内電気器具、工作機械の市場が対象である。したがって、最初の切り口のレベルではこの三つの市場だが、さらに細かく切ったセグメントが必要になるかもしれない。たとえば、自動車市場では、量産部品と少量生産部品のセグメントが望ましい。量産部品には小型フランジや滑車などの標準サイズの品目が含まれそうだ。対照的に少量生産部品は、特定の機能を持たせるために自動車会社と協力した注文設計であるかもしれない。この二つの製品セグメントは、異なる販売チャネルで異なる売り方がされ、異なる競合企業を持つことが考えられる。

市場の特徴に応じて正確に市場をセグメントすることが、いかに重大かがおわかりになるだろう。この例では、部品の重さを基準としてセグメント化できそうである。量産部品は旋削した鋼材と競合しそうだ。少量生産部品はプラス

チック部品と競合しそうだ。部品の重さによる競争が流通チャネルより重要である場合、部品の重さによるセグメンテーションのほうが適切である。

● 競争基盤を特定する

次のステップは、各製品市場セグメントの競争基盤を特定することである。競争基盤は、顧客がサプライヤーを選択するときに利用する購買基準を反映している。図表3.3に主な競争基盤のリストを挙げる。このリストだけが特定の製品／市場セグメントのどれにでも適用可能だ。

多くの製品／市場セグメントでは、競争基盤よりも購買基準のほうが市場参入の障害となることがある。たとえば、ISO9000（品質管理保証規格）は、現在ではしばしばサプライヤーを検討する際の必要条件だ。もし顧客がISO9000を指定するなら、これは購買基準の一つだが、競争基盤ではない。あなたがISO9000の認定を受けるかどうかの違いにすぎない。また、あなたの会社がISO9000を順守しているからといって、競合企業よりも優れていることを示すのは難しいだろう。

購買基準という障害に気づくことは重要だが、顧客があるサプライヤーを他社と区別するときに利用する基準を理解することは、さらに重要だ。

例に挙げた精密機械部品事業の場合には、次の購買基準が考えられる。

- 価格
- 納期スケジュール
- 設計能力
- 設計対応時間

上記の基準は各製品市場セグメントによって異なる可能性もある。高精度工作機械部品にとっては、製品性能、品質、柔軟性が最も意味のある競争基盤かもしれないし、量産型自動車部品にとっては、価格、品質、納品対応が有力な基盤かもしれない。

競争基盤は、製品／市場セグメントの成熟に応じて進化しそうだ。ほとんどの場合、製品性能は次第に重要でなくなり、価格、配送やその他の品質パラメー

図表3.3　主な競争基盤

```
製品性能
価格
品質
信頼性
メンテナンス性
在庫と納期
柔軟性（カスタマイズのオプションなど）
アフターサービス
国際標準への準拠
```

出典：アーサー・D・リトル

ターの重要性が増していく。重要なのはたった二つの競争基盤、価格に見合う品質と顧客応答時間だと言える。他の競争基盤である信頼性、保全性、製品性能は、実際には品質の一部にすぎない。長期的にはこれは真実かもしれないが、より短期的には、平均的で不完全な事業は、その活動領域において品質と時間のどちらの側面がより重要であるかを判断しなければならない。そのため、競争基盤のリストを作る必要があるのだ。

◉───成功要因（KFS）の見極め

ひとたび競争基盤が明らかになったら、成功要因（KFS: Key Factors for Success）を明確にすることができる。競争基盤にもとづいて効果的に事業を行うためには、成功要因の明確化を上手に行わなければならないのだ。表面的には、これらの成功要因は相互に関連しているように見える（図表3.4）。だが、優先順位の設定はその会社独自のものであるため、たいていはさらに分析を進める価値がある。

あなたの会社と競合企業とは異なる戦略に従っているため、あなたの会社を成功に導く成功要因は競合企業のそれとは同じでないかもしれない。例に挙げた精密機械メーカーは、難しい応用技術やより高付加価値製品を売って競合製

図表3.4　成功要因の見極め

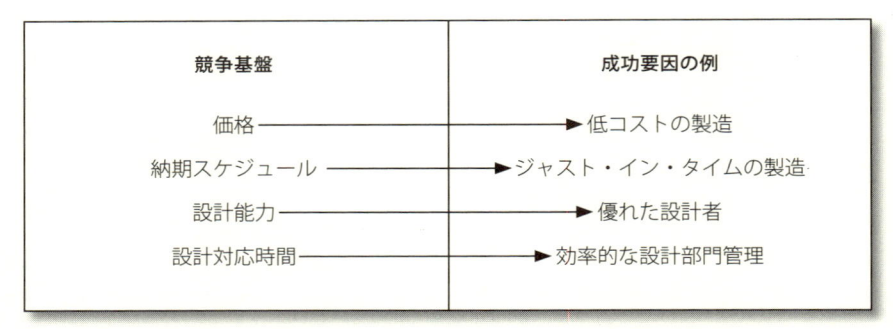

競争基盤	成功要因の例
価格 →	低コストの製造
納期スケジュール →	ジャスト・イン・タイムの製造
設計能力 →	優れた設計者
設計対応時間 →	効率的な設計部門管理

出典：アーサー・D・リトル

品と差別化することをめざすことができる。他社が解決できない問題に対処するという評判が成功要因の一つとなるのは、優れたエンジニアである。他の要因も重要ではあるが、顧客の購買決定に大きな影響を及ぼしそうにない。

　成功要因の見極めに時間を費やす価値があると考えられる二つ目の理由は、その要因がこの例ほど単純であることはめったにないからである。優れた設計によって競争する能力は、優れた設計者を利用できるということだけにかかっているわけではない。その他の多くの要因もある。

● 幅広い用途経験
● 優れた開発・試験施設
● 材料供給者との仕事上の良好な関係
● CAD/CAE設備

　ここに掲げたそれぞれの項目は、さらにこれら以外の要因に依存しているかもしれない。優れた設計者を採用し、雇いつづけるためには、彼らに十分な賃金を払い、挑戦的な仕事を与え、快適な職場環境を保証し、抑圧的で独裁的ではない社風を促進することが必要である。このことは、高品質の設計に頼る企業の多くが、ケンブリッジやオックスフォード、ヨークなどといったサイエンスパークに本拠地を置く理由の一つだ。サイエンスパークのような環境は、有

能な科学者やエンジニアのたまり場を提供する。また、その地域に小規模で柔軟性のある先端技術企業が無数に集まっているため、迅速な試作品製造と試験サービスを担う企業の存在を可能にする。さらに心地よい環境、平等主義的な風土、学際的な人材の集まりが高い創造力をもたらしている。

しかし、牧歌的なサイエンスパークだけが前へ進む道ではない。高成長するイギリスの電気会社、ペース・マイクロエレクトロニクス社は、イングランド北部ビクトリア州の工業都市、ブラッドフォードにある古い製粉工場で衛星放送受信機を生産している。この製粉場は有名な建築史跡で、ペース社はこの建物を書店やアートギャラリー、高級ファッションやアクセサリーの店と共有している。そのため、きわめて創造的な環境となり、保守的な電子工業大手企業とはどこか違う、何か新しいものを求める若いエンジニアたちを惹きつけている。

場所が成功要因に影響を与えることを見ても、いろいろな成功要因を詳細に見ていくことが必要であることがわかる。もし技術によって戦略的価値を最大化したいなら、あなたの事業の成功要因と、その成功要因を決定づける根本要因とを理解する必要がある。

成功要因のリストを使って、十分に成功要因を理解したなら、次のステップは、どの要因が主として技術に依存しているかを確認することだ。そうすれば、どの技術があなたの戦略目標にふさわしいかがわかるだろう。

●───関連技術の特定

関連技術を特定する最も自明な方法は、成功要因を順番に検討し、どの技術がどの成功要因に関連しているかを判断することである。だが、実際にこれを行うのはかなり難しい。成功要因を知ることは、どの技術が重要かを判断するヒントにはほとんどならず、関連技術のすべてを拾い上げることができない危険性が高い。したがって、技術リストを確実に完全なものにするためには、ある種のフレームワークが必要だ。戦略策定プロセスを実行しやすいものにするためには、少しの間距離を置いて、事業と関連しそうなすべての技術についてリストを作ることが必要だ。このリストと成功要因のリストの両方をマトリクスに記入すれば、成功要因を支える技術のすべてを見ることができるだろう。

このようなマトリクスの例として、コンピュータ光学式記憶システムのマトリクスを図表3.5に示す。

　事業と関連のある技術のすべてを分類し、一覧表にするのは、気が遠くなるような仕事だ。だが、ここで紹介するアプローチは、長い年月をかけてアーサー・D・リトルが開発したアプローチである。つねに確実に役立つアプローチであ

図表3.5　成功要因の関連技術の特定（例）

				重要な関連技術									
		1995年ランク	2000年	ライトパス	物理的支援構造	データ信号処理	トラッキングメカニズム	サーボ制御	システム制御	システム構築	MOシステム	製造	サポート（部品調達と購買作業）	ディスク
成功の主要要因	価格	1	2=	✓✓	✓✓	✓		✓	✓		✓✓	✓	✓	
	サイズ	2	1	✓✓	✓					✓		✓✓	✓	
	能力	3	2=	✓✓	✓	✓	✓	✓	✓		✓	✓		
	衝撃感度	4	5		✓✓		✓	✓✓	✓✓					
	消去性	5	4	✓✓			✓	✓	✓		✓✓			✓
	特徴	6	6			✓								
	信頼性	7=	8=	✓	✓		✓					✓		
	WO	7=	7	✓✓		✓		✓	✓	✓				
	統合	9=	12		✓				✓			✓		
	電磁環境適合性	9=	―	✓			✓				✓			
	時間の評価	11=	8=				✓	✓	✓					
	データ転送速度	11=	8=	✓✓		✓✓	✓	✓			✓	✓✓		✓
	記憶密度	13=	11	✓✓		✓	✓	✓						✓✓
	データインテグリティ	13=	―			✓✓			✓	✓				✓✓
	画質	13=												
	1995年スコア			87	58	50	48	47	45	44	38	35	19	16
	2000年スコア			87 (1)	56 (2)	47 (4=)	47 (4=)	47 (4=)	40 (4)	45 (6)	44 (7)	38 (9)	17 (10=)	17 (10=)

出典：アーサー・D・リトル

り、私たちは多くの業界で利用している。その目的は、事業で使われる技術のほどよく包括的なリストを作成することにある。スタートする前に、技術の定義を思い出そう。技術とは、製品やサービスを提供するための科学的知識の「実用化」である。技術とは、実用そのものであり、知識それ自体は重要ではない。たとえば、冶金学は技術ではないが、薄肉鋳物の製造方法を知ることは技術である。実際、「ノウハウ」という言い回しが良い例だ。「設計」のノウハウを持っていると言えるなら、「製品や工程の製造や設定」の技術を持っていることになる。ノウハウがあると言えないなら、おそらく技術はないはずだ。たとえば、私たちは次のノウハウを持っていると言える。

- 薄肉鋳物の製造
- 熱衝撃の設計
- 電力サージの除去

だが、次のノウハウを持っているとは言えない。

- CAD
- 熱力学
- 高温材料

　どのようにして技術リストを開発するか？　最高の方策は、事業全体で選出された技術者とマーケティング担当者の小グループが、中立の「仲介人」の助けを借りて公開討論の場でリストを作成することである。事業を技術のカテゴリーに分類することから始めよう。図表3.6で示したように、これにはいくつか方法がある。

　これらの分類は、技術の最初の定義に収まるように、あえて範囲を広くしている。これには二つの理由がある。一つは、適切な技術を確実に網羅するためである。たとえば、精密粉末冶金部品の製造における重要な必要条件は適切な金属粉末を調達することだ。欠陥のない高力焼結部品を製造するためには、鋼鉄の化学的成分や銅の添加割合などの原料の正確な処方だけでなく、粉体粒子体積の適切な統計的なばらつきも重要な要素である。したがって、材料の調達は単なる購買作業以上のものであり、基礎科学の十分な知識と、さまざまな材

図表 3.6　技術の分類

科学的知識の分類。
たとえば、ポンプのような製品の場合、主な分類は以下の通りである。

- 材料選択（適切な材料を選択する方法を知っている）。
- 機械設計（機械的部品を設計する方法を知っている）。
- 流体力学設計（効率的な流体設計の方法を知っている）。
- 電気設計（電力と制御要素を設計する方法を知っている）。

生産工程による分類。
たとえば製紙工程の場合、主な分類は以下の通りである。

- 木を育成。
- パルプの生産。
- パルプの乾燥。
- 製紙。
- 紙の仕上げ加工。
- 包装と販売。

付加価値連鎖の分類。
たとえば精密粉末冶金部品の場合、主な分類は以下の通りである。

- 材料調達。
- 部品設計。
- 部品製造。
- 部品包装。
- 配送と販売（部品の配送と販売の方法を知っている）。
- アフターサービス。

出典：アーサー・D・リトル

料条件があるため、プロセスには細心の注意を払うべきだという認識を必要とする高度な技術活動である。

　分類を広くする二番目の理由は、リストを発展させ、技術がどう事業に寄与するかの社会通念に挑戦することにある。たとえば、製紙会社の場合、研究開発の多くがパルプの乾燥、製紙、最終加工などのコアプロセスの技術に焦点を当ててきた。だが、幅広い技術のリストアップによって、より環境に優しい包装、在庫のラベリングや包装のより良いシステム、コンピュータ支援のロジスティックス管理システムなどの開発の視点から、事業運営的に潜在価値のある技術を特定できた。こうした技術への追加投資によって得られる事業優位性は、コアプロセス技術への同額の投資によって得られるものよりはるかに大きかった。したがって、本当の競争上の強みを与えてくれる技術を特定するためには、できるだけ先入観のない心で技術を検討する必要がある。

　基本的な分類を設定したら、それぞれの下に技術のツリーを作っていく。このツリーをできる限り下に伸ばしていくことが必要だ。図表3.7に、製紙技術のツリーの一部を示した。この例では、黒い四角の中に一つの技術が書かれており、製紙の工程のどこで赤外線照射が行われ、紙から水分が除去されているのかがわかる。

　現在利用している技術や開発中の技術だけに制限しないことが重要だ。競合企業が利用している、もしくは利用できる技術もできる限りすべて記入しよう。あなたの製紙会社が水分除去のために赤外線照射を利用しているとしたら、その後の評価のために、RF加熱やホットシリンダーなどの熱乾燥技術もリストに加えるべきだ。技術によっては、定義を広げたり、試していない新しい代替技術を加えたりするために、この時点でちょっとしたブレインストーミングを行うのもよいだろう。

　あなたが記入する個々の技術の数は、技術分類の仕方に応じて決まる。たとえば、高いレベルでは、ポンプ製造会社は「ボイラー給水ポンプの設計と製造」をそれ自体で一つの明確な技術とみなし、それ以上の分類は必要ないと考えるかもしれない。しかし、技術開発リソースの配分を決めるときには、技術によって競争優位性を獲得できる特定の領域に狙いを定めるために、さらなる分類が必要かもしれない。たとえば、ポンプをその構成要素に分解し、「高性能イン

図表 3.7　製紙技術のツリーの一部

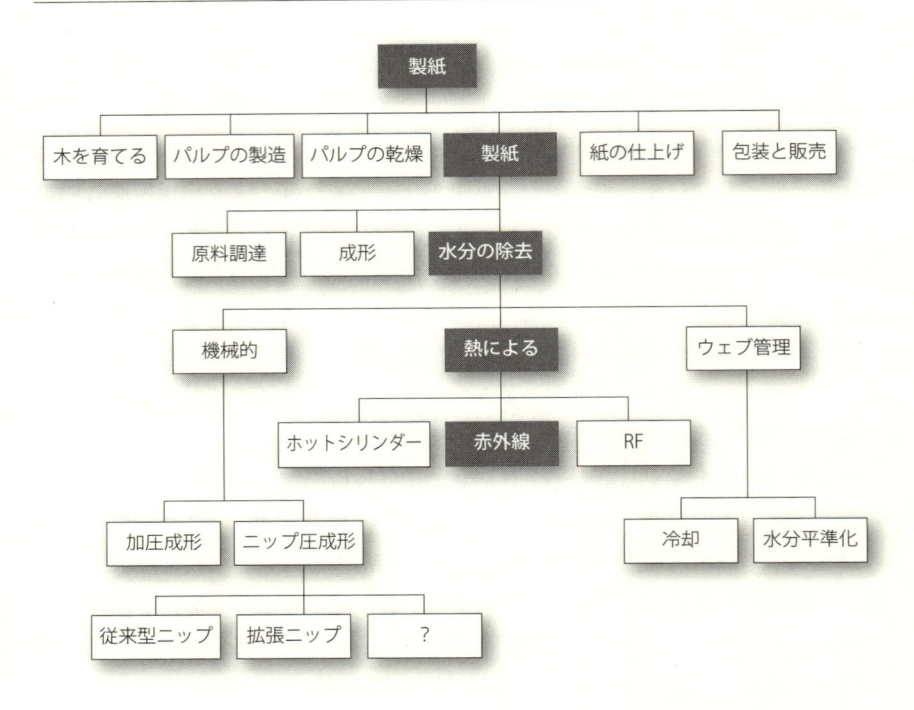

```
                                    製紙
         ┌──────────┬──────────┬──────────┼──────────┬──────────┐
      木を育てる  パルプの製造  パルプの乾燥    製紙      紙の仕上げ   包装と販売
                             ┌──────────┼──────────┐
                          原料調達      成形      水分の除去
                                    ┌──────────┼──────────┐
                                 機械的     熱による    ウェブ管理
                                         ┌────┼────┐
                                    ホットシリンダー 赤外線  RF
                    ┌────┴────┐                        ┌────┴────┐
                加圧成形   ニップ圧成形                     冷却    水分平準化
                         ┌────┼────┐
                     従来型ニップ 拡張ニップ  ?
```

出典：アーサー・D・リトル

ペラーの設計と製造」を要素技術の一つとみなすことができるだろう。その下に続くレベルでは、「インペラーの機械設計」「インペラーの流体力学設計」「インペラーの製造」をインペラーの技術要素として考えることができるだろう。機械設計は、応力設計、材料技術、振動評価などに分けることができる。そして、それらもまた、ほぼ際限なく分類できるのだ。

　どこで分類を止めるかは、あなたが個別のリストで何をするつもりなのかにかかっている。会社レベルでは、ツリーの最上位にある少数の技術だけに興味を持つかもしれない。事業部間の類似点を示したり、共通のテーマを確認したりすることができるからだ。一方、事業部の管理者は、自身の事業を支える30ほどの技術に興味を持つだろう。さらに細かいレベルにある事業部の研究

開発責任者は、新技術開発を育むチャンスを逃さないように、技術をさらに数百にまで分類したがるかもしれない。

だが経験的に、技術を200個以上に分類しても意味がない。いつでも図式の一部を見直して、必要なら後でもっと詳細な図式を開発することができるということを忘れなければよい。大部分の事業部にとって、200個の技術はほとんどすべてを網羅するリストであり、利用できる技術の有効な図式を提供している。しかしリストがすべてではない。そのままでは実用性に限りがある。リストは、利用できる技術の一覧を提供し、技術開発のリソースが会社に関係する技術に使われているかどうかをチェックするために役立つが、優先順位や戦略方針を与えてはくれない。

こうした技術のリストアップを行うことは、必ずしも見た目ほど簡単ではない。誰もが本質的に重要だと認めているが、既存の分類にうまく当てはまらない技術を網羅するものとして、「その他技術」あるいは「支援技術」という分類を作ることで終わってしまう人が多い。技術の階層をめぐる混乱もよくある。図表3.7では、パルプの乾燥はパルプ製造の一部だから、その下に置くべきだと主張することができる。同様に、ペーパーウェブ管理は水分除去技術とはまったく異なるものだから、別個の製紙技術として水分除去と並べて置くべきだと主張することもできる。もっとも、この混乱や厳密さの欠如は、あなたがその存在を認め、できるだけ少なくするために十分な時間を費やして議論し、技術のすべてが確実にツリーのどこかに入るようにするなら、必ずしも問題ではない。

●———戦略的に重要な技術の選択

技術分類リストを本当に役立てるためには、このリストを洗練し、そこから推測できる戦略的意味合いを抽出する必要がある。最初の一歩は、どの技術が戦略的に最も重要であるか、どの技術に全力を注ぐべきかを見極めることだ。それから戦略的に重要な技術に関して、競合企業と比較してどれほど事業がうまくいっているかを考察する必要がある。

戦略的重要性のレベルと技術の競争ポジションを決定することは、必然的に判断力の問題だが、プロセスに分析的な厳密さを仕組むことは可能である。

図表3.8 技術カテゴリーの定義

- **基盤技術**
  - 事業に絶対必要である。
  - 競合企業によって広く利用されている。
  - 競争インパクトは少ない。

- **戦略技術**
  - 製品と工程で具現化されている。
  - 競争効果が高い。

- **途上技術**
  - 一部の競合企業の実験下にある。
  - 競争インパクトは高くなりそう。

- **萌芽技術**
  - 初期の研究段階にあるか、他の業界で出現している。
  - 競争インパクトは未知だが、有望である。

注意：この分類は業界固有である。

出典：アーサー・D・リトル

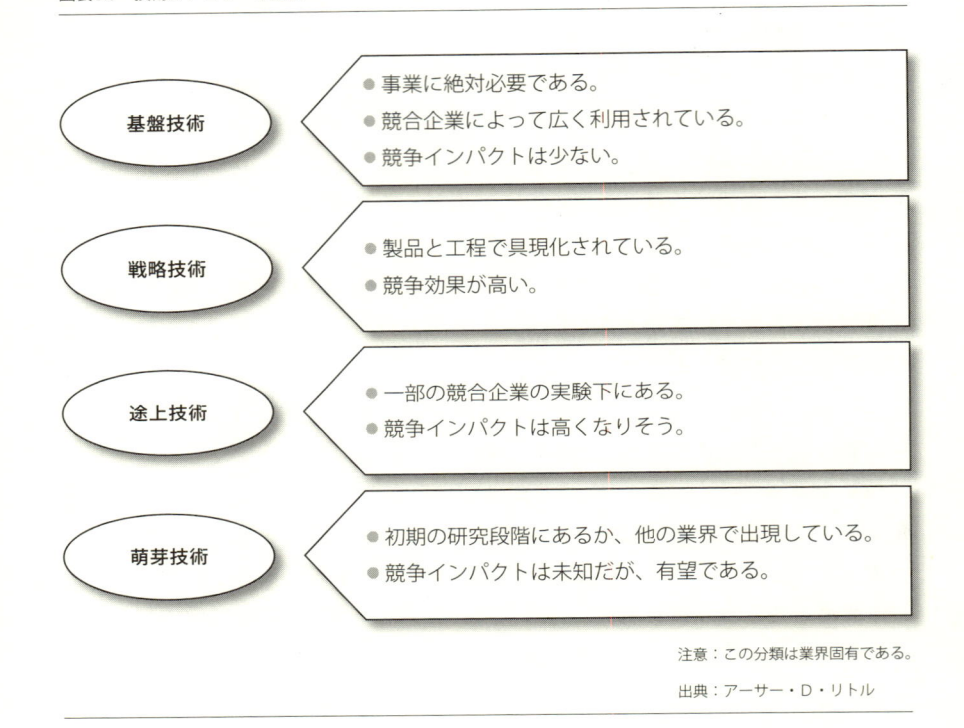

　技術の戦略的重要性をとらえるために、技術を四つのカテゴリーに分けることができる。基盤、戦略、途上、萌芽の四つだ。これらは技術がもたらす競争優位性や成熟度のレベルを表している。図表3.8に、これらのカテゴリーの定義を示す。この技術のカテゴリーについては、アーサー・D・リトルのR&Dマネジメントに関する著作『第三世代のR&D』に詳しく述べられている（文献3.5）。

　CDプレーヤーのような典型的な家電品の「基盤技術」には、プリント基板設計のレイアウトと組立、IC設計、ケーシング設計が含まれる。これらの技術はいずれも大きな競争優位性をもたらさないが、どれもCDプレーヤーの生産には欠かせない。

　このような基盤技術は、技術リストの30～50％を占める。これらの多くは

一度特定したら、あとは大まかな方法で評価すればよい。マネジャーの何人かに簡単に聴き取りをし、事業自体が十分にうまくいっているか、あるいは有能なサプライヤーから調達できているかが確認できれば、基盤技術をこれ以上考慮する必要はない。これは戦略プロセスを簡略化し、いっそう管理しやすくする。基盤技術は戦略優位性をそれほどもたらさないが、参入のハードルにはなる。あなたの会社が基盤技術を持っている限り、心配する必要はない。

「戦略技術」は、重大な戦略優位性をもたらす。CDプレーヤーにとっての戦略技術の一つは、信号を読み取るためにレーザー／レンズ・アセンブリ[★1]にディスクを横断させるトラッキングメカニズムの設計である。フィリップスとソニーの2社だけがこの技術に強く、この2社とライセンシーが市場を支配している。このトラッキングメカニズムは、この業界における主な競争優位性の一つである。より薄く安価でショックに強く、反ったディスクや傷ついたディスクでも再生できるメカニズムを作れる企業が、おそらく貴重な残りのシェアを獲得できるだろう。

「途上技術」は、おそらく将来の戦略技術である。R&Dで生まれ、前触れとしてニッチ商品に導入されはじめた技術であり、そこでうまくいくとコア製品に導入される。CDプレーヤーにとっての代表的な成長技術は、LDGU[★2]、つまり集積レーザー回折格子ユニットである。集積固体素子であるために、そのサイズの小ささ、ロバスト性[★3]、低単価に優れトラッキングメカニズムの性能を向上させるため、これを最初に採用する企業には重大な競争優位性をもたらすだろう。

　面白いことに、LDGU技術に最も強い企業は、フィリップスでもソニーでもなく、シャープである。このような状況は思いのほか多く生じるものだ。基盤技術や戦略技術に強い大手企業が、新しい代替の途上技術を開発した企業によって窮地に追い込まれることもある。自社の技術的アプローチだけが価値のあるものだという思い込みは魅力的だが、別の技術によってもたらされる代替の脅威を予測しそこなうことになる。代替技術の脅威を予測する方法について

★1 アセンブリとは組立部品のこと。
★2 integrated laser diffraction grating unit
★3 外乱や設計誤差などの不確定な変動に対して、システム特性が現状を維持できること。

は次章で論じる。

　途上技術は将来の戦略技術になり得るが、いつもそうなるとは限らない。ガリウムヒ素★1が良い例である。業界の多くの企業が高性能超小型電子チップの標準規格として採用する寸前だが、これまでのところ少数のニッチ領域を除いて、シリコンに代わることができずにいる。

　最後に、「萌芽技術」は、将来の成長技術になるかもしれない技術である。まだ研究段階にあり、将来性はあるが、有益かどうかは保証されていない。CDプレーヤーの例で言えば、萌芽技術には、ディスクの高記憶密度を約束する青色レーザー★2と多層ディスク★3が含まれる。より広い観点から見れば、高性能、低コストの固体メモリは、CDの音楽の量を指の爪より小さいサイズのシリコン部品に記憶させる可能性を提供しているので、これもCDプレーヤーの萌芽技術に含めるべきだろう。

　この四つの技術分類を念頭に置いて、技術のリストをざっと調べ、どの技術が基盤、戦略、途上、萌芽にあたるかを決める必要がある。これは大まかにざっと行えばよく、それぞれに時間をかけて悩む必要はない。判断に迷う場合にはつねに高い方のカテゴリーを選べばよい。たとえば、基盤か戦略か迷う場合には、戦略を選ぶ。だが、たとえ社内の何人かの技術者が戦略技術だと主張しても、すべての技術が戦略技術とは限らない。業界で広く利用されていない技術は、おそらく途上か萌芽の技術である。同様に、外部から簡単に調達できるなら、それは基盤技術である。

　技術戦略を構築するこの段階で、あなたは以下の四つの領域を十分に理解しているだろう。

- 事業の競争基盤
- 成功要因
- 要因を支える技術
- 技術の戦略的重要性

★1〜3　ガリウムヒ素、青色レーザー、多層ディスクはいずれもすでに実用化されている

これらの情報があれば、あなたの会社が重要な技術においてどれほど優れているかを評価し、会社のポジションを強めるためにはどんな対策をとるべきか見つけることができる。

　必要なら、戦略的重要性の評価を拡大し、それぞれの技術が相対的にどの程度事業に寄与しているか考察してもよい。特に多技術・多品種の事業の場合には、各製品カテゴリーにおける相対的な技術の重要性には多くのばらつきがあると思われる。一つの製品だけに大きく寄与する戦略技術もあれば、それほど一つの製品に寄与しないが、幅広い製品範囲に寄与する戦略技術もあるだろう。同様に、特定の製品にとっての成功要因すべてに影響を及ぼす技術もあれば、一つの成功要因に対してだけ影響する技術もあるだろう。分析にこの追加的な側面を加えれば、技術の優先順位の設定に役立ち、戦略的選択がより簡単になるだろう。

競争上の強みと弱みの把握

　事業にとってどの技術が重要であるか、そして戦略的重要性の点から見て技術がどの位置を占めるかについてよく理解した時点で、あなたの会社においてこれらの各技術がどの程度強いかを評価することができる。

　こうした情報があれば、自社の技術能力の強化に必要な戦略的活動を特定し、どの程度の努力が必要かを知ることができる。簡単に言えば、戦略的に重要な技術において会社の競争力が弱い場合には、注意と投資が必要だ。自社が強い技術や戦略的重要性の低い技術には、あまり注意する必要はない。

　自社がさまざまな技術にどの程度強いかを評価する最良の方法は、自社と競合企業とを比較することである。そうせずに絶対評価にこだわるなら、あなたの技術能力を現実的に評価できない恐れがある。あなたの技術者たちは当然ながら焼結粉末金属に関連する技術が非常に得意だと主張するかもしれない。ところが、もし競合企業のほうがもっと優れていれば、それは競争上の弱みとなる。とげとげしさや中傷を避けて特定の技術領域における強みと弱みを決めるためには、標準的な基準を利用することだ。技術能力を分ける五つのカテゴリーを

以下に示す。

- 明確なリーダー
- 強い
- 見込みがある
- 持ちこたえられる
- 弱い

　図表3.9は各カテゴリーの定義を示している。両極の定義は簡単だ。「明確なリーダー」は、すべての競合企業よりずっと先にいる。たとえば、明確なリーダーには、ポストイット接着剤技術の3M社、熱収縮ポリマー技術のレイケム社、大電流アルミニウム製錬技術のペシネー社が含まれる。ある一つの技術に関して唯一の明確なリーダーになることはできるが、多くの技術に対しては誰もリーダーになれない。多くの会社が自社を明確なリーダーであると考えることから始めるが、振り返ってみると競合企業もすぐ後ろに迫っている。

図表3.9　技術能力のレベルの定義

明確なリーダー Clear Leader	技術開発の速度と方向を決めており、そのように業界で認められている。
強い Strong	独自の技術活動を表明し、新しい方向を決めることができる。
見込みがある Favourable	一般に技術競争力を維持できるか、技術ニッチでリーダーシップを発揮できる、またはその両方が可能。
持ちこたえられる Tenable	独自の方向を決めることができない。絶えず巻き返しモードでいる。
弱い Weak	競合企業に比べて技術成果の質を維持できない。短期的な緊急対応措置に追われている。

出典：アーサー・D・リトル

あなたの会社が「弱い」なら、攻撃を受けやすく、技術能力はおそらく競合企業に依存している。たとえば、本書執筆時点では、バーレーンのアルミニウム会社アルバは、社内にあまり製錬技術を持たず、必要なスキルをペシネー社やその他の企業に頼っている。技術的に弱いことは、必ずしも事業的に弱いことを意味しない。基盤技術の製錬に弱いアルバ社にとって、採用すべきは妥当な戦略的ポジションである。自社の精錬研究開発を維持する力は持っていないが、十分な技術は世界の大手企業からたやすく調達できる。とはいえ、もしアルバ社が製錬作業の効率性を向上するためにセンサーや制御システムのような戦略技術を使いこなせなかったなら、これは心配の種になっただろう。

　中間の三つ、「強い」、「見込みがある」、「持ちこたえられる」はどれも判別しにくい。この場合もやはり、企業は自社を過大評価し、すべての競合企業と同じくらい強いと見積もる傾向がある。これは妥当な判断ではない。誰もが強いわけではないからだ。ある技術において強いと評価されるのは、通常一つか二つの企業である。

　一部の技術については、標準的な基準や特許の数、あるいは同様の定量指標に照らした能力評価によって、競争力を評価するのが有効であるように思われる。難しいのは、多くの技術に関して、特に成熟した産業の応用技術に関して、役に立つ定量データが入手しにくい場合があることだ。たとえば、高応力部品に最適な合金を選別する技術について、ある企業が競合企業よりも強いことを示すデータを集めることができるだろうか？　そんなことはできないし、またその必要はない。そのような技術は、顧客の意見に裏付けられた大多数の上級技術者や管理者の見解が、的確な答えを与えてくれるだろう。顧客が非常に満足しており、顧客の問題を解決できるサプライヤーはあなたの会社だけだと言っているなら、顧客が競合企業をよく確かめていないということでない限り、あなたの会社の競争力は少なくとも見込みがあり、おそらくは強いのだろう。反対に、主な競合企業がもっと低コストで仕事ができることを武器に契約を勝ち取ったという営業部長の報告は、どちらかと言えば競合企業が競争力で勝っていることを示している。

　単一製品を製造する会社にとって、競合企業の製品を購入し、解体することは、技術的ポジションを知る良いヒントになることがある。小型高性能ポンプ

を製造するある会社が、既存の製品領域を比較するために主な世界の競合企業3社の製品を購入した。騒音、ポンプ性能、消費電力のようないくつかの技術パラメーターは定量化することができ、その他は間接的に導き出すことができた。パーツ点数は、製品設計の有効性の一つの尺度だ。材料分析から、製品の耐薬品性のレベルがわかった。解体と主要部品の交換に要した時間から、メンテナンスのしやすさがわかった。また、定性的な評価しかできない技術もあった。過酷な環境で利用するための設計品質、破損リスクを最小化するための技術、製品の美観設計の質などはすべてこの第三グループに属する。定量分析であろうと定性分析であろうと、このような競合製品の解体は、あなたの会社製品の現在の競争力をよく理解するうえで役立つだろう。

　強みや弱みを比較する競合企業がいない事業もある。たとえば、電気通信業界や社会インフラ事業では、直接的な競合企業がない場合が多く、間接的な競合企業は、同等の比較ができないために誤解を招くおそれがある。しかし、たとえ独占企業であっても、他の世界のプレーヤーか、サプライヤーや顧客に照らして、自社の技術を評価することはできる。たとえば、イギリス水道局が汚泥脱水技術を評価するとした場合、1社以上の他のイギリス水道会社や、リヨン水道会社のようなイギリス国外の水道事業者、あるいはアルファラヴェル、エンヴィレックス、パサヴァンのような世界一流の汚泥脱水機械のサプライヤーと比較して、評価することが可能だ。

　競争ポジションと戦略の重要性がわかれば、すべての技術を一つのマトリクスに位置づけ、事業についての戦略的意味合いをざっと判断することができる。図表3.10はそのような意味合いを示している。

　最初に基盤技術を検討しよう。基盤技術について強いか明確なリーダーであるなら、リソースを無駄にしているかもしれない。基盤技術をさらに強化しようと投資をしてもその効果はおそらく小さいので、資金は他で使ったほうがよいだろう。基盤技術に弱いか、ただ持ちこたえているだけなら、警鐘を鳴らそう。基盤技術は競争に不可欠であるため、もし基盤技術に弱いなら、社内で能力を築くか外部から調達する必要がある。

　戦略技術に強いなら、それはテコ入れのチャンスとなる。戦略技術に弱いなら、それは事業の競争力の弱さを暗示しており、本気で対処しなければならな

図表3.10　能力レベルの戦略的意味合い

技術的重要性	技術能力のレベル				
	明確なリーダー	強い	見込みがある	持ちこたえられる	弱い
基盤	資源浪費の危険信号			存続の危険信号	
戦略	現在の競争優位の機会		業界平均	現在の危険信号	
途上	将来の競争優位の機会			将来の危険信号	
萌芽					

出典：アーサー・D・リトル

い。戦略技術に弱いと最も攻撃を受けやすいため、どんな弱みも改善することが最優先事項である。

　新しい途上技術や萌芽技術の強みは、その強みが事業成長に必要な他の能力の強みと合致しているなら、成長機会を提供する。

　途上技術や萌芽技術のような新技術に弱いことは危険信号だが、それほど珍しいことではない。萌芽技術は他の産業で発展することが多いため、現職者がそのような領域に弱いのも当然である。自動車会社は鋼鉄車体パネルの操作や製造（基盤技術）に強いが、プラスチックの車体パネル（途上／萌芽技術）には弱い。産業用電動機駆動メーカーはアナログ駆動方式（基盤）に強かったが、デジタルプロセッサに基づく駆動方式（途上／戦略）に適応しなければならなかった。計算尺の会社はプラスチックの精密機械加工（基盤）に強かったが、計算機のための電子技術に適応することができなかった。

　以上の三つの例は、新技術における弱みから出発する最も一般的なルートを示している。多くの自動車会社は、プラスチックの車体パネル技術にアクセスするために、プラスチック会社との合弁事業や提携に入った。自動車会社は主

たる事業が製造ではなく組立であると判断した。プラスチック技術のポジションがあまりに弱いため、プラスチック車体パネルの競争に勝つために必要な投資が大きすぎると判断したのだ。プラスチック会社との関係は競争的というよりむしろ相互補完的であり、提携は互いに有益であったので、プラスチック会社との提携はジレンマから抜け出す良い方法であった。

　電動機の例では、関連会社は自社の能力を開発せざるを得なかった。そうでなければ、事業からの撤退だ。自社能力の開発は、参入障壁が低く、追いつくまでの時間が短く、投資額が低いとき、実行可能な選択肢である。

　対照的に、計算尺の事例では、新技術がまったく異なり、まったく異なる生産技術が要求されるため、適応はほとんど不可能だった。計算尺の会社は事業から撤退した。計算機による計算尺の置換は、萌芽技術が産業構造をいかに変え得るかを示すよく知られた例である。ひと目ではそれほど違っているようには見えない萌芽技術の多くが、同様の破壊的な影響力を持っていた。下に示した「材料代替のジレンマ」は、新たな萌芽技術によって事業の危機に陥った会社の例である。

　萌芽技術または途上技術における弱さの克服に必要とされる意思決定は、複雑なことが多く、事業全体に対して広範な影響を及ぼす。新技術の出現を防ぐことはできなくても、長期的な技術動向を予測する能力を築き、早い段階で代替脅威の出現に気づいて、問題となる前に対処することはできる。このための手法については、第5章で扱う。

◆◇◇◇ 材料代替のジレンマ

　自動車のギアボックス用の青銅シンクロメッシュ・リングを作っている会社のことを考えてみよう。同社は、収益性の安定したニッチビジネスで、二つの競争基盤を持っている。自動車のギアボックスの会社と協力して優れた部品仕様を開発する能力と、迅速に安く青銅の精密部品を鋳造し機械加工する能力である。ギアボックスメーカーの観点からすれば、青銅のシンクロメッシュ・リングはやがて基盤技術になり、ボンド紙でコーティングしたねずみ鋳鉄リングが萌芽技術となった。青銅シンクロメッシュ・リングの観点からすれば、ねず

み鋳鉄リングは脅威を意味した。この会社は鋳鉄技術に弱く、ボンド紙で鉄をコーティングする技術もなかった。さらに悪いことに、鋳鉄リングはこの会社の技術能力、生産で培った経験、製造設備の価値を低減させた。漸進的な技術の変化が事業の危機をもたらしたのだ。この会社は鋳鉄技術に投資（あるいは買収）すべきか、それとも自動車産業から撤退して、他の産業で青銅部品製造のスキルを売ってみるべきだろうか？　結果的には、経営陣はその両方を選択し、ねずみ鋳鉄部品会社を買収し、青銅事業を多角化して屋内電気器具部品や、その他の自動車以外の市場にも参入した。

出典：アーサー・D・リトル

第4章

技術戦略の策定

DEVELOPING TECHNOLOGY STRATEGIES

　本章では、前章で取り上げた技術ポジションの見極めに基づき、技術戦略の策定に取り組む。主に本社レベルの戦略に重きを置くが、ここで概説するアプローチは、事業の成功と戦略的関連を持つ技術の特定と、ローカルな技術戦略の策定であるため、事業部レベルでも利用することができる。あなたは関連技術を特定し、どの技術が最大の戦略的価値を持つかを究明し、戦略的価値のある技術向上のために何をすべきかを判断することができる。何をすべきかの意思決定に必要な基本情報のすべてがここにあるため、本章の後半で論じるように、意思決定は比較的容易になるはずだ。

企業の技術の優先順位の設定

　本書は主として全社レベルでの技術の重要性を取り上げている。第2章で述べたように、大手企業の経営陣はしばしば、自社の強みの一つは事業部間の技術的相乗効果であると主張する。技術の相乗効果を有効にするためには、企業のさまざまな技術コア・コンピタンスを土台としなければならない。コア・コンピタンスの思想については多くの人が書いているが、最初に具体化したのはハメルとプラハード（文献4.1）である。本質的にこれは、事業の一つの側面が、企業の競争優位を持続する源泉であるという考え方である。よく引き合

いに出される例としては、小型軽量高速内燃エンジンの技術でコア・コンピタンスを築き、この能力を活かしてオートバイ、自動車、芝刈り機、小型発電装置などの事業を興したホンダがある。他の例としては、事業のほぼすべてを接着剤コーティングのコア・コンピタンスで展開する3Mがある。

　各事業の一連の技術戦略について考える前に、全社レベルで強化すべきコア・コンピタンスを特定するために会社全体を見渡す必要がある。コア・コンピタンスは各事業レベルではトップレベルの技術ではないこともあり得るので、トップダウンと同様にボトムアップのアプローチでも確認すべきである。

　家電メーカーの例を紹介する。ビデオカメラ、テレビ、CDプレーヤーなど、それぞれの製品によって戦略技術はかなり異なる。ビデオカメラでは、テープヘッド技術、電池技術、異常振動を除去するソフトウエアが戦略技術である。テレビでは受像管技術が重要であり、CDプレーヤーではレーザーと関連駆動方式が重要だ。事業レベルでは、小型化技術の地位が「持ちこたえられる」か「見込みがある」であっても、ビデオカメラやオーディオの事業部長の関心を特に引くことはないだろう。結局、小型化はビデオカメラやCDプレーヤーの競争に役立っているにもかかわらず、差別化の要因ではない。ところが、本社の経営の観点からすると、小型化のコア・コンピタンスは重要である。家電品はすべて、「より軽く、より薄く、より小さく、よりスマートに（LTSS★）」の方向に進化している。小型化技術のない事業は、徐々に競争力を失っていくだろう。もっと深刻なのは、小型化技術のない企業は、全社的な競争力が弱くなってしまうことだ。その上、小型化技術は経験なしに獲得するのが難しい。そのため、小型化をコア・コンピタンスとして認める企業は、認めない企業より成功する可能性がある。小型化をコア・コンピタンスとして認めるということは、会社がこの技術を重視する事業、たとえば携帯型カセットプレーヤーのような事業における小型化技術の開発をサポートする意思があり、また社内の別の事業にスキルを移転することによって、この技術的強みを有効に活かそうと意識的に努力する意思があることを意味する。したがって、技術的スキルはまずそれを必要とする部門で開発されるが、本社レベルで技術開発を支援するという認識が会社全体に大きなメリットをもたらすことになる。

★　LTSS：Light, Thin, Small, Smart

図表4.1　コア・コンピタンス技術のカテゴリー

コア・コンピタンス技術のカテゴリー

キー部品となる技術：
複数の事業体で製品を差別化する。

強化技術：
複数の事業体で事業の有効性を高める。

共通基盤技術：
事業の多くの側面を支え、製品や工程に改良の余地を与える。

出典：アーサー・D・リトル

小型化技術は、明らかにコア・コンピタンスとなりうる。家電では他にフラットパネル・ディスプレーやデジタル信号処理などが考えられる。コア・コンピタンスは大半の業界で確認されており、主に三つのカテゴリーに分類される（図表4.1）。

「キー部品となる技術」 は、複数の事業で製品の差別化に役立つようなキー部品やその組立にとって不可欠な技術を指す。ホンダの内燃エンジン技術、東芝のフラットパネル・ディスプレー技術、3Mの接着技術が良い例である。このような技術をコア・コンピタンスとすることは、会社が相互に製品ポートフォリオを補強し、製品自体の改良を糧に成長するのを可能にする。

「強化技術」 は、会社全体の製品や管理プロセスを強化し、各事業がより効果的な競争ができるようにする技術である。バートン社のような小売グループの在庫品追跡技術、インペリアル・ケミカル・インダストリー社やBASF社のような化学会社のプロセス管理技術、ABB社やゼネラルエレクトリック社のような電気会社のプロジェクト・マネジメント技術はすべてこのカテゴリーに入

る。これらをコア・コンピタンスとしてとらえることは、主として資源の共有、より大きな規模の経済の達成、成功事例の相互学習を目的としている。

「共通基盤技術」は、社内のすべての事業の技術リストに登場する技術だ。個々の事業では重要でなくても、全社レベルで見れば、事業の有効性を支え、会社の注目に値する重要な競争力の基盤である。小型化技術や多くの材料技術がこのカテゴリーに入る。共通基盤は、おそらく最も重要な技術だ。また最も開発が難しい技術でもある。なぜなら、このカテゴリーにおける有効なコア・コンピタンスは事業部を横断した幅広い用途に関する技術の蓄積されたノウハウに依存している一方で、技術移転の要となる「アンカー」技術がほとんどないためである。

この三つのカテゴリーのいずれにおいても、コア・コンピタンスは単なる技術のノウハウ以上のものである。それは技術知識と用途経験のみならず関連事業の業務管理と戦略的リーダーシップにまで及ぶ、一連のよく統合された技術的・経営的能力である。コア・コンピタンスは経験と組織文化が組み込まれた、一種の明確なノウハウの混合体なので、模倣するのは非常に難しい。だが正しく理解すれば、大きな競争力を持つことになる。

- 高度な差別化。製品能力だけでなく市場の認知においてもその企業を際立たせることができる。
- 競争への耐性。競合企業にとって、技術能力と深い経験や専門知識との混合体を模倣することは難しい。
- 戦略的意味合い。市場と株主の見地から会社を定義するのに役立ち、また新事業を立ち上げるための出発点になり得る。

以上の理由から、本社レベルでは、何が会社の技術コア・コンピタンスであるかを知ること、どの事業が最も戦略的インパクトがあるかを見極められること、したがって会社としてどの事業を最も支援すべきかを決定することが重要である。

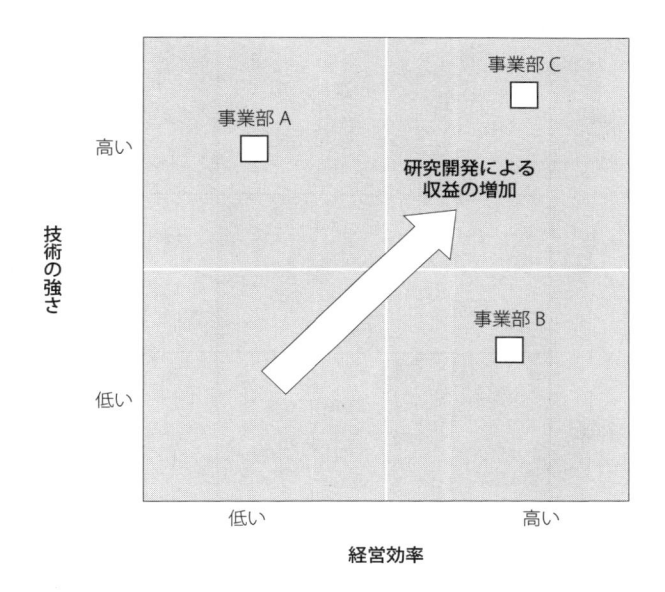

図表 4.2　事業部の研究開発費の比較

（図：縦軸「技術の強さ」高い／低い、横軸「経営効率」低い／高い の4象限マトリクス。左上に事業部A、右上に事業部C、右下に事業部B。中央に「研究開発による収益の増加」と記された右上向きの矢印。）

出典：アーサー・D・リトル

　このような技術コア・コンピタンスの検討は、明らかに不釣合いなリソースを特定の技術や特定の事業へ配分する理由の一つを与える。全事業でリソースの優先順位を設定するためには、事業的理由もある。簡単に言えば、戦略技術や途上技術に頼って成長している事業は、主として基盤技術に頼っている成熟した事業よりも比較的大きな資金が必要と思われる。これはわかりきったことに思えるが、まだ多くの企業がさまざまな事業体の費用ニーズに違いをつけていない。成熟事業は売上高と同じ割合の資金を技術開発に使うのを許されていることが多いが、小さな萌芽事業は資金不足で苦しんでいる。

　リソースが確実に必要な事業に行き渡るようにするために、明確なガイドラインを作れるだろうか？　理論的には、技術の強さと事業の経営効率に基づいたルールを定義するのは可能である（図表4.2）。技術的に強い事業ほど、また経営効率がよく収益の大きい事業ほど、より多くの研究開発費を期待できる。もう一つのアプローチは、技術の強さだけを見る方法である。図表4.3で

図表4.3　研究開発投資対技術の強さ──事業の比較イメージ

	研究開発投資 低い	研究開発投資 中間	研究開発投資 高い
技術の強さ 高い	一年生作物パルプ	森林パルプ 業務用便箋	
技術の強さ 中間	セキュリティ・ペーパー販売	感熱紙	
技術の強さ 低い	小売ガスケット	事務用文房具 コピー用紙	

□ 技術投資と技術の影響力の間の期待される組合せ

出典：アーサー・D・リトル

は、どの事業がより多く資金を使い、どの事業がより少ない資金を使っているかがわかる例を示している。事務用文房具やコピー用紙のような一部の量販事業は、規模や社内での政治的影響力を持っているため必要以上に多くの技術開発費を要求する。対照的に、一年生作物のパルプや有価証券向きの紙のような、一部の小規模なハイテク事業は、必要に満たない開発費しか使えない。

　どちらのアプローチも定性的で、本質的に主観的であり、厳密に適用することはできない。とはいえ、どちらも本社側と事業側との交渉の出発点を与えている。異種の事業に異なる財務コントロールを設定することによっても、あるいは最も重要な萌芽事業を生かすように本社が直接介入することによっても、問題は解決できる。関与する経営陣全員が問題の解決に努力する限り、どのアプローチをとるかは重要ではない。

　この本社側から見たジグソーパズルと、本章のはじめに議論した事業部側の

技術評価を手にしたこの段階で、あなたは会社全体の技術の全体像をとらえ、事業の競争力を強めるためにどこに資金を集中すべきかについての良いアイデアをつかんでいるはずである。このために何が必要かについては次節で検討し、それをどのように行うかについては第9章で論じる。

戦略的活動の決定

　必要な技術のすべてを開発できる金銭的余裕のある企業は一つもない。それでは、どの技術を社内で開発するか、また社内の技術の競争力を高めるためにいくら投資するかを、どのように決定したらよいのだろうか？　有効な出発点は、何ができるかを考えるよりも、むしろ何が必要かを考えることである。どの技術を開発したいのか、どれほどの投資が必要なのか、そして全体のコストはどのくらいになるかを算定しよう。それから会社のキャッシュフローでその投資をまかなうことができるかどうかをチェックし、まかなえると思えるようになるまで反復しよう。図表4.4は、こうした作業のフローチャートを示している。

●──技術プロジェクトの決定

　それでははじめに、事業部の技術の現状を示した図表3.10（75ページ）に戻ろう。事業部の戦略を検討し、理想的と思われる技術の配置を決定する。現実的になって、戦略技術のすべてが有力な競争ポジションにつくことは期待できないことを受け入れよう。実のところ、そうなりたいとは望んでいないかもしれない。たとえば、もしあなたが迅速な顧客対応と応用工学を武器としている小規模な特別注文の製造業を経営しているなら、目標とする競争ポジションはどの技術でも「見込みがある」レベルでよいのかもしれない。

　次に、技術をクラスターにまとめ、各クラスターの現在の競争ポジションと望ましい競争ポジションを一覧表にする。その上で各クラスターを検討し、あなたの会社が何をすべきか、あなたの会社の現在のポジションから望ましいポジションへ到達するためにどれほどのリソースが必要なのか、またいつ望まし

図表 4.4　技術開発投資計画

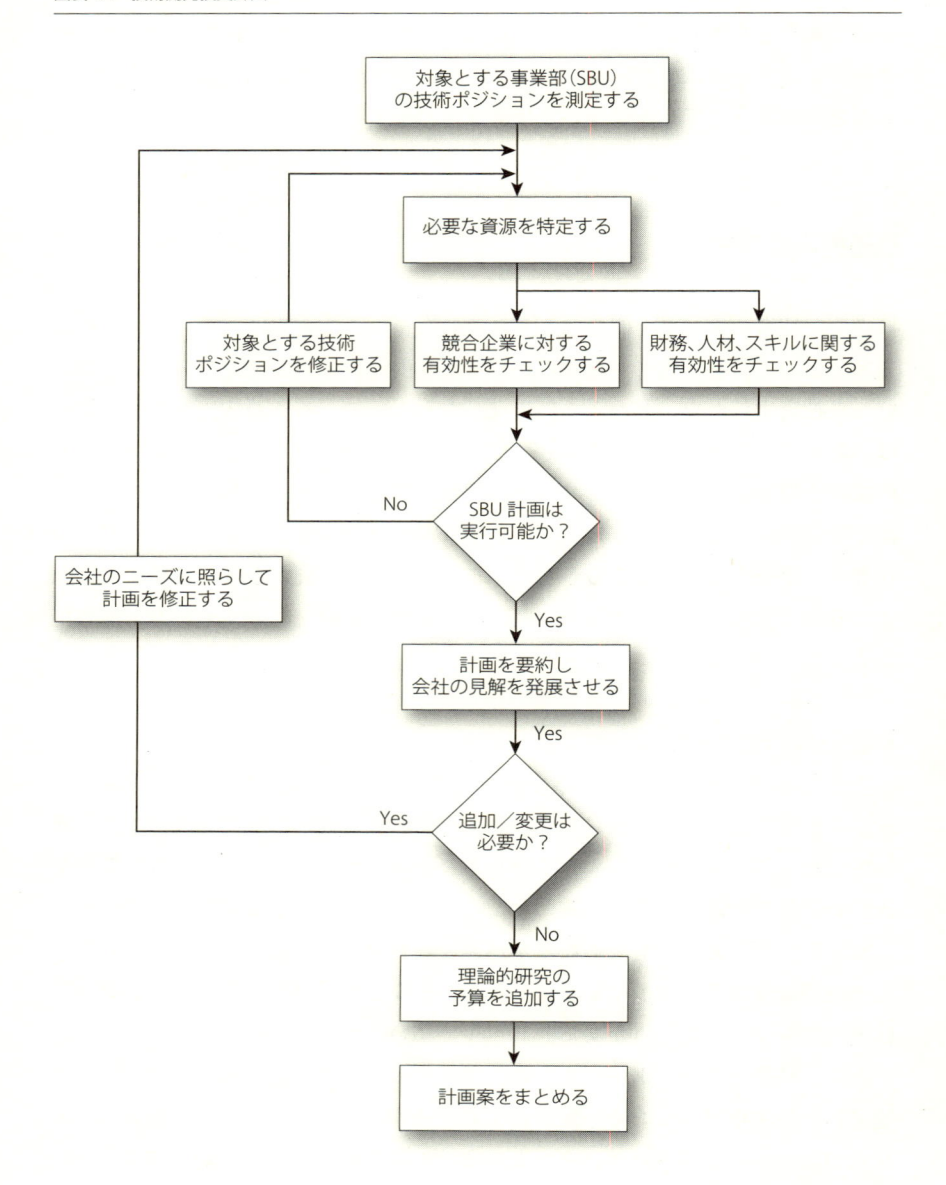

```
対象とする事業部（SBU）の技術ポジションを測定する
          ↓
必要な資源を特定する
          ↓
対象とする技術ポジションを修正する ← 競合企業に対する有効性をチェックする　財務、人材、スキルに関する有効性をチェックする
          ↓
SBU 計画は実行可能か？ ── No → （対象とする技術ポジションを修正する へ戻る）
          │ Yes
          ↓
計画を要約し会社の見解を発展させる
          │ Yes
          ↓
追加／変更は必要か？ ── Yes → 会社のニーズに照らして計画を修正する（最初へ戻る）
          │ No
          ↓
理論的研究の予算を追加する
          ↓
計画案をまとめる
```

出典：アーサー・D・リトル

いポジションに到達したいのかを特定する。図表4.5のテンプレートは、戦略技術のカテゴリーそれぞれに関する一般的な戦略を示している。これらの一般的戦略に基づき、各技術分野で何をすべきかを明確に定める。ダイカスト技術で「見込みのある」ポジションから「強い」ポジションへ移りたいというような、曖昧な声明では不十分だ。たとえば、「強度のある薄肉鋳物を製造できるようになりたい」とか「鋳造合金の難しい処理ができるようになりたい」というように、「強い」ポジションが何を意味するかを明確に定義すべきである。投資対象に選んだ技術グループの中でも、どの技術に集中すべきかを選ばねばならない。そのすべてで強いポジションを築くのに十分な資金はおそらくないからだ。

●──個別プロジェクトの評価

この段階で、個々のプロジェクトのコスト、収益、リスクを見積もりはじめなければならない。ここで説明されている詳細なレベルでの評価がまだできな

図表4.5　技術開発の包括的戦略

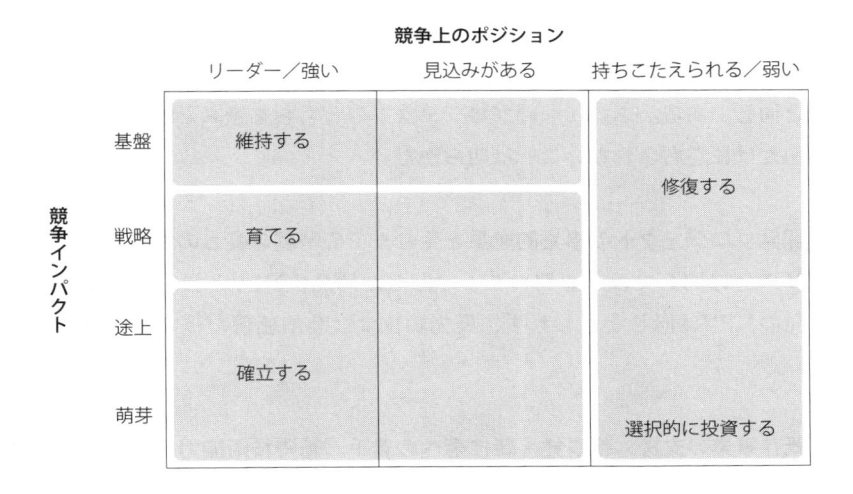

	競争上のポジション		
競争インパクト	リーダー／強い	見込みがある	持ちこたえられる／弱い
基盤	維持する		修復する
戦略	育てる		
途上			
萌芽	確立する		選択的に投資する

出典：アーサー・D・リトル

い場合は、最初の繰り返し（イテレーション）ループを始めればよい。

大半の資本投資プロジェクトに対しては、正味現在価値（NPV）分析が適用できるだろう。だが技術開発への投資に対しては、以下の理由からもっと複雑な見積もりが必要とされる。

- **技術開発に付随する技術的・事業的リスクの存在。**
  リスクは異なるが、まったく同じNPVを持つ二つのプロジェクトの魅力の比較は、あなたの会社がリスクをどれほど嫌うかによって左右されるだろう。シャンプーや化粧品などのパーソナルケア製品を製造する消費財メーカーを例にとってみよう。取締役会は、一つのプロジェクトの資金しかないので、二つのプロジェクトのどちらかを選ばねばならない。最初のプロジェクトは、シャンプーを洗練させ、クリーミーな粘りをつけるためにわずかに改質するというものだ。売上と利益の増加は低いが、リスクも低い。実際、改良せずに競合企業に追いつかれるのを許すことは、先へ進むより危険かもしれない。もう一つのプロジェクトは、ひげそりや脱毛の領域で競合企業に差をつける、男女両用発毛抑制クリームの開発である。このクリームが開発され、この製品の利点が消費者に受け止められれば、高い収益が得られるだろう。だが、技術的リスクも事業的リスクも高い結果、割引率が高いので、全体的なNPVはシャンプーの漸進的な開発と同じである。この二つのプロジェクトのどちらを選ぶかが、割引現在価値だけに左右されないことは明らかだ。

- **開発プロジェクトの事業的成果を生むまでの時間の長さの相違。**
  リスクに関しては、短期のちょっとした開発のNPVと長期の先端的な開発のNPVは同じかもしれず、優先順位は財務的価値だけでは決められない。

- **既存事業の支援、新事業・新技術への着手、基礎技術能力の深耕など、プロジェクトの異なる目的の存在。**
  またしても、優先順位は財務リターンと同じくらい戦略意図にも左右され

るだろう。

　したがって、技術開発への投資は、ポートフォリオに基づいて評価されるべきであり、ポートフォリオが戦略的目標、報酬、タイムフレームの構成にバランスを与える。これについては後述する。

　こうしたポイントを念頭に置くと、個々のプロジェクトの定量評価はまだ出発点にある。まず、コスト、スケジュール、期待利益などのプロジェクトの基本データが必要だ。図表4.6は、すべての主要データ・パラメーターを取り上げた、プロジェクトプランのイメージである。

　これらのデータがすべて整えば、プロジェクトの費用と収益を評価し、総合的な現在価値を見積もることができる。だがこれは、言うは易く行うは難しである。NPVを測定するためには、コスト、収益、タイミング、割引率の正確な数字が必要だが、これらの数字の一つ一つが吟味の対象となる。

- コストの定量化が困難。特に開発が間接費とみなされ、プロジェクトのリソースの使われ方がわからない場合。
- 収益の定量化が困難。特にプロジェクトが製品の漸進的な改良につながる場合。
- タイミングを知ること。タイミングをいつにするかはよく確かめる必要がある。プロジェクトを3カ月先延ばしするともっとコストがかかるかもしれないが、市場で競合企業に先んじることでより多くの利益を得られるかもしれない。
- 社内の通常の割引率と、プロジェクト固有の割引率の両方を考慮。予定されたマイルストーンに照らしたプロジェクトの進捗管理によってリスクを低減できるので、割引率は時間とともに変化するかもしれない。

　起こり得るすべての事態をカバーしようとする入念な評価システムが役立つことはめったにない。単純で実践的なルールを適用するほうがずっとよい。図表4.7に例を挙げる。あなたの目的は第一に価値ある技術投資を判断すること、第二に自分で優先順位を決定できるようになることである。数字が適度に大規

表4.6 技術革新プロジェクトプランのイメージ

プロジェクトの目標
- 強固な圧電センサーの開発
- 開始日と終了予定日
  　—開始　1992年1月1日
  　—終了　1992年9月20日
- 予算（労働力とその他のコスト）8.5人年と設備費 400,000 ポンド

プロジェクトの特徴
- 新しい圧電センサー技術に基づいた商品を開発すること。プロジェクトは商品レベルのセンサー素子を開発し、次にローカル IC ベースの校正とデータエラーコレクションを備えた製品設計を開発する。

マイルストーン
- 試作品製造（実験用回路板で作られた）1991年5月1日
- センサー素子の試験生産　1991年12月31日
- IC 設計　1991年12月31日
- 試作品　1992年6月30日
- 試験生産　1992年9月30日

期待利益
- 1993年に売上100万ポンド、1994年末までに年400万ポンドの達成
- データロガーの販売への増収効果

他の製品との関連
- IC 設計は新しい CAD システムの獲得に依存

主な障害とリスク
- センサー生産の歩留り
- センサー素子の衝撃抵抗
- 製品組立てコスト

スポンサー

営業：	技術：
J・スミス	P・ブラウン
マーケティング担当重役	センサー研究室
センサー・器具類部門	

出典：この図表および本書の他の箇所でイノベーション計画ハンドブックより引用した図表は英国著作権に属し、政府刊行物発行所の許可を得て複製した。（文献 4.2）

模で、アプローチが一貫している限り、さらに詳細な分析は不要である。実際、さらなる分析は有害だ。分析精度が誤って意識され、綿密な審査に耐えられず、データの徹底的見直しを財務アナリストから促されることになる。

　プロジェクトの価値を評価するには現実的になる必要がある。またプロジェクトは切り出して評価することはできないということを忘れてはならない。開発プロジェクトはただ一つの結果をもたらすのではなく、組織の能力を開発するのを助け、おそらく他のプロジェクトが成功するチャンスを大きくする。特定のプロジェクトは、数世代にわたる新製品の跳躍台となり、競争力の基礎となるので、プロジェクトの直接の成果をはるかに超える継続的な価値をもつ可能性がある。反対に、プロジェクトを実行しないために発生するコストも考える必要がある。典型的には、プロジェクト評価の基本となるモデル・ケースが中立なシナリオではなく競争力が徐々に低下していくシナリオになっていたりする。そのため、もし、プロジェクトを実行しない結果、市場シェアを競合企

図表 4.7　プロジェクトのメリットの評価

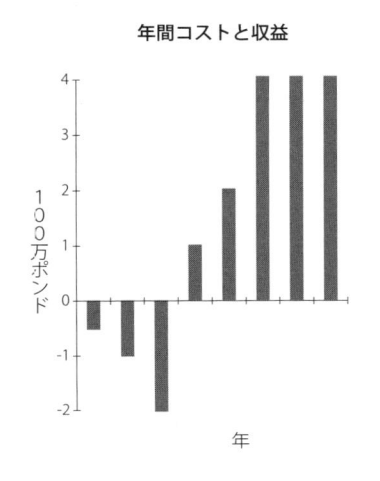

年間コストと収益

（100万ポンド、年別グラフ）

インプット
- コストはオーバーヘッドの人件費と資本設備費用である。
- 目標の粗利率は現在利益を生んでいる製品より高い 50%。
- 収益は売上高からコストを引いた純利益。販売と物流の諸経費がすべて含まれているとは限らない。
- 税金は含まれない。

アウトプット
- 割引率を 10% と仮定すれば、NPV は 6 年後に 170 万ポンドになり、それ以降増加する。
- 計画を 1 年間前倒しすると（1 年間を取り除いて評価する）、6 年間の NPV は 450 万ポンドに増大する。

仮説
- プロジェクトはおそらく続行する価値がある。売上高の上昇が遅く、すぐに横ばいになってしまうのはなぜか。続行しない場合のコストはどうか。

出典：アーサー・D・リトル

図表 4.8　変化するベース・ケース

定評のある家庭用洗剤の全世界の売上は順調。ブランドは強力で、この会社の他の製品にも多く利用されている。最近になって、競合企業がより性能の優れた、研磨剤を含まないクリームの新製品を発売した。現在の製品は全世界で年に 1500 万ポンドの純利益を生んでいる。だが、売上高は来年以降、毎年一定の利益幅で 20% 下落すると予想される。

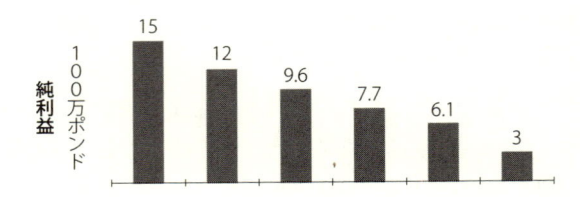

純利益 100 万ポンド: 15, 12, 9.6, 7.7, 6.1, 3

NPV の消失は、割引率を 10% として 6 年間に 240 万ポンドになるだろう。

ブランドの地位を保つことが戦略的に重要なら、売上増分を基礎とした評価がゼロかマイナスの NPV を与えるとしても、市場シェアを維持できる製品を生むプロジェクトは、ほぼ確実に継続する価値があるだろう。

出典：アーサー・D・リトル

図表 4.9　草案段階における意思決定の重要性

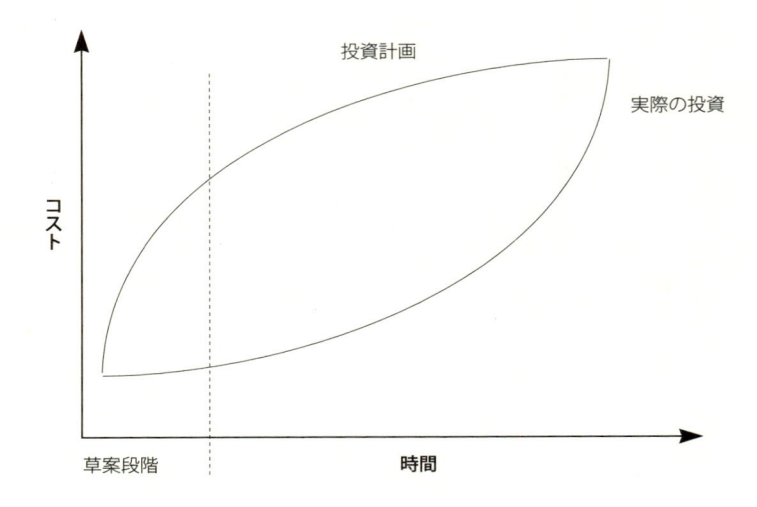

(縦軸: コスト、横軸: 時間、草案段階、投資計画、実際の投資)

出典：アーサー・D・リトル

業に奪われるのであれば、開発費は高額かもしれないが、現在の市場ポジションを維持するだけの製品しかもたらさないプロジェクトであっても、まだ続行する価値があるかもしれない。図表4.8で概説した家庭用洗剤の例を考察しよう。

開始前にすべてのプロジェクトの長所と短所を検討する必要があるばかりでなく、採用か不採用の決定前にプロジェクトの戦略的意味合いも考慮する必要がある。

また、コストとインパクトは製品開発段階によって異なることを思い出そう。技術開発の草案段階からコンセプト設計や製造設計の段階に移ると、コストはそのたびにおおよそ3倍になる。これは第2章で論じたPiルールである。草案段階の研究は全開発費の約7％を占めるだけだが、適切な製品原価と、人々が買いたがる製品設計の基本となる。したがって、開発初期段階のコストは事業的には些細だが、その意思決定が効果的な開発を左右するという意味で重要

図表4.10　プロジェクトのポートフォリオのリスク／リターン評価

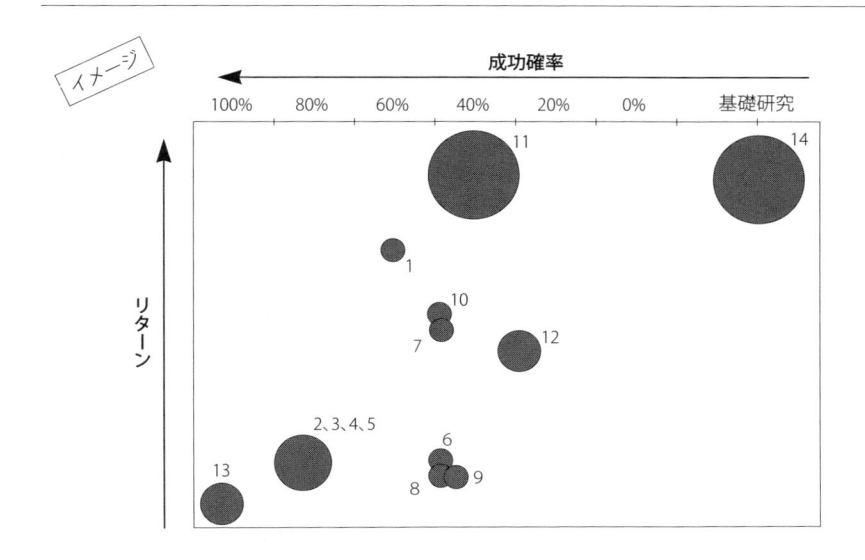

出典：アーサー・D・リトル

である。社内の疑い深い聴衆に開発プロジェクトの費用を納得させようとするときには、このことを念頭に置いておこう。

それぞれの技術で何をするか妥当な考えがあれば、技術計画の構成要素を集約し、資金、設備、人材、特別な専門知識など、資源のニーズのすべてを要約することができる。その結果、活動の全体的なポートフォリオを見直すことができる。

●──ポートフォリオの評価

全体的に見て開発投資はリスクと収益のバランスがよく、戦略目標に合っているだろうか？

ポートフォリオ全体を見渡して、プロジェクトのバランスが適切であり、ポートフォリオがどれか一つのプロジェクトに依存しすぎてないようにする必要がある。

事業部のレベルでは、経営者はリスク／リターンのマップを検討することから始めるべきだ（図表4.10）。プロジェクトの数が多すぎず、ハイリスク／ハイリターンとローリスク／ローリターンとの組合せが適切な、バランスの良いポートフォリオとすることが目標だ。プロジェクトにその成功確率を掛け合わせて合計し、得られた総額から総支出を引いて収益を算出する。プロジェクトは成功か失敗かのどちらかだから、この方法に数学的意味はない。60％の可能性がある二つのプロジェクトからの収益は、1.2ではなく、0か1か2である。そのため、総リターンの計算は、それ自体では意味がない。しかし分析の目的は、リスクとリターンのパターンのイメージを明確にすることである。この目的のための総リターンの計算は許容できる。また、すべての確率を10％減らすか、40％以下の成功確率のプロジェクトをゼロに割り引くことによって、合計リターンの感度を検証することができる。割引後のポートフォリオの収益率はどれくらいか？　二桁に達しないなら、何かが間違っている。プロジェクトが不適切か、市場が不適切なのだ。最初の問題は修正できる。二番目の問題については、すさまじい競争や低価格への圧力によって収益が限定されることを受け入れて適応するほかない。

事業インパクトの時期についても検討しよう（図表4.11）。通常は、中期が

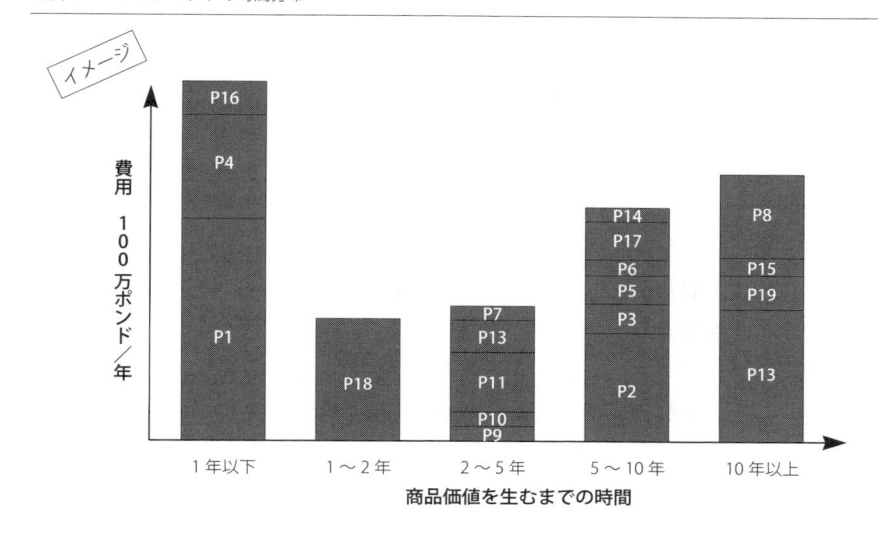

図表 4.11　プロジェクトの時間分布

（イメージ）

縦軸：費用 100万ポンド／年
横軸：商品価値を生むまでの時間

- 1 年以下：P1、P4、P16
- 1〜2 年：P18
- 2〜5 年：P9、P10、P11、P13、P7
- 5〜10 年：P2、P3、P5、P6、P17、P14
- 10 年以上：P13、P19、P15、P8

出典：アーサー・D・リトル

くぼみ短期と長期が頂点に達するバスタブ型の分布が見られる。この形状は、一般的に技術と事業戦略がうまく構築されていない場合に現れる。結果的に、開発の仕事は、長期的な特に製品ゴールイメージのない研究と短期的な対応措置に二極化する。また、企業風土がこの問題を悪化させることがある。短期的な仕事はリスクが低く、目標が明確なので、開発者は成功を信じることができる。長期的な仕事はリスクが高いが魅力的であり、開発者は失敗しても個人的な失敗とはみなされないと信じることができる。ところが中期的な仕事は、目標は明確だがリスクは高く、失敗は起こりやすく目立つ。だれもこのようなプロジェクトで働きたがらないため、バスタブの底になるのだ。中期的な仕事が競争上の脅威に先手を打ち、パニックの可能性を回避できるように分析結果を修正することは、事業に大きなインパクトを与えるだろう。

● ──本社レベルでの評価

　総合的なポジションを評価するために複数のポートフォリオをまとめて、本

社の観点から計画を見直すことは可能だ。また、どのように技術投資が社内の全事業に割り当てられているかを考察することもできる。すでに論じたように、技術の必要性に応じて事業を分類することもできる。技術の必要性は事業規模とは関係ないこともある。第3章で述べたように、通常、成熟した大規模な事業は成長段階の小規模な事業ほど技術投資を必要としない。だが、大企業内の成長段階にあるハイテク新事業は、もっと大きな成熟事業に資金を奪われていることが多い。本社レベルでの技術マネジメントの役割の一つは、さまざまな事業の投資と収益を比較し、会社の純利益を最大化するように配分のバランスをとることである。

　本社の観点からコア・コンピタンスを検討することも必要だ。能力を強化し、競争ポジションを高めるためには、前節で確認したコア・コンピタンスに関するいっそうの努力が必要となるだろう。コア・コンピタンスの分野では、可能性のある開発をバックアップすることで技術的な成功を保証する必要がある。たとえば、フラットパネル・ディスプレーに関する強力なコア・コンピタンスを維持するためには、アクティブ・マトリックス、超ねじれネマティック★、マイクロ・ダイオード、エレクトロポリマー、強誘電性ディスプレー技術を含む全ての関連技術で投資が必要かもしれない。

　最後に、事業的に可能性がありそうな萌芽技術に関しては、長期にわたる理論的研究のための追加資源を認めるのを忘れてはならない。開発者にいくらかの自由時間を与えるにせよ、特定の人材を先進的な研究に専念させるにせよ、萌芽技術をどのようにマネジメントするかついては、第8章と第9章で詳しく論じる。このような理論的研究に対してはいくらか時間や資源の自由を与えることが必要である。なぜなら理論的研究が莫大な利益をもたらす可能性があるばかりでなく、開発スタッフに創造性の発揮を促し、もっとイノベーティブな社風を育てる助けとなるからである。

●───計画の最終化

　技術計画の草案が完成したら、中断してその実行可能性を検討するとよい。

★　液晶技術の一種

技術のそれぞれの塊に立ち返り、計画のコスト、利益、リスクをもっと詳細に評価する。あなたが提案しようとしている計画と、競合企業やその他の技術関係者が実行中または検討中の計画とを比較する。客観的な観点から、以下を考察しよう。

- 目標は現実的か、あるいは多くの人が失敗したポイントを突破できることを前提としていないか？
- 計画は、あなたの研究スタッフが競合企業の研究スタッフよりいくらか優秀であることを前提としているか？ 日本の競合企業が100人体制で取り組んだことを20人のチームで達成できると思っているか？
- 重要な技術領域で特許を避ける必要があるか、またその必要があるなら、どのようにするつもりか？
- 遅れをとりすぎていないか？ 「持ちこたえられる」から「見込みのある」ポジションまで競争力を高めるために3年かかるなら、課題にもっと資金を投入するか、必要な技術スキルを購入しない限り、競合企業は技術を開発してあなたを再び「持ちこたえられる」ポジションまで押し返すだろう。

　計画立案のこの段階では、現実性が重要である。どの企業もリソースには限りがあるため、幅広い分野のすべての技術に万遍なくリソースを配分するよりも、最も大きな事業インパクトのチャンスがある技術にリソースを集中させる企業が成功する。
　このルールには一つの例外がある。競合企業からかなり遅れを取っていて、十分なリソースを投入できないのだが、ある特定の技術が会社の事業戦略にとって競争上重要であり、その技術以外で前へ進む道がない場合である。この場合には、たとえ会社のどこか別のところを弱体化させることになっても、必要な技術を獲得するためにリソースを投入するほかない。これは「会社を賭ける」のと等しいため、満足できる状況ではないが、唯一の選択肢だろう。たとえば、シンクロメッシュ・リングの会社にとって、ねずみ鋳鉄リングの技術能力を開発することは、自動車産業で生き残るために重要である。このような状

況では、社内でゼロから開発するのは通常時間がかかりすぎるため、この技術を買う以外の選択肢はない。買収、特許、研究開発契約の購入手段は、何が入手可能であるか、コストと利益の損得評価がどうであるかに応じて選択する。この話題は第6章で扱うことにする。

　競合企業の能力に照らして計画を見直し、先に述べたポイントを参照して計画を修正すれば、資金、設備、人材、スキルに関して、本社レベルで必要なリソースのすべてをまとめることができる。総予算を前年の予算と比較したり、競合企業や同程度の企業の活動レベルと比較したりする。前章で述べたように、会社が研究開発や技術開発にどれくらい投資すべきかについては、厳格で不変のルールはない。金額は事業戦略や開始時の競争ポジションの結果であり、上に述べたボトムアップのプロセスで生まれた数字は正確な数字であるはずだ。それでもやはり、健全な良識に照らしたチェックは有益である。事業が昨年の研究開発に売上の2％を使っており、今年の計画で12％を計上したなら、取締役会で承認されそうもなく、財務的に実行可能であるとは思えない。成功するための戦略にとって本当に12％の支出が必要なら、それは戦略自体が実行可能ではないこと、そして抜本的に戦略を考え直すべきであることを意味している。このようなことはいつ起こるかわからない。たとえば、ある電子機器部品組立の事業部でこの技術戦略のプロセスを検討し、以下の三つの技術目標を設定した。

- 中核市場での競争力を強めるために主要部品のコストを削減する。
- 新しい成長市場に参入するために製品性能を高める。
- 中核市場のニッチ領域で良好な競争ポジションを維持するために製品を小型化する。

　技術計画が発展すると、この三つの目標を維持できないことが明らかになった。三つすべてを希望どおりに進めるには、とにかく資金が十分ではなかった。討議を重ねた結果、基本戦略を変えるべきだということになった。そして、会社はコスト削減と新市場への参入に集中することにする。この二つの戦略の結果を基礎として、ニッチ市場向けにより安価で小型化された製品を開発できる

かもしれない。この小型製品はニッチ市場でのシェアをいくらか失うかもしれないが、少なくとも現状を維持して、将来財務状況がよくなったときにその存在を強化することができるかもしれない。この修正された戦略は理想的ではないが、実現性のあるものだった。

　計画が現状リソースを上回る傾向が強いとはいえ、計画予算が過去の支出を下回ることもあり得る。これには二つの解釈が可能だ。過去に実りのない研究開発で無駄に使われたか、あるいは現在の計画が保守的で競合企業と比較して事業を過小評価しすぎているかである。前者の場合には、単純に削減するより、むしろ努力の向きを変えるメリットを検討することだ。

　競合企業との比較も意味があるが、注意深く受け止める必要がある。競合企業の研究開発費を比較する場合、あなたの会社の「適切な」研究開発費がいくらかという結論に飛びつくよりも、競合企業との違いを説明しようとすることに価値があるのだ。競合企業との比較はあなたに安心感を与えるばかりでなく、取締役会や株主とそのアドバイザーに、会社がこの計画を続ける理由が正当であることの情報も提供する。株主とアナリストは、会社が将来の成長機会にどのくらいの努力を投入しているかについて次第に関心を持つようになり、あなたが選んだ方向性について説明を求めるだろう。これについては第11章で詳細に議論する。競合企業の投入資金が明らかに少ないなら、次のような理由は考えられないだろうか。

- 競合企業はサービス重視で競争しており、技術ではそれほど競争していない。
- 研究開発費は、新技術を取り込んだ設備投資の中に含まれている。
- 競合企業は、歴史が長く、累積で見て高い研究開発費に基づいた強い競争力をもっている。
- 競合企業の会計方法が異なっている。

　競合企業のほうが研究開発費を使っている場合にも、同様の説明が当てはまる。

　研究開発費の大きな違いについて適当な理由がない場合には、競合企業の戦

略かあなたの戦略が間違っている。こうなると、あなたにできることは、計画が一貫していて合理的であるかどうかを再点検し、それから幸運を祈り、あなたのマネジメントが競合企業より優れていることを期待することに尽きる。時間だけが証明してくれるだろう。

　予算が明確になったら、次のステップは設備、人材、スキルが現在の能力に合っているかをチェックすることだ。技術開発の世界は比較的ゆっくりと動き、専門家チームや試験設備を築くのに数年かかることもある。写真薬剤の研究から電子画像診断の研究へ、あるいは粉末冶金の研究からプラスチック射出成形へと突然転換することはできない。同様に、冶金学の研究者グループを粒状構造と合金化の基礎研究から金属の機械加工性の改良の仕事へと流用することはできない。もう一度、現実的になろう。計画が大きな転換を目指しているなら、方向転換や再訓練、あるいは必要なら余剰人員の許容や採用のための時間を考慮に入れるべきである。

第5章
長期的な計画立案

PLANNING FOR THE LONGER TERM

　包括的な技術戦略を見直すにあたり、まず事業戦略を確認し技術の詳細を調べ、さらに事業への意味合いや技術の事業における強みを深掘りすることになるが、このとき経営者が最初に思い浮かべるのは、どのくらいの資金を何に使うかということではないだろうか。このような技術戦略の要点を明確にしておくことは、事業の有機的成長に確固とした基礎を与えるものだ。多くの事業にとって、大体の場合、これで十分だろう。しかし、どの業界にもまったく違う技術に代替される脅威がつねに存在する。そのため、代替の脅威を特定するために10年以上先の未来を見通し、代替の脅威がどこから現れるのか、どの事業がその脅威に備えられるのかを考察することは非常に理にかなっている。

　産業史には、新技術に適応できないために失敗した会社がいくつもある。蒸気機関車メーカー、電子管メーカー、計算尺メーカーはすべて、他の無数の会社とともに、恐竜やドードー★の道をたどった。これらの会社はどうしてその産業技術の大きな転換に適応できなかったのだろうか？　気づくのが遅すぎたのだろうか？　それとも気づいてはいても何らかの理由で適応できなかったのだろうか？　本章ではこれらの問題を探求する。最初に、どうすれば技術トレンドを把握し、早期に代替の脅威を予測できるのかを考察する。次に、事業の

★　マダガスカル島に生息したが17世紀に船人の食料として捕獲され絶滅。

技術変化に対する脆弱性を減らすために何ができるかを考察し、技術変化を有利に活用する際に直面する障害について議論する。

　長期計画のために、経営者が最初になすべきことは、技術トレンドを把握し、これから先の変化を予測することだ。最後の2章では、技術戦略の策定と競争上重要になりそうな萌芽・途上技術の特定について論じる。ここで最初に問題となるのは、どれくらい早く途上技術が発展するか、いつそれが競争力のカギとなるかである。金属マトリクス複合ピストンが自動車エンジンで共通使用されるのは2年後か20年後か？　電子制御が住宅用ドアロックで使われるのは来年かそれとも10年後か？

　関節炎やその他の進行性の病気のための薬品治療、デジタル放送、可食包装フィルム、遺伝子組換え青果物などはすべて可能性のある技術であり、事業性調査の対象となっているものである。これらの新技術には10年以内に実用化されるものもあれば、実用化までに、さらに10年を要するものもある。そのため、技術が基盤、戦略、途上、萌芽のどれであるかを知るだけでは不十分で、一つのカテゴリーから次のカテゴリーへ技術が進化する速度を測定することが必要になる。

技術進化の予測

　技術進化の速度を測り、どの技術的パラメーターが発展に重要かを予測する方法には次の三つがある。

- トレンドの外挿[★1]
- デルファイ予測[★2]
- 市場圧力予測

[★1] データ観測期間外の予測を外挿という。
[★2] 1964年にアメリカのランド・コーポレーションによって開発された技術予測の手法。将来の科学技術や新製品がいつごろ実現し、産業構造や国民生活がどのように変わるかを予測するもの。関連部門の技術者・研究者のばらばらの推測をまとめて相互に参照させ、アンケート反復によって収束させて時間軸上に並べる。

● ── トレンドの外挿

過去の技術開発を見直し、トレンドが今後も継続するという前提で推定する方法だが、これは驚くほど有効なことがある。技術的には限界があり、いつまでも発展しつづけるわけではないが、このアプローチは技術ツリーの頂点で技術を集約するために使うと効果がある。内燃エンジンの重量あたりの出力やシリコンの記録密度は、長年にわたってトレンドが一貫している典型的な例である。

この分野の研究は、1970年代にさまざまな商品の原料コストに関する調査からボストン・コンサルティング・グループが開発した「経験曲線」を基礎としている（文献5.1）。彼らは、経験の蓄積によって生産者が漸進的に製造方

図表5.1　電話料金の減少

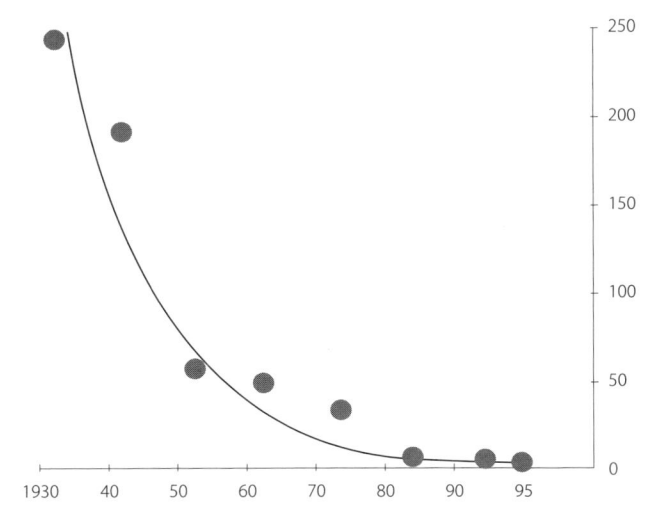

ニューヨークからロンドンへの3分間の通話料金、1990、ドル

出典：『ザ・エコノミスト』、1996年9月28日（文献5.2）

図表 5.2　光ファイバー・カプラーの経験曲線

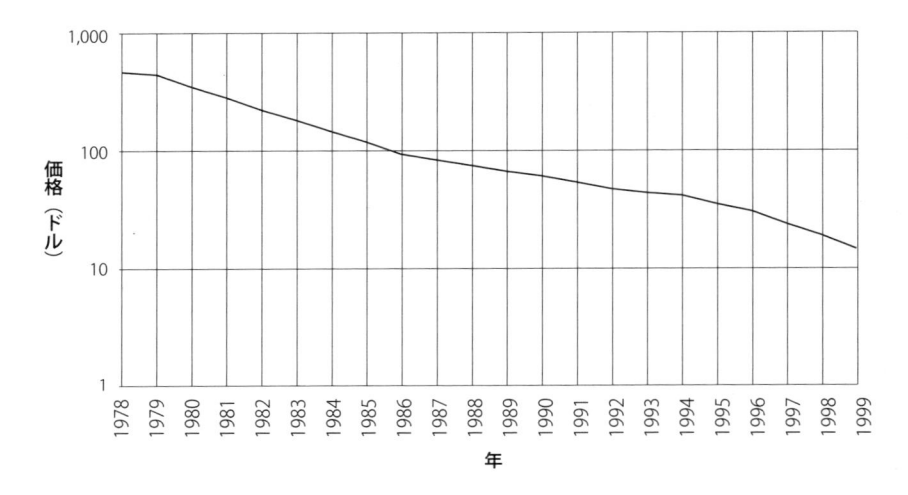

出典：アーサー・D・リトル、ウェブからデータを引用（文献 5.2）

図表 5.3　日本製オートバイの価格

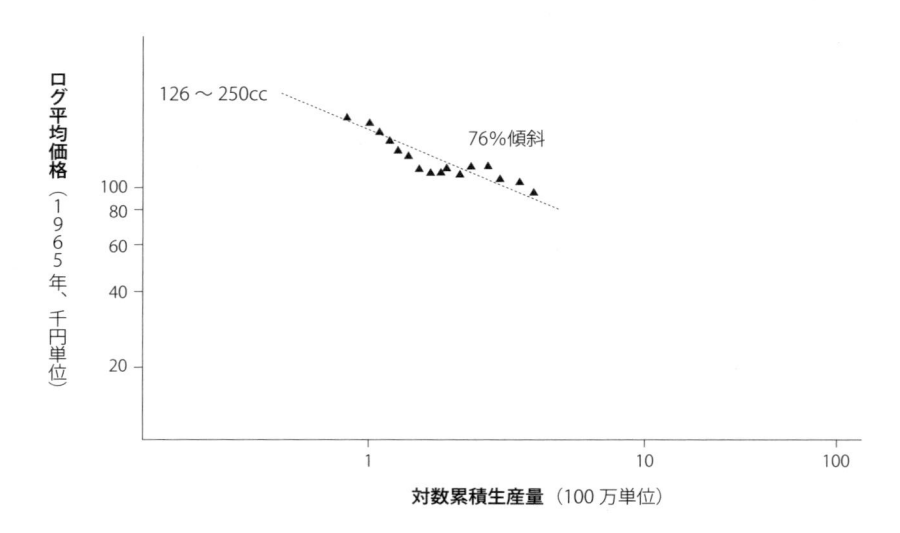

出典：『ザ・ジャーナル・オブ・マーケティング』（米国販売協同組合出版、1983年春、47号）（文献 5.4）より許可を得て転載

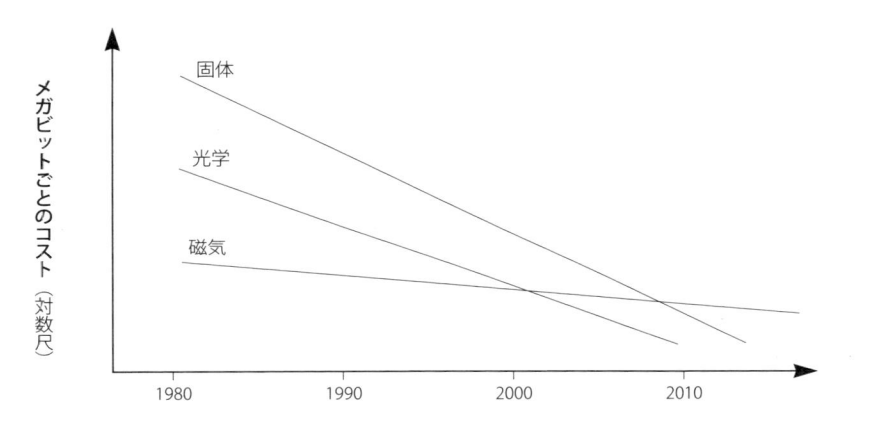

図表 5.4　データ記憶技術のトレンド

メガビットごとのコスト（対数尺）

固体
光学
磁気

1980　1990　2000　2010

出典：アーサー・D・リトル

法を改良し効率が向上するため、コストが時間とともに対数的に減少することを発見した。商品原料と同時に個々の工程段階を微調整することで生産者が漸進的な生産性向上を実現すれば、複雑な製品の技術は一連の小さな向上によって次第に改良されることもあり得る。特に寿命が長く、安定した技術分野では、いつも同じトレンドが現れる。図表5.1、5.2、5.3は典型的な例を示している。長距離電話（文献5.1）、光ファイバー・コネクタ（文献5.2）、日本製オートバイ（文献5.3）である。

　この予測方法の長所は、もし過去のデータが手に入るならば、いつどんな技術開発が起こりそうか簡単に予測できることだ。そのため、このアプローチは全体的な性能トレンドをとらえて目標設定をするような場合に特に役立つことがある。目標を達成する方法を教えてはくれないが、どんな目標を目指して進むべきかを教えてくれるのだ。戦略目標を決定する指針として、このアプローチは非常に有効である。トレンドの外挿はさまざまな技術の進歩を比較するためにも役立つ。コンピュータ・ディスク記憶のコストを例に挙げてみよう。、本書執筆時点では、磁気技術と光学技術との比較は、光学技術がこれから5年以内に巨大市場を独占しそうであることを示唆している。しかし、図表5.4が

図式的に示しているように、固体メモリ記憶技術は光学技術よりも早く発展し、10～15年以内に競合しそうだ。これは光学技術を基礎とする企業にとっては悪いニュースだ。彼らの製品の可能性が固体メモリ製品の出現で制限されることを示唆しているからだ。

だが、この種の外挿法を鵜呑みにしてしまうのは危険である。外挿法は、この事例のように、三つの斜線の10年後の交点を予測しようとするときには特に危険を伴う。斜線の傾きのわずかな変化もこの交点を劇的に変えてしまうが、この変化は十分ありえるのだ。磁気記憶技術は比較的成熟しており、磁気記憶メーカーもそのように認識して、研究開発投資を漸進的な開発を補足する程度に縮小していた。光学技術や固体技術の脅威が見えてくれば、磁気メーカーは研究開発を強化し、より早く性能の改良をめざすだろう。斜線の傾きの変化はそれぞれの技術の限界によっても起こり得る。このような傾向線は、多くの技術にわたる無数の漸進的開発の度重なる努力が平均されて安定した全体的傾向となることを前提とする。この前提は多くの場合正しいが、時に大きな改良は一つか二つの技術開発からもたらされることがある。これらの肥沃な鉱脈が次第に消滅するとき、開発は新しい分野に転換する。転換点は全体的なトレンドに一時的な中断をもたらすが、何年にもわたる大きなスキームの中では、このような中断は目立たない。だがもし2、3年後に起きれば、競合技術間のトレード・オフの評価が劇的にひっくり返らないとも限らない。開発者の焦点が変わるかもしれず、そうなると傾向線の傾きがいっそう変わることになる。

科学の物理法則は傾きを変える別の要因だ。たとえば、半導体の小型化という現在のトレンドに基づいた外挿は、やがて一つの分子の直径よりも小さい部品につながる。これは明らかに科学の法則と矛盾しており、同じ比率で小型化を長く続けられないことを示している。同じような文脈で、光学部品は光の特性によって、磁気部品は磁気粒子の大きさによって、構造用部品は材料強度の理論的限界によって、それぞれ制限される。

これはトレンドの外挿法が時間の浪費であるという意味ではない。それどころか、外挿法は目標設定や技術比較、さらに将来何が成し遂げられるかという感覚の獲得に有益である。しかし、外挿法の危険性は、過去のデータの精度が予測に誤った信頼性を与えることにある。外挿法だけでは十分ではない。とい

図表5.5　未来の予測

「10年以内に、内燃エンジンはコレクター商品になるだろう」	1971年
「テレビ電話は1980年代までに普及するだろう」	1969年
「原子力は無制限に供給されるだろう」	1966年
「プラスチックはビルの主な構造材料になるだろう」	1969年
「本と新聞はコンピュータに取って代わられるだろう」	1959年

出典：*MEGAMISTAKES: Forecasting and The Myth Of Rapid Technological Change*（『メガミステークス：急速な技術進歩の予測と神話』）スティーヴ・P・シュナーズ著、ニューヨーク、ザ・フリー・プレス、サイモン＆シュスター事業部、1989年

うのも外挿法が、業界の環境の変化や技術的に可能なことが変化することを考慮していないからだ。高いレベルの技術分野の集合においても、外挿法は注意と判断力を必要とする。この判断力をいかに用いるかは、何年もの間、技術の予測者にとって課題だった。未来の客観的な解析は不可能であり、主観的見解はいつもさまざまで、たいてい間違っている。1989年、スティーヴン・シュナーズは、過去の予測の成功と失敗を詳細に再考した『メガミステークス』という著作を書いている（文献5.5）。彼は、一般に予測結果は散々であることに気づいた。1967年に行われた大規模な予測では、20世紀が終わるまで残る技術革新のトップ100がピックアップされた。執筆時点では、正しいことが証明されたのは15で、さらに10が今一歩とみなされている。しかも、それほど性能が優れているわけでも、突出しているわけでもない技術である。図表5.5は『メガミステークス』からの引用だが、結論は明らかだ。未来における技術の有効性や必要性について正しく判断するために、現在の専門家を当てにすることはできないということだ。人間の考えはどうしても自分の世界観に縛られており、技術の可能性はその影響を受けやすい。

『メガミステークス』で報告された多くの予測に目立つ特徴の一つは、あまりにも楽観的であり、世界が直面するすべての問題を技術によって解決できるとみなしていることだ。これらの楽観的予測は1960年代に多く行われたが、こ

の時代は技術の希望の 10 年だったからである。その後、1970 年代のエネルギー危機と 1980 年代の金融主導のにわか景気の影響により、社会の技術に対する信頼が大幅に失われた。もし今日、同じような予測をしても、それほど楽観的なものにはならないだろう。

　数十年前よりむしろ数世紀前に行われた予測を見ると、社会的偏見はもっと明らかになる。初期中世時代の予測を扱った、ケンブリッジ・ダーウィン・レクチャーズの『未来を予測すること』（文献 5.6）は、科学哲学の動向に関する研究書『科学と理性からの撤退』（文献 5.7）と同様に、このことを明らかにしている。

　ある程度、これは解決できない問題である。私たちがすでに持っている価値観に照らして世界を解釈するなら、将来の機会を実際に目にしたとしても断じてそれを認めないだろう。解決策の一つとして、将来を予測するために人を集めてグループで議論することが試みられた。参加メンバーの価値観が異なるため、新しい機会を発見する可能性が最大になることを期待してのことだった。残念なことに、技術動向を討議するために人々を集めることが解決策になるのはまれである。仲間からのプレッシャーから、グループ内の支配的な人間による見解に人々が導かれるからだ。この結果として起こりそうなことは、両極端だ。楽観的な参加メンバーが自分の意見はものすごく非現実的だと思いなおさざるをえないほどグループが用心深くなるか、グループが共通の情熱に押し流され、理性的な反対意見を一掃して、目前に迫った飛躍的進歩を予測するかのどちらかになる。このような問題を打開するのに有効な方法の一つが、デルファイ予測だ。

●──**デルファイ予測**

　デルファイ法は、個人や集団の思考の限界にとらわれない大多数の見解を生み出すことを目的とするもので、次のように行われる。過去のトレンドや現在の状況を説明し、要約した報告書がグループ全員に送付される。彼らは一つ以上の質問に回答し、どこでその根拠となる証拠が入手できるかを答える。これら一つ一つの回答が分析され、最初の合意点が明らかになる。この見解は証拠とともに参加者に送られ、参加者は再度返答する。このプロセスの間ずっと匿

名が守られる。かなりの相違点がなお存在する場合には、このプロセスが繰り返される。デルファイ法は、個人的偏見を最小化し、「集団思考」も避けることができるので、うまく機能する。技術予測をある程度客観化し、個人の影響力を排除するこの方法は、どこに将来があるかについて技術者に深く考えさせる優れた方法の一つだ。だが、デルファイ法に問題がないわけではない。最も深刻な問題は、参加者全員が共有する偏見の影響をまだ取り除いていないことである。たとえば、1960年代初期、民間航空輸送に関するデルファイ・グループは、かつてない速度の超音速ジェット機と極超音速ジェット機の開発予測に焦点を合わせた。廉価かつ音速以下で移動する空のバス、すなわち航空機のアイデアは、極論として受け入れられなかった。同様に、1970年代初期、自動車のデルファイ・グループは、大型ガソリン自動車がいずれ消滅することと小型電気自動車「ピープルムーバー」が急速に開発されることを予測した。個人として、各メンバーは意識的あるいは無意識的に社会の見解や態度を反映しているため、デルファイ予測は時代のムードの影響を受ける傾向がある。

デルファイ予測は実践上のデメリットもある。グループを組織するには多大な時間と労力がかかる上、有益な成果をあげるために十分な専門知識を持ち、「集団思考」を減らすために十分な経験をもつ人材を見つけるのは、多くの場合困難である。構造化された討議をするために社内の人間を集めて、デルファイ・グループに準じたグループを作ることで、この実践上のデメリットはある程度解消できる。参加者が議論の進行を支配するのを防ぐために外部のファシリテーターを使えば、成果は完全なデルファイ法とほとんど同じくらい良くなるだろう。外部の観点を与えてくれる専門家を数名付け加えれば、成果をさらに高めることができる。このような会社主導の方法は、構造化されたブレインストーミングのようなものであり、ブレインストーミングで使われるグループ・ダイナミクスを土台としている（文献5.8）。

多くの事業において、技術の進化を予測する選択肢の中で、デルファイ法は最も優れている。たとえば、普通の無強化アルミニウムより優れた剛性と高温特性をもつ、セラミック強化アルミニウムの製造会社を考えてみよう。この会社は技術開発の焦点をどこに当てるかをどのように決定すべきだろうか？　微粒子の強化剤は粉末強化剤より可能性が高いのか低いのか？　大口顧客に受

け入れられる押出成形は、鋳造前か鋳造後か？　完全あるいは擬似的なデルファイ法はこれらの質問に答え、技術開発の優先分野を決定し、タイミングの指示を与えるだろう。これらの見解は、その後、妥当性が確認できる。もしデルファイ・グループがエンジン用の微粒子強化コンロッドを優先分野とみなしたら、自動車会社がそれに着手するスピードと性能のニーズに的確に焦点を合わせた市場調査ができる。

　アルミニウム会社にとって、デルファイ法はトレンドの外挿法や、後述の市場圧力の予測よりも信頼できる。また一般的にデルファイ法は、単なる技術能力の進化よりも、むしろ技術用途の進化によって技術開発が推進されるような産業に適している。

●──**市場圧力の予測**

　市場圧力の予測は、技術の進化を予測する3番目の一般的アプローチであり、市場のニーズに応じた製品を作るために技術を取り入れ、修正し、新しい組み合わせにまとめるような事業で利用される。ほぼすべての事業に適用できるが、特に最終顧客向けのセット品を製造する事業に適している。この方法は、市場ニーズが開発の要因であり、技術の進化はほとんどないと仮定する。本質的に、前章で論じた技術戦略の策定の第一段階の延長である。既存顧客と潜在顧客は、どのように購買の意思決定を行うかについて、また買物をするときに考慮する要素は何かについて質問される。彼らは広範囲にわたって自分の思考を振り返り、「理想的な」解答を述べるように促される。顧客は神様だから企業は遅かれ早かれ顧客のニーズに合わせて製品を改良し、技術動向を決定するという前提に立っている。たとえば洗濯機では、最近、既存モデルより操作音が静かで、水や洗剤の使用量が少ないモデルが求められている。この知識と根拠となる証拠があれば、マネジャーは汚水センサーや新しい制音材料などの技術開発を最優先分野に決定していくことができる。

　市場圧力の予測は、トレンドの外挿法やデルファイ法、その他のシンクタンクのアプローチに代わることはない。この予測法は、技術予測のひどい行き過ぎをチェックすることにある。たとえば民間航空宇宙産業では、1960年代にデルファイ法が超音速と極超音速の輸送の予測をもたらしたのに対して、市場

圧力の予測は初期のパッケージホリデー事業を選びだした。この分析が民間航空事業の性質の変化を確認し、航空会社にスピードから快適さ、廉価で頻繁な空の旅へと開発の焦点を急転換させたのだろう。

　他の予測法のように、市場圧力の予測にもメリットとデメリットがある。プラス面では、企業が顧客に話しかけ、そのニーズを聴くようになることだ。マイナス面では、顧客が、ほしいものについていつも真実を語るとは限らないことだ。日立の家電事業が行った市場調査の有効性に関する研究（文献5.9）は、何がほしいか顧客に聞くときに直面する五つの落とし穴を明らかにした。

- **無関心**。顧客は通常、自分のニーズとの関連がはっきりするまで新製品に無関心である。したがって、彼らは満たされていないニーズのすべてをはっきり言うことができない。
- **責任感の欠如**。顧客は故意に嘘をつくことはなくても、彼らが言ったことの結果に対して責任を感じることもない。不真面目で不誠実な「ほしいものリスト」のコメントも有益なコメントと同じくらい存在しそうである。
- **保守的な態度**。顧客はたいてい最初はイノベーティブなアプローチよりも伝統的なアプローチを好むが、時間とともにイノベーティブなアプローチの利点が見えはじめると、それに応じて購買パターンを変えていく。したがって、最初の認識は誤解されやすい。
- **虚栄心**。顧客は価格やその他の制約のために何を買う必要があるかを述べるより、むしろ肯定的なセルフイメージを強化するために何がほしいかを述べるものだ。工業製品でさえ、潜在顧客は新製品に関する誇大広告を黙認するが、実際にはもっと安くて劣った製品を買うことが多い。
- **不十分な情報**。新しく開発された技術が市場に導入されるかどうかは、古い技術と比較した新技術の能力だけでなく、それがどのように顧客に提供され、紹介されるかにかかっている。どの技術開発を続行するかを決定する初期段階では、製品の特徴を述べるより性能を述べる方が簡単である。製品が実際にどのように機能するかの情報の欠如は、顧客の意思表明を困難にしている。

また、たとえこれらの問題をうまく切り抜けることができても、顧客が語る今日のニーズが10年後か20年後にはあまり重要ではなくなるという困難に直面する。私たち全員がそうだが、顧客は現在の優先事項の観点から製品ニーズを正当化する。もし顧客が高速に運転することが好きなら、小型で再生利用可能な低燃費の高速車が必要であることを認めるとはいえ、20年後も高速な車がほしいと主張するだろう。だが、20年後には高速運転の範囲を制限するほど道路網が過密になり、その結果高速な性能はもはや課題ではないかもしれない。

　目先のニーズに目を奪われるのを避けるために、市場構造の根本的な変化を考慮して市場圧力の予測を改良することができる。たとえば人口統計のトレンドは、潜在的な自動車購入者の人口や地理的分布、労働形態、家族構成などを予測するだろう。道路網の知識と道路通行料に関する実験の直観的予想とを組み合わせて、自動車メーカーは20年後の私たちがどのように生活しているか、どのような種類の車が必要となりそうかを予測することができる。このような情報を得れば、マネジャーは詳細な顧客調査の焦点を絞り込み、技術の優先順位を決めることができる。

　どの予測法でも、現実性が重要である。毎日身動きできない混雑の中で多くの時間を費やす渋滞都市というマルサス主義★の見解を取るのは簡単だろう。また、誰もが自宅で仕事をし、コンピュータやネットワークでつながり、ほとんど移動時間を使わない国を予測することも簡単だろう。現実に起こることは、この二つの間のどこかにある。そのため、市場圧力の予測は、確固としたデータや分析に基づいてはいるが、直感や判断力に依存する不正確な科学である。

　一部の企業にとって、長期予測は戦略の指針として役立つだけでなく、事業の成功にとっても欠かせない。石油化学製品、鋼鉄、非鉄金属、砂利などの材料加工産業の多くは、10年から20年を視野に設備投資計画を立て、操業を行っている。新しい加工プラントの設計と建築には通常10年以上かかり、操業期間は20年以上である。適切な時に適切な決定をするかどうかで事業の成否が決まってしまうのだ。これらの企業は、次第に市場圧力よりシナリオ・アプローチを採用するようになっている。このアプローチは、世界の政治勢力の変

★　イギリスの経済学者マルサスの唱えた人口と食糧との関係に関する理論。

化の経済的帰結、地球温暖化、人口趨勢のような世界的問題から出発して、自社事業のシナリオを三つか四つに絞り込む。上級管理者は成果を最大化し、マイナス面を最小化することを担保する最も優れた戦略アクションの組み合わせに同意する。この方法は驚くほど強固である。アーサー・D・リトルは過去に、さまざまな素材メーカーが次の30年間の技術と市場の優先順位を特定するために材料用途のトレンドを分析する研究を行った。この研究は政界の要請で始まり、そこから同社に落とされてきた。その研究はソビエト圏の崩壊を予測しそこねたとはいえ、他の政治的、経済的動向は今までのところ概ね正しかった。より重要なのは、この研究がまだ有効であり、これからも有効でありそうな一連の対象製品／市場機会を特定し、ここで特定された好機を発展させるために会社が持つべき技術戦略を策定したことである。

　より最近では、医療機器の未来に関する研究が、高齢者人口の増加や医療費抑制の増大に対立する傾向を明らかにした。発展途上国の経済成長に加えて、早期診断、診療離れ、入院の減少へと向かう医療パターンの変化というトレンドが、医療品の将来市場の実態をわかりにくくしている。代替シナリオの開発とその感度分析、さらにトレンドの体系的分析により、市場がどこへ向かうのか、どのセグメントが最も可能性があるのか、製品に関して何が要求されそうなのかについて、混乱することなく明確な見解を展開することができる。この情報に基づいて、将来の競争力の基礎となる技術開発の優先順位の設定を始めることができる。

代替脅威の予想

　将来を予測するときの大きな問題の一つは、重要な新技術の出現の予測には前述の方法が使えないことだ。すべての予測法は本質的に漸進的であり、過去の論理的延長として将来像を描く。だが新技術はまったく異なる産業に出現することがよくあり、手遅れになるまで気づかれないという事実が問題を複雑にしている。その上、新技術はしばしば既存技術よりも劣ったパフォーマーとしてスタートしがちである。予測者は新技術を特定したとしても、あまり重要性

図表 5.6　レーザー光源に関連する活動

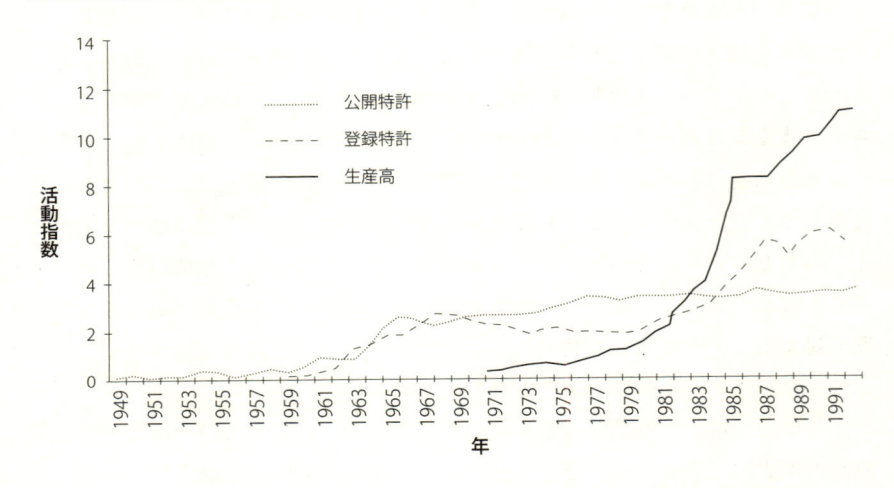

縦軸：活動指数
凡例：公開特許、登録特許、生産高
横軸：年（1949～1991）

出典：エーンベルグ（文献 5.10）

図表 5.7　フレキシブル生産システムで利用されるロボット

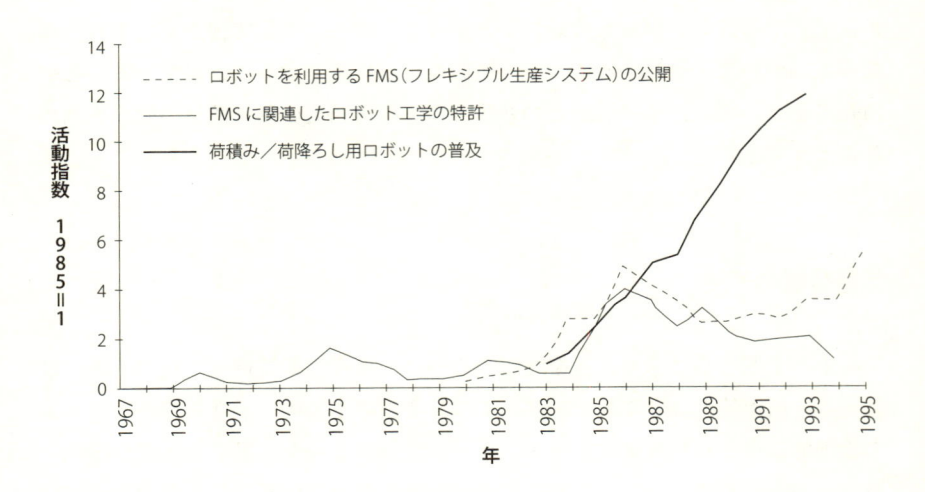

縦軸：活動指数　1985＝1
凡例：ロボットを利用するFMS（フレキシブル生産システム）の公開、FMSに関連したロボット工学の特許、荷積み／荷降ろし用ロボットの普及
横軸：年（1967～1995）

出典：エーンベルグ（文献 5.10）

図表 5.8　技術の「S字」曲線

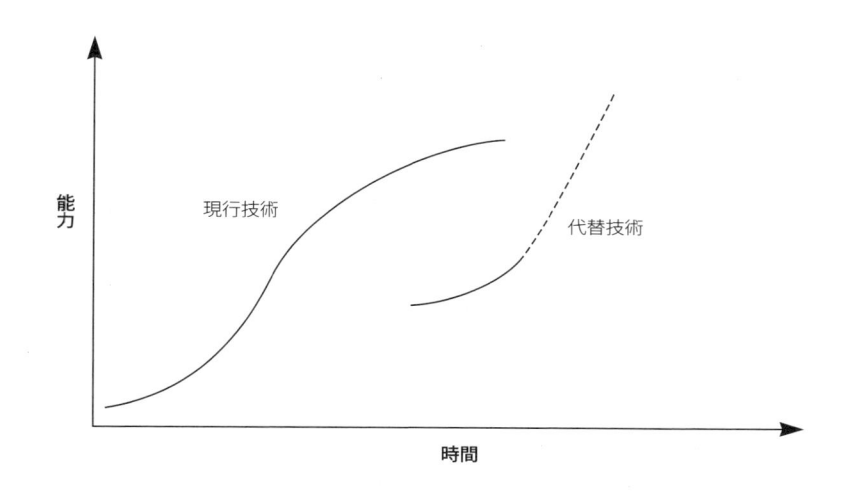

　　　能力

　　　現行技術

　　　代替技術

　　　時間

出典：アーサー・D・リトル

のない二流技術とみなしがちであり、新技術のほうが古い技術よりもずっと長期的な可能性を持つことに気づくことができない。

　たとえば、巻尺に取って代わったレーザー測定装置の開発のような平凡な例を考えてみよう。レーザー測定装置は、すばやく正確で、片手で操作できるので、不動産業者や測量士のような専門ユーザーに広く使われているが、10年前には存在しなかった。当時の巻尺の製造業者は、低コスト材料、二重測定、テープ固定装置による差別化に関心を向けていた。予測法のどれもが、漸進的開発以外の何も予測していなかった。レーザー距離計は軍事には利用されていたが、大量利用されるには難解で高価すぎると受け取られていたのだ。民間用に開発された初期の距離計は実際高価で、それほど頑丈ではなく、精度のメリットさえあまりなかった。無理もないことだが、レーザー距離計は本当の脅威にはなりそうもないと思われていた。だが10年後、レーザー距離計技術は急速に発展した。価格は急落し、性能は改良された。家電業界で半導体レーザーの利用が増加したため、非常に安価な半導体レーザーが入手しやすくなり、さらに家

電業界から低コスト低出力の液晶ディスプレーを導入したためである。多くのプロ向けの用途にとって、レーザー距離計は今や好んで使われる製品になった。製品は進化しつづけ、消費市場へ食い込んでいる。

予測法がこのような技術の不連続を予測できないとすると、あなたの事業を脅かす代替技術は何で、いつどのように現れるか発見することができるだろうか？　答えは「否」である、少なくとも高い確率では発見できない。この問題は最近、スウェーデンのチャーマーズ大学のエリノア・エーンベルクと彼女の同僚によって詳細に調査された（文献 5.10）。彼女は、技術の代替が事前に予測できるかどうかを調べるために、代替が起きた事例をいくつか研究したが、新技術の実用化に先立って特許件数と文献数の著しい増加が見られることを発見した。図表 5.6 はレーザー・システムの例である。だが事態はそれほど明確でないことが多く、研究活動と事業活動間の時間差はひどく変わりやすい。たとえば、フレキシブル生産システムにおけるロボットの利用は、さらにひどく混乱した事態をもたらしている（図表 5.7）。結論を言えば、代替技術の出現を確認できたとしても、それがあなたの事業にいつ影響を及ぼすかをただちに予測することはできないということだ。代替を軽視して予測する機械的アプローチだけでなく、技術と市場の動向の内部知識に基づいた代わりのアプローチを検討する必要がある。その目的は、どの技術が脅威に対して弱いかを特定し、代替技術を積極的に調べることだ。

どうすれば既存技術がどの程度脅威に弱いかを特定できるだろうか？　前章で論じたように、すべての技術にライフサイクルがあり、萌芽から始まり、途上、戦略技術を経て、最後は基盤技術となる。競争力は進化するにつれて強くなるが、広く利用されるにつれて弱くなり、差別化能力は減少する。

技術が開発された当初は、市場は技術の可能性に確信が持てず、導入は遅く、偶然まかせである。いったんその価値が証明されると、採用率は急速に高まり、技術開発に市場の反応と推進力が与えられる。その結果、技術はさらに急速に進化し、市場の採用が増加する。だが最後には、プロセスは減速する。技術は物理的あるいは現実的限界に近づき、市場は過剰供給になり、開発への圧力は消滅する。この時点で代替の脅威が目に見えるようになり、同じ物理的・現実的限界に拘束されない新技術が現れて、新しい種類の市場特性を提供する。

したがって、技術の進化は通常「S字」曲線を描き、新技術が追い着き、既存技術に取って代わる（図表5.8）。この概念は、特にS字曲線の技術進化を詳細に記録したリチャード・フォスター（文献5.11）によって、経営誌で広く紹介された。S字曲線の概念には説得力がある。これは、企業はその技術に何が起きているかを探知し、いつ先へ進むべきかを予想することができるということを意味している。この点において、従来の予測とは大きく異なる。技術が遅かれ早かれ取って代わられるという観点を明確にしているからだ。この概念は企業が代替の脅威を予想するのをどのように助けるだろうか？

　あなたが、技術に今何が起きているのか、また過去に何が起きたのかについて十分な知識を持っているなら、いつ進化が横ばい状態になるかを予測できると思うかもしれない。悲しむべきことに、実際はめったにそうならない。第一に、なめらかに描かれた回帰曲線のまわりに現れる多くのデータポイントのばらつきが表しているように、技術は気まぐれに変動する。回帰直線上にうまく乗っているデータポイントが表している長い歴史を振り返ることは問題ではない。データの最後の10％による外挿が危険なのだ。最後のデータポイントのばらつきはどれも、そのまま外挿すると、バランスのよくない予測曲線となるからだ。

　第二に、技術は同じ比率では進化しない。進化の速度は、マクロ経済的な風向き、業界における競争力の強さ、市場圧力などを含む数多くの要因に左右される。その結果、「S字」曲線の出発点では終点まで曲線がどのくらい長く続くかは予測できない。もっと悪いことに、「S字」曲線は数十年続くので、曲線の傾きや一時的な進化を予測するときに小さな誤りがあれば、最後の到達レベルや時期の予測に重大な影響を与えそうである。

　第三に、代替技術の進化のスピードは、産業の景気や既存技術と代替技術の進化の相対速度の見え方に左右されて、速くも遅くもなる。重要な技術が代替の脅威にさらされているのが明白であっても、いつ代替が起きるのかを正確に予測するのは難しいと思われる。

　第四に、代替技術は元の技術の派生であることがある。たとえば、今になってみれば、ドルビーB★が従来のオーディオ・カセット方式の、スチール・ラ

★　ドルビーラボラトリーズが開発した、音響用雑音低減方式。

ジアルがレーヨン・コード・ラジアルタイヤの代替品だったことは明らかである。だが当時は、これらは漸進的な改良にすぎないとみなされ、代替技術であると簡単に認識できた人は誰もいなかったようだ。

　したがって、多くの場合、技術が時代遅れになる時期の予測にＳ字曲線を使うことはできない。だが、この概念が無意味であるという意味ではない。この概念は、技術には寿命があることや、漸進的な改良は最終的に収益減少をもたらすことを示すときに真に有用である。

　Ｓ字曲線は、既存技術を使っている人が手遅れになるまで代替技術に気づかないことが多いことを示すことによって、代替の脅威を強調するときにも非常に役立つ。図表5.8が示しているように、新技術は通常、既存技術ほどうまく機能しない状態で出発する。理由は明白だ。既存技術は技術開発のクリティカル・マスと、事業の正当性を示す幅広い用途基盤を持っている。新技術は約束されたリソースにも事業的正当性にも欠ける。したがって、新技術の開発は、経営者の信頼に基づく結果かニッチ市場への応用が必要になった結果である。初期の開発と商品化は、リソースと市場の需要がクリティカル・マスに達するまで、必然的にゆっくりとしか進まない。そして新技術がＳ字曲線を上りはじめる時点で、現在の技術を追い越すまで急速に進化する（120ページのコラム参照）。

　ある産業にかかわる人にとって、今のところ従来技術の採算ベースを下回る新技術が、長期的に可能性があり、重要な脅威をもたらすということを認めるのは困難である。問題を複雑にしているのは、脅威を認識する阻害要因が他にも三つあることだ。

　一つ目の要因は、新技術は事業性のある産業とは別の産業で開発されることが多いため、新技術の出現に気づかない傾向がある。新技術はしばしば特定の性能ニーズによって推進される。多くの技術がまず防衛産業や航空宇宙産業で浮上し、その後民間に移行している。技術はまた、産業から産業へ移転することもある。たとえば、多くの金属押出成形や成型加工が現在では食品加工業で利用されており、家電ディスプレーが現在では自動車産業で利用され、プラスチック加工技術が陶器製造業で利用されている。

　二つ目の要因は、異なる産業の技術によって代替される可能性が確認された

図表5.9 代替技術のインパクトの分類

	部品レベル	製品レベル
業界規模のインパクト	代替材料	電卓
世界規模のインパクト	超伝導	燃料電池 電気自動車

出典：アーサー・D・リトル

としても、産業間の技術移転の難題が明らかになるにつれて、その代替脅威は過小評価されることが多い。このような難題はしばしば乗り越えられない障害とみなされるが、実際にはその影響は単なる遅延の問題にすぎない。

三つ目の要因は、自前主義（Not Invented Here）症候群の万延である。もし電気バルブ・メーカーが何十年も成功してきたなら、そして上級管理者がそれとともに成長し、その成功を育んできたなら、別の産業から来た技術を確かな脅威と認めるのは難しい。彼らの過去の昇進はおそらく既存技術の開発に成功したおかげであり、現在の地位は漸進的な技術開発の支援に関係している。このような立場では、思いもよらないことを考えたり、新技術が将来の現実的な代替案をもたらすことを認めたりするのは難しい。

その結果として、代替技術は特定されたとしても、ニッチ向けの利用だけを正当化されて最初は却下されがちだ。既存技術の限界と代替の可能性がさらに明らかになった後でようやく脅威が真剣に受け止められるのだが、その時にはもう遅すぎるかもしれない。高速コンピュータの開発のようないくつかの技術分野では、半導体技術の限界が認識され、よく理解されているため、急速な進化が当たり前として受け入れられている。その結果、業界は代替技術となる光学的コンピュータや生物学的コンピュータの開発にせっせと取り組んでいる。しかし多くの産業では、変化の速度はもっと遅く、従来技術の限界は乗り越えるべき障害として扱われるよりも、むしろ容認されている。

それでは、代替技術のもたらす脅威をより早く認識し、戦略的に対応する十分な時間を得るためには、何ができるだろう？ 次の指針が助けになるだろう。

- 可能性のあるな技術の広範なリストを作成する。
- 技術の成熟度を監視する。
- 代替技術を生み出しそうな業種を特定する。
- 代替技術の芽を監視する。

これらの指針は、技術の代替のレベルにかかわらず機能する。一部の評論家は、さまざまな代替技術のインパクトには重大な違いがあり、その結果としてさまざまなアプローチが必要であると主張した。この発言の最初の部分は自明である。電気、マイクロエレクトロニクス、内燃エンジンはすべて、世界を変えたマクロ技術の例だ。プッシュ式電話はダイヤル式電話に取って代わったが、その産業や社会へのインパクトは明らかだが同じ部類ではない。インパクトが製品レベルか部品レベルか、またはインパクトが業界規模か世界規模かに従って代替技術を分類すると、戦略の焦点を絞りやすくなる。図表5.9は、このような分類を示している。最終的には、すべての代替技術に対して経営上の注意が必要であり、徹底的に研究すべきである。

◆◇◇◇フラットパネル・ディスプレー技術

　フラットパネル・ディスプレーは、従来のCRT（ブラウン管）技術の採算ベースをまだ下回っている萌芽代替技術の例である。フラットパネル・ディスプレーはCRTより二倍も高価で、スクリーンサイズは限られ、色品質、解像度、信頼性も劣っている。要するに、従来のCRTにとって重大な脅威ではない。今までのところ、市場を見つけた唯一の応用が小型携帯テレビ、機内エンターテインメント・システム、ポータブル・コンピュータのスクリーン、工程管理システムで使用される工業用ディスプレーだ。それなのになぜ大手電気メーカーはフラットパネル・ディスプレーの開発に多くの資金を投入するのか？ それは従来の技術がS字曲線の頂点に達したからである。最近の技術開発は、より薄くて強い強化ガラスで作られた、より薄くて四角いCRTの製造に限定される。こ

のような開発が大切なのは、これらが成熟した一流製品の微調整にすぎないからだ。スクリーンのサイズが大きくなり、ワイドスクリーン方式が採用されたので、従来のテレビが家庭用としては大きくなりすぎ、重くなりすぎたことが問題なのだ。高解像度テレビの出現は、事態をいっそう複雑にした。電気メーカーはこの動向を認識し、代わりのスクリーン技術を探し求めている。フラットパネル技術がもっと低価格で性能の良いディスプレーを実現したら、問題は解決されるだろう。フラットパネルは技術がS字曲線を上昇させるときに、製品に新しい可能性を切り開くだろう。実際に、この一部はすでに起きている。フラットパネルの開発はラップトップやノートパソコンの爆発的な成長と運命を共にしているからだ。製造業者が現在挑んでいる課題は、スクリーンのサイズや解像度を現在の家庭用水準まで高める方法である。今のところ、どの関連メーカーも必要なレベルまでフラットパネルの性能を上げる方法を知らない。その結果として、メーカーは広くの技術投資している。キヤノンは強誘電体ディスプレーを、松下は有名な液晶を、フィリップスはマイクロトランジスタ・ネットワーク技術を開発中だ。一部のメーカーはすでにこの世代の技術を見限り、次世代の技術、有機ELへ向かっているが、商品化までにはまだ何年もかかるとみなされている。さまざまなフラットパネル技術のどれを選んで投資するかは、競争ポジションの知識とどの程度の進化が期待されているかの認識に基づいた判断の問題である。本当の課題は、フラットパネル技術を競合企業より先に代替の脅威として特定することだったのだ。

●――代替技術になりうる技術の特定

　第3章で検討した技術分類と技術ツリーを利用すれば、広範にわたる関連技術のリストをまとめることができる。当然ながら、生まれていない代替技術はまだ誰も思いついていないので、リストがそれらのすべてを網羅することはない。それでもリストは必要条件である。利用できる技術のリストがあれば、ブレインストーミングによって代替技術を特定するプロセスをスタートすることができ、形態分析法を使って選択可能な技術を特定することができる。特に原料、製造工程、信号伝達や信号処理に関係する技術では、検討中の機能は他にどうやったら実現できるかを調べれば、いくつかの代替技術を発見できそうである。

この段階で、あなたが取組むべき代替技術のリストは拡張されているはずだ。

●──技術の成熟度の監視

次のステップは、リストにある技術の成熟度を議論し、どれが新しくて興味深い技術か、またどれが古くて潜在的脅威にさらされている技術かを特定することである。第3章で論じた概念に基づき、どの技術が重要な戦略的インパクトをもつか特定するために、技術を基盤、戦略、途上、萌芽に分類する。前に述べたように、戦略技術と途上技術は競争優位性をもたらす。萌芽技術は将来、競争優位性をもたらすかもしれない。基盤技術はコモディティであり、必要だが強みをもたらすものではない。エレクトロニクス業界では、自社でプリント基板を組み立てるか、あるいは仕様に従って誰かに組み立ててもらう必要がある。しかし、プリント基板組立は基盤技術であり、デジタル電子設計法や高速プロセッサチップのような戦略的インパクトはない。デジタル電子設計法と高速プロセッサチップは現在戦略技術だが、年月が経って成熟すれば、日常的な基盤技術になりそうである。ファジー理論ソフトウエア、ニューラル・ネットワーク、並列処理システムなどの新しい技術は、明日の戦略技術になるだろう。

技術の成熟度とその戦略的インパクトには関連がある。萌芽技術はS字曲線の底にありそうだ。途上または戦略技術はS字曲線を上っていく傾向があり、基盤技術は成熟して、やがてS字曲線の頂点に達する。しかし相関関係はいつも完全とは限らない。技術の戦略的インパクトは競争優位性と直接的に関係があるため、業界固有である。対照的に、技術の成熟度は用途に関係なく技術進化の指標なので、業界固有ではない。実際には、固有の技術は、その技術が生まれた産業から簡単には移転できない。成熟度は理論上、業種とは無関係な指標だが、一般にその技術が最も利用されている業種について測定される。強化セラミック・スクイズ鋳造技術の成熟化は、自動車部品産業の市場ニーズによって促進され、高速画像圧縮ソフトウエアの成熟化は、放送業界とテレビとビデオカセットレコードのメーカーによって促進された。結果として多くは実用的な目的のために、技術は業界固有の進化をする。そのため、成熟度は戦略的インパクトの同義語とみなすことができる。

このように戦略的インパクトの点からみると、現在は基盤技術であり、かつ

成熟している技術は、S字曲線の頂点にあり、代替されそうな技術である。実際には、このような技術のほとんどが代替されることはなく、基盤技術として残り、広く利用されるが、競争優位性を与えることはない。だが一部は実際に代替され、残りのすべては代替される可能性がある。

この段階で、基盤技術と同じか類似の機能を果たす萌芽技術と途上技術を組み合わせて、可能な代替技術のリストを作成する。わかりやすい例を挙げれば、スポット溶接は基盤技術であり、自動車業界や家電業界でスチールパネルの接合に広く利用されている。萌芽技術の代替技術には、接着剤、ロボット・シーム溶接、それにポップ・リベットの派生的な低コストの新しい片面締め具がある。この段階で、主な戦略技術を見直せば、戦略技術もまた萌芽技術や途上技術の脅威にさらされているかどうかがわかる。

平衡感覚を失わずに、至る所に代替の脅威を探すことが重要だ。正常な経済活動の特徴として、すべての技術は連続的に進化するので、代替技術がもたらす不連続は珍しい出来事である。だがその不連続が起こると、大規模な変化が比較的早く訪れるので、準備しておくべきだ。

すべての可能な技術とその代替の脅威をつぶさに見直す必要はない。それでも、何が進行中であるかについて十分に理解し、すべての競合企業が低コストの接着剤に切り替えているときに新しいスポット溶接工場に多額の投資をしたり、もっと効果的な代替技術であるレーザー印刷が開発されているときにインクジェット印刷関連の事業を立ち上げたりするのを避ける必要がある。

したがって、二つのレベルで技術の成熟度を見直すのが望ましい。

- 低迷分野の、すべての基盤技術を広範囲にわたって見直す。
- 会社の競争ポジションを支える主要な基盤技術と戦略技術のありえる脅威を集中的に見直す。

●──代替技術を提供する業種の特定

ほとんどの技術が、一つの業種の固有なニーズに応じて進化する。いったん開発され、有効性が証明されると、他の業種に移転される技術が多いが、そのような移転はほとんどの場合、かなりの変更と適応を必要とする。このため、「未

加工」の状態で有望な技術を特定するのは難しい。よって、食品加工業の開発エンジニアや化学者が、ただちに金属やプラスチックの加工業にインスピレーションを求めなくても不思議はない。だが、彼らはそうすべきなのだ。

　企業はその業種と類似点を持つ業種に焦点を合わせる必要がある。バリューチェーンを辿って会社がかかわっている主な活動を検討し、各ステップで同様のビジネスモデルを探す。もし金属の切断・成形を行う会社なら、金属以外の切断・成形技術を見るべきである。電子回路を設計する会社なら、石油化学工場の配管や道路のような、異なる分野のシステムやネットワークで利用されている設計プロセスを考察すべきだ。マネジャーは創造的でなければならない。代替の金属切断・成形技術については、チーズ用ワイヤーカッター、紙用の空気ナイフや水ナイフ、硬い金属を変形させる爆薬などの可能性を考慮し、さらにプラスチック産業、織物、都市工学なども考慮に入れるべきである。ブレインストーミングも役に立つし、他の産業や市場に接することも役に立つ。たとえば、ある消費財会社では、社内の新しいベンチャー・グループが代替技術に関するインスピレーションとアイデアを求めて、定期的に展示会を訪れ、化学、都市工学、農業、建設資材などの業界誌を読んでいる。ついでに言えば、このグループは潜在的価値のある新技術を特定することに成功したばかりでなく、他業種の企業と非公式なつながりを築き、広範なビジネス・プロセスとマネジメントの問題に関するベンチマーキングの情報を共有している。

●──代替技術の出現の監視

　他の産業で使われている関連技術リストとともに、可能性のある代替技術リストを手に入れた今、あなたは何をなすべきかを決定する立場にいる。まず、大きなインパクトを発揮しそうな技術に注目する。次に、新たな代替技術リストを二つの視点でレビューする。一つ目の視点は、事業への潜在的意味、二つ目の視点は、代替技術が無視できないほど重要な意味を帯びてくるまでの時間だ。このレビューの後、優先順位を決める。

　最も重要な技術の進化速度は、さまざまな指標で監視できる。競合企業が申請した特許件数、現場で働く研究者の数、学会誌で発表された論文はすべて、どのくらいの速さで技術が進歩しているか、その開発にどのくらいの資金が投

入されているか、競合企業はその重要性にどれほど気づいているかを知るために役立つ。

もし研究開発の証拠が何も見つからなかったら、あなたが最初に技術が代替される可能性を認識したのかもしれない。それならあなたには、資金をどれほど投入したいか、どんな目標をいつまでに達成したいかを自由に決めることができる。

代替脅威への対応

事業の核となる技術戦略の策定をするとき、代替脅威に対する措置は、事業目標を反映しつつ、技術の強みを基礎とすべきである。代替脅威が現れたら、撤退、防衛、開発、買収という四つの対処方法が可能だ。

①**事業からの撤退**は、代替技術を認め、その技術を推進する競合企業が市場を占有するのを許すことである。この戦略は見た目ほど敗北主義的ではない。代替技術があなたの技術に比べ、より顧客ニーズに訴求している一方で、あなたの技術が、その技術を置き換える競争力に不足があるのであれば、あなたは撤退を受け入れるべきである。多くの評論家が計算機の脅威に気が付かなかった計算尺メーカーを批判したが、計算尺メーカーが新技術を採用するために何ができたかを考えるのは難しい。新技術は計算尺メーカーが持っていた知識基盤とはほど遠いからである。もっと前向きな例を挙げれば、精密エンジニアリングの会社は、同社の生産技術が現在の競争優位性のある分野を探るためにつねに市場を再評価している。事業が木製部品の生産に力を入れているなら、代替のプラスチック成形を行うのに必要な設備やスキルへ投資することはあまりにリスキーだ。プラスチックがあまり脅威ではない市場向けの異なる木製部品に焦点を当てるほうが、もっと賢明な戦略決定だろう。

②**確立した技術を守る**。代替技術がいつも勝つとは限らない。すでに確立された技術は多くの優位性がある。こうした技術はよく知られ、理解されており、

製造工程と設備がすでに存在している。また、バリューチェーン上のサプライヤーと顧客が安定成熟した既得関係で一致協力している。既存技術にはまだ未開発の領域もあるかもしれない。コンピュータの磁気記憶媒体の利用を例として挙げよう。磁気記憶は急速に成長し、5.4インチ・フロッピーディスクで成熟したように見えた。ところが、光学記憶や固体データ記憶の脅威をきっかけに、磁気メディア・メーカーは技術開発を再開し、さらに記憶密度が大きい3.5インチ・ディスクを生み出し、小型で高性能のハードディスクを開発した。防衛は、代替技術の登場までの時間を稼ぐか、代替技術の市場参入を難しくし、その芽をつむことによって成功することがある。

③**社内で代替技術を開発する**。参入障壁がそれほど大きくなければ、企業は自ら代替技術に投資し、開発することができる。スウォッチはこの良い例だ。この場合も、すでに確立された事業は多くの優位性がある。市場ニーズをよく理解し、すでに流通経路も持っている既存技術によって、代替技術を新規参入者よりも速く市場ニーズに訴求できるはずだ。しかし、代替技術が特許やその他の手段で保護されているか、突出した投資を必要とする場合には、この選択肢はない。たとえば、家庭用レンジの電熱線メーカーは、ガラスセラミックの電熱天板という部分的な代替技術に抵抗することはあり得ない。ガラスセラミック素材はユニークな特性を持つが、大量の特許を受けており、資本集約的な生産工程を必要とするからだ。

④**代替技術を購入する**。技術購入の大半は合理的な選択肢である。購入はいくつかの形態がある。特許ライセンス、企業買収、部品や設備の購入である。
　対象技術が戦略的に重要でなければ、部品や設備の購入は可能なことが多い。自動車部品組立メーカーは、社内で金属部品の機械加工を行う代わりに、プラスチック射出成型部品を買うことができる。また、この会社は、古いスポット溶接設備の代わりに新しい接着用機械を買うこともあり得る。いずれの場合も、良質な技術が必要であり、部品調達を適切にマネジメントしなければならないが、技術の戦略的重要性が高いというだけでは、社内のマネジメントが適切になるわけではない。

図表5.10　代替技術に対するアクションの選択肢

	撤退	防衛	開発	購入
差別化要因としての技術の重要性	高い	低い	高い	高い
技術の参入障壁	高い	高い	低い	低い
事業の参入障壁	低い	高い	高い	高い

出典：アーサー・D・リトル

　技術に戦略的価値があるが主要な競争基盤がない場合には、ライセンスが最善の道かもしれない。ライセンスは企業が新しい戦略技術を入手し、同じ土俵で競合企業と戦うのを可能にする。市場用途の知識、配送対応、アフターサービスのような顧客との結びつきを重要な成功要因とみなして競争している企業にとっては、上流部門の製品・生産技術のライセンス受諾は非常に有効であり得る。たとえば、地場産業に設備を供給している地方の包装機械メーカーは、最もコスト効率の高い競争方法として、液剤充填システムのような生産技術のライセンスを供与することが多いだろう。

　事業の成功に欠かせない技術については、企業買収が最も妥当な方法かもしれない。たとえば、浄水場、プール、工業用水処理で使われる塩素殺菌装置を製造する企業は、簡単で安全なオゾンや紫外線（UV）のような新しい殺菌技術によって代替されることに気づいた。塩素技術そのものは、その殺菌能力のおかげで守ることができるが、オゾンやUVの処理技術が市場シェアを伸ばしそうである。しかし、オゾンやUV技術のスキルは何一つないので自社開発は不可能であり、ライセンス供与はライセンサーにその気がないので難しい。残された唯一の選択肢は買収である。

　以上の四つの方法のどれが最適かは、脅威にさらされた技術の戦略的重要性、代替技術の開発状態やそのスピード、競合企業の準備状態などによって決まる

だろう。図表 5.10 は、最適な方法を選ぶときの大まかな指標を示している。

技術変化の脆弱性の軽減

　技術が進化するときは事業も進化すべきであり、競争優位性を獲得するためには、現在使われている技術に代わる新技術を開発すべきである。本章ではこれまで、現在のポジションの見直しや代替技術の発生過程の理解を通して、企業がどのように急激な技術変化を見通すことができるかを考察してきた。多くの企業が技術変化に対する自らの脆弱性を検討したにもかかわらず、いまだに技術変化が起こると窮地に陥ることが多い。主な理由は、企業が代替の脅威や技術変化に対して無防備のままでいるからだ。避けられない事態が起こり、大規模な技術変化が生じるとき、企業は適応力を持っていない。

　できる限り有利な立場で、確実に変化を生き残り、成功するためには、技術環境の変化とその結末に気づくだけでなく、新技術を市場で試したり、技術が脅威にさらされないような将来製品を企画したりして一つの技術に依存しすぎないようにする必要がある。同様に、技術とそれ以外の競争上の強みとの間のバランスを維持する方法を検討する必要もある。

●───特定の技術への過剰な依存を避ける

　多くの企業が一つの技術に依存しすぎている。小企業ではこれは通常、歴史的な経緯があったり、資金が不足したりするためである。先端技術で起業した会社は特に脆弱だ。学究的な世界から、あるいは大企業のスピンアウト★によって生まれた会社がもつ競争上の強みは、独自の技術能力だけだからだ。会社が成長するにつれて、同じ技術の開発にさらに投資すべきだというプレッシャーに抵抗できなくなる。大企業が追いつこうと同じ方面に投資しているときには、なおさらだ。イギリスのドミノ印刷科学公開有限会社は、その典型的な例である。ニッチのインクジェット技術に基盤を置く同社は、この技術開発に多額の再投資を行うことによって成長してきた。本事例では、経営陣がそれぞれの次世代製品に会社を賭けるという難しい時期を経て、戦略が報われたようだ。こ

★　企業の一部門が外部からの資本導入により独立して別会社になること

の会社は1995年までに140億円を越える売上まで成長し、主要な競合企業より先んじ、競合技術に対しても先に進んでいる。この会社は、技術基盤をわずかに拡張し、他の産業用印刷技術を網羅することで、将来に対する脆弱性を軽減し、成長基盤をさらに固める安定性と規模を達成した。だが、他の多くの新興企業はそれほど幸運ではない。専門的なニッチ市場で身動きがとれず、そのニッチを開発することに資金をすべて投入せざるをえないため、別の技術が利用可能になっても適応することができない。このような規模の会社では、代替技術を注意深く監視し、開発が始まるやいなや動向を見極めること以外に、経営者ができることはあまりない。

　大企業が同じ問題の犠牲になることも多い。ハイテク企業がいったんドミノ印刷のような安定期に達すると、自己満足に陥り、脆弱性はないという錯覚に陥り経営陣は永遠にサクセスストーリーを繰り返せると思い込んでしまうかもしれない。こうなると、新事業を強力に推進する積極的な競合企業による代替技術が、大きな市場シェアをとる可能性がある。コンピュータとコンピュータ周辺機器の多くの会社の急成長と急落は、これをよく実証している。それぞれの企業は一つのニッチで技術を利用して急速に事業を立ち上げている。もし企業が技術基盤を速やかに拡張せず、その地位を確保しなかったら、次の新規参入者に負けることになる。

　この問題を避けるために、経営陣は真にそれが問題であることに気づき、特定技術への依存と代替技術の出現の両方を監視すべきである。代替技術にさらされる危険を減らすという目標とともに、事業の技術基盤を拡張することは、業務上の優先事項である。したがって、焼結金属粉末部品メーカーは工学ポリマー部品のライン追加がありえるし、スチールフレームの自転車メーカーは、代わりのフレーム素材としてプラスチック、合金、非鉄金属などを試してみることができそうだ。いつも多額の投資が必要とは限らない。目標は脆弱性を理解し軽減することであり、すでに別の技術を使っているサプライヤーを見つけるだけでもその目標は達せられるかもしれない。大規模な技術変化が起きるとき、それは急激だが瞬間的ではない。フォスターが記録した例（文献5.11）は、新技術のメリットや切替コストの低さが明らかになれば、早ければ3〜5年後に新技術への転換が起こることを示唆している。たとえば、フォスターは

図表 5.11　連続鋳鋼の生産量の割合

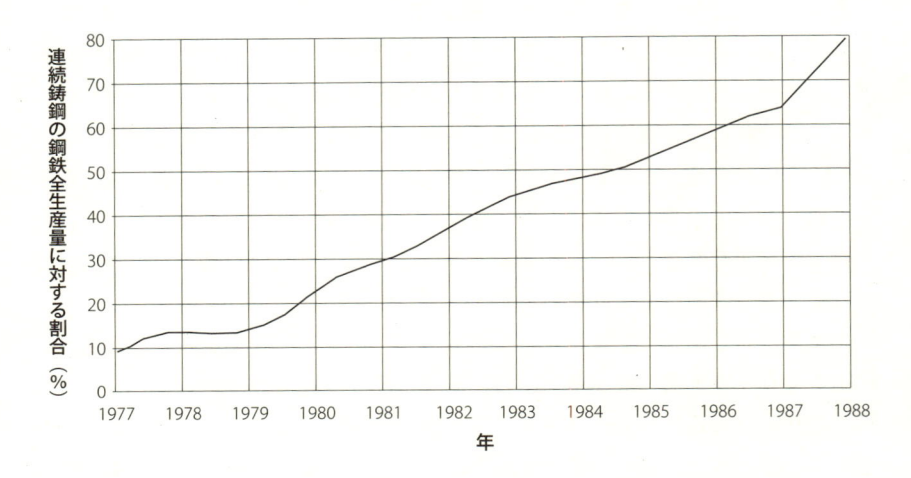

```
出典：機械技師協会理事会の許可を得て、機械技師協会の議事録から複製、パートE
『ジャーナル・オブ・プロセス・メカニカル・エンジニアリング』E1号、1989年、C.E.H.モリス記。（文献5.12）
```

電動式レジに取って代わった電子式レジに関し、どのようにして1972年から1976年の間に市場占有率が10％から90％以上に増加したかを示した。鉄鋼のような動きの遅い資本集約的な産業では、切り替えコストは高く、技術の切り替えはもっと漸進的である。図表5.11は、全鉄鋼生産に占める連続鋳鋼の割合を示している。どちらの事例も、企業がどのように対応するかを決める時間は十分にある。それでも、切り替えが始まると、現行技術は市場シェアを失い、プレッシャーを受ける。この段階で別の技術に投資するのは政策的に困難な場合が多いため、事態を予測し、熟慮した解決策を用意しておくことが必要である。

● ── 市場テスト

　新技術の実証は、柔軟性と偏見のない心を必要とする。新しいS字曲線はつねに古いS字曲線の下から始まり、新技術は市場に導入されたときにはまだ不完全である。実証とは、市場知識を獲得し、コア事業を必要以上のリスクにさらさずに経験曲線を下降させることにほかならない。そのためには多くの方法

がある。企業は、失敗のコスト、リコール、その結果起こる評判へのダメージを限定できるような、地理的に狭い地域で製品の市場テストをすることができる。この理由から、欧米市場から遠く離れている香港は、イノベーションを好むと言われており、多くの日本の家電メーカーにとって好ましい実験市場である。企業は、性能の向上を求めて技術リスクをいとわない市場で新技術を適用することができる。自動車レース、防衛、個人向けスポーツ用品が典型的な市場である。たとえば、アクティブ・サスペンション・システム★は、最初にレーシングカーのF1で使われたが、10年後にようやく高性能スポーツカーでの利用が始まっている。同様に、スポーツ用品は炭素繊維強化複合材料にとって最大の市場の一つだが、フィラメント・ワインディングや引抜成形などの炭素繊維材料加工技術の多くにとっての試験場でもあった。

それほど冒険をしなくても、企業はコア事業分野のニッチ製品で新技術の市場テストを行うことができる。ソニーはプロ用放送機器を新技術のドライバーとして利用し、家庭用電化製品を次々に生み出している。自動車メーカーの多くは、大量生産を行う前にスポーツモデルやニッチモデルを利用してアイデアを試しており、多くの工業用OEMサプライヤーは、発売前に重要な顧客と新設備を試している。

したがって、市場テストは新技術に付随する事業リスクを軽減する唯一の実際的な方法である。リソースの賢明な集中によって技術リスクを軽減し、市場テストで事業リスクに対処すれば、企業は迅速に新技術を中核的事業に取り入れることができる。

●──新市場の創造

新技術は、誰もが熱中して我を忘れてしまわない限りは、新事業分野を開拓するために利用できる。この選択肢は一見して魅力的だが、困難を伴う。新技術の導入に付随するリスクは、新市場参入に付随するリスクによって複雑になるからだ（図表5.12）。市場知識、信頼できる流通経路、顧客の信用で定評のある会社は、新規参入者の技術がいかに優れていようと、新規参入者よりも

★　電子制御によって車体を支えるサスペンションの特性を変化させる機構

図表 5.12　技術と市場リスク

市場＼技術	既存技術	あなたの事業にとっての新技術	世界にとっての新技術
既存市場			
あなたの事業にとっての新市場			
世界にとっての新市場			

リスクの増加

出典：アーサー・D・リトル

ずっと有利な立場でスタートする。そのため、新技術に基礎を置く多様化はリスクを伴う。リスクが理解され、マネジメントされているなら、多様化は可能だ。これまでの企業の多様化から得られた経験によると、二つの要因が重要であることを示唆している。市場を理解することと、自分が精通していることに専念することである。

　市場に関する理解は、市場での直接的な経験からのみもたらされる。したがって、会社がすでに何らかの形で市場参入しているか、経験のある人材を採用するか、何らかの提携や合弁事業に参加するかしていなければならない。

　自分が精通しているビジネスモデルに専念するのは、リスクを管理するもう一つの方法だ。バリューチェーンの同じポジションにとどまり、同じ成功要因を活かして競争することだ。ある業界の部品メーカーは、別の業界の部品メーカーになれるだろう。主に迅速な配送に基礎を置いて競争する会社は、スピードが競争力の主な源泉である他の分野に事業展開することができるだろう。

　技術的ノウハウを使って事業展開を図ろうとする防衛電気メーカーは、大規模で官僚的な顧客を相手にしたシステム事業に参入した場合に最も成功してきた。国鉄の信号システム、放送衛星設備、電気通信変換システムはすべて成功した事業展開だが、パーソナル・コンピュータ、電話、自動車エレクトロニク

スはすべて失敗例である。結論は明らかだ。技術は多角化のポイントを生み出すことができるが、異なる事業側面の弱点を埋め合わせることはできない。

● ──将来の製品の計画

　新技術の実証は必要だが、代替リスクに過度にさらされるのを防ぐための十分条件ではない。企業はより優れた製品企画によって一つの技術への依存をいかに減らすかを考えるべきである。定期的に新製品を発売していく製品戦略は、必要が生じたときに別の技術をすばやく導入する機会を提供する。モジュールで品揃えを構成することは、モジュール・レベルでの変更を可能にする。たとえば自動車産業では、幅広い製品をそろえるためにさまざまなものを組み合わせて車体、トランスミッション、エンジンを作っている。新技術は代替のモジュールで導入されうる。もし自動車メーカーが新しいCVT（等速トランスミッション）システムの導入を望むなら、標準装備のマニュアル・トランスミッションと並行したオプションとしてマーケティングすることから始めることができる。そして、市場の成長とともに量産化するのだ。

　このアプローチは、不測の事態に対処できないほど製品設計が構造化されないかぎり有効である。モジュールのアプローチは、必然的にモジュールそのものが境界線をもたらす。新技術がこの境界線を越える必要がある場合、これは問題をもたらすかもしれない。たとえば光学CDプレーヤーでは、集積回路（IC）によって制御されたトラッキング機構によりレーザーがディスクを横断してトラッキングする。本来はトラッキング機構とICは別々である。対照的に磁気コンピュータ記憶装置は、トラッキング技術をICの組込みソフトに集約している。機構は低い精度を持つように設計されており、その状態はICからの制御信号によって継続的に調整される。このやり方はCDトラッキングのための総コストを削減できるが、このモジュール構造は新しいトラッキング技術の開発と導入を妨げている。

● ──技術以外の要因の強化

　技術変化に対する脆弱性を減らす最後の方法は、ブランドイメージや販売経路のような技術以外の競争要因の重要性を高めることによって、新技術の参入

障壁を引き上げることである。古い技術を基にした製品でも、市場アクセスのよい安定した会社によって生産される製品は、市場での地位がない新規参入者によって生産される新技術を基にした製品を打ち負かすだろう。

　技術以外の競争力向上のための投資は、会社の競争ポジションを強め、脆弱性を低減するだろう。また技術以外の強みを持つ会社は、技術に依存している会社よりも、必要が生じたときに技術の切り替えを文化的に受け入れやすいものだ。

　技術変化の問題には簡単な解決策は何もない。しかしながら、一つの技術だけに依存しすぎない適切な事業戦略とともに、新技術が代替の脅威となり得るという広い認識を持つことで、脆弱性を管理することは可能である。

第6章
技術の購入

BUYING IN TECHNOLOGY

　必要な技術のすべてを自社開発できる資金的余裕のある企業は一つもない。コストが高くつきすぎ、開発能力による戦略への制約も厳しすぎる。そのため、どの企業も必要な技術・スキル・ノウハウの一部を購入するか、これらが組み込まれた部品や製品を購入せざるを得ない。

　極端な例を挙げれば、消費財メーカーは事務用紙やフォークリフト車、ITシステムなどの開発や製造を行わず、その代わりに主力製品と関連製造工程の開発に資源を集中する。食品加工業者は自社で使うステンレスのタンクや圧力釜を作らないし、家電メーカーは銅線を作らない。しかし、いつもこうした状況になるとは限らない。多くの消費財メーカーは、競争優位が得られるものとして、主要製品のパッケージングに取り組んでいる。コア事業から遠く離れた技術に関与する企業もある。たとえば、一部の運送業者は会社が使う自動車の技術に関わっている。小包と新聞の運送会社であるTNT社は、風の抵抗の少ないトラックの開発に取り組んだ。ヨーロッパの貨物輸送とリース業を営むティプフック社は、特別な高容量鉄道／道路用コンテナを開発した。これらの事例では、車両技術がコア事業にとって重要だとみなされたのである。多くの原材料加工メーカーもまた製造技術の細部に関与している。世界的な採掘・資源グループのRTZ社は、外注するには重要すぎるとして、亜鉛精錬技術を開発する専門事業を保有している。ここで疑問が生じる。自社開発と外注との間の線引きをどのように行えばいいのだろう？

本章では、外部から技術を調達するときに経営者が取り組むべき問題を探求し、外部委託戦略のガイドラインを提案する。最初に、なぜ外注を検討すべきなのか、技術の外注はどんな場合に意味があるのか、どんな種類の技術を外注すべきなのかを考察する。次に、どのように外注を管理すべきかを探求し、緊密な提携から対等な契約まで、さまざまな選択肢の長短を検討する。最後に、コストを節約し、進歩を加速するための協力関係の中でも最有力候補の一つである、長期的研究の外部委託に関わる問題を考察する。

なぜ技術を購入するのか？

なぜ企業が技術開発を他社に頼るのか？ 主な理由は、どの企業も必要な技術のすべてを開発するための資金的余裕がないことだ。潤滑技術が歯車や軸受などの部品設計に及ぼす影響を調べた研究を見れば、その理由がわかるだろう。たとえば、歯車のカップリング設計は47以上の研究プロジェクトの成果を基礎としており、ジャーナル滑り軸受に用いられる現在の設計方法は、70以上の技術開発を基にしている（文献6.1）。この作業のすべてを社内で開発しようとするのは、どの企業にとっても意味がないだろう。その代わりに、研究、開発、設計に携わる人たちは、研究報告やその他の情報を考慮し、外部の成果を基に前進することができる。成功は適切な情報の収集と解釈にかかっている。これは一般的な調査方法だが、十分には役立つとはいえない。他の人たちの成果を見て多くのことを学べたとしても、よそでどんな研究が行われ、どんな成果が発表されるかを管理できないので、望むものすべてを学ぶことはできそうにない。

特に、現在のコア能力を超える技術分野や製品分野に進出するとき、考えられる次のステップは、外注である。図表6.1は、企業がある分野で技術購入の意思決定を行うときに、一般的に考慮される選択肢を示している。

次のいくつかの理由で、外注は理にかなっている（文献6.2）。

● 技術がすでに外部で十分に開発されている場合、時間の節約になる。

図表6.1 技術委託の選択肢

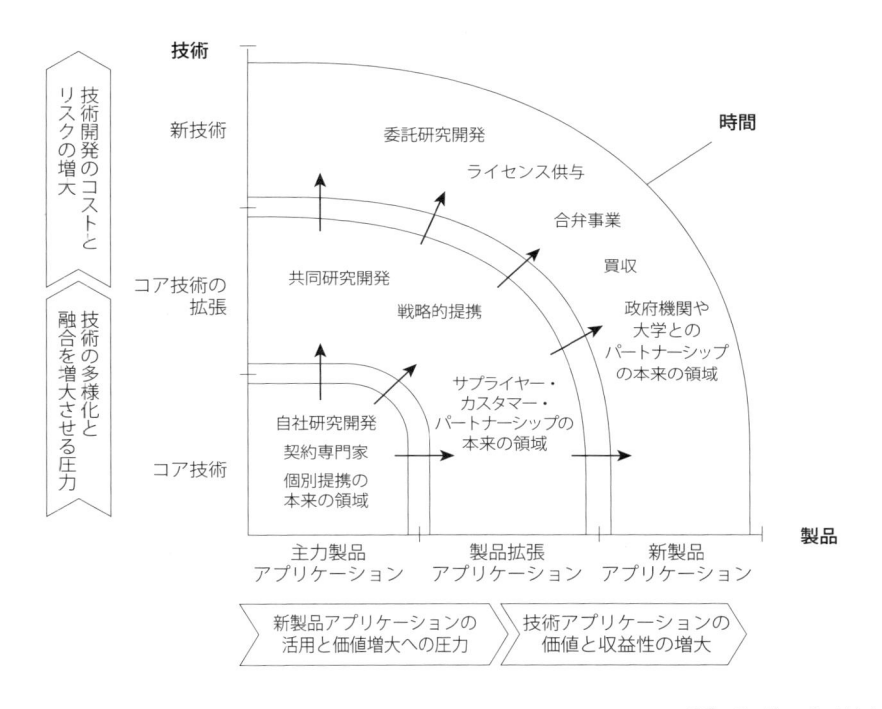

縦軸：技術（新技術、コア技術の拡張、コア技術）
横軸：製品（主力製品アプリケーション、製品拡張アプリケーション、新製品アプリケーション）

左側の矢印：
- 技術開発のコストとリスクの増大
- 技術の多様化と融合を増大させる圧力

下側の矢印：
- 新製品アプリケーションの活用と価値増大への圧力
- 技術アプリケーションの価値と収益性の増大

図中の項目（時間の経過に沿って）：
- 自社研究開発／契約専門家／個別提携の本来の領域
- 共同研究開発
- 戦略的提携
- 委託研究開発
- ライセンス供与
- 合弁事業
- 買収
- サプライヤー・カスタマー・パートナーシップの本来の領域
- 政府機関や大学とのパートナーシップの本来の領域

出典：アーサー・D・リトル

- コストを削減でき、重要な社内資源のコミットメントが減る。その際、新技術に対する経営者の不安も減るかもしれない。
- 技術サプライヤーがリスクをより上手に管理ないし抑制する能力がある場合には、リスクを減らせるかもしれない。
- 技術サプライヤーが対象技術の全潜在能力を開発する専門的スキルや経験を持っているため、結果がより良くなる。
- 技術が他者の所有する特許権でしっかりと守られている場合には、唯一の選択肢かもしれない。

この最後の理由は、それほど重要でないことが多い。技術が成功のために十

分重要なら、どんな特許権保護が存在しても企業はいつも抜け道を見つけられる。この良い例がキヤノンである。ゼロックスが市場を完全に支配し、広範囲の特許権保護を行っていたにもかかわらず、キヤノンは普通紙コピー機で主役になるという明確な目的を持って事業に乗り出した。長年にわたり、キヤノンはゼロックスの特許を一つずつ回避するために研究開発に多大な投資を行うと同時に、感熱コピー機によって市場での地位を築いた。今ではキヤノンは一流の普通紙コピー機メーカーであり、ゼロックスはキヤノンの特許に抵触しないように注意して進まざるを得ない。特許権保護が脆弱性を克服できることはほとんどなく、たいていはただ時間を稼ぐだけである。したがって、企業が特許元から技術のライセンスを受けるか購入するかを選択する場合、技術自体を開発できないという理由ではなく、そのためのコストが見合わないことが多い。

　戦略意思決定において、社内で技術を開発しない理由は二つだけである。一つは、技術のもたらす利益がその開発に必要なコストと時間に見合わないというものだ。他社のほうがあなたより安く、優れた技術を開発できる上、あなたに投資資源のもっとよい使い道があるなら、技術を購入すべきだ。たとえば、精錬電解槽のラインを動作するアルミニウムの第一次生産者にとって、製錬作業の効率を保証するためには温度測定の精度が重要である。しかし、温度測定の精度がもたらす利益に関しては、その技術を開発する投資を正当化するほど大きくはない。測定器の専門業者から買うほうが理にかなっている。対照的に、原子炉オペレータは、不適切な技術がもたらす結果が深刻であり、適切な技術が入手しにくい場合には、精密な温度測定技術を自社開発するべきだと判断するかもしれない。

　もう一つは、単に自社で技術開発する資金的余裕がないため、外部に委託したいという理由である。どの企業も資源には限りがあり、一部の技術開発は、たとえ利益がコストを上回るとしても、資力を超えるものかもしれない。どこか他の会社とコストを分担するか、すでにコストを払った会社から技術を購入するほうがずっとよい。

　技術開発の外部委託を正当化する他の理由はすべて、この二つの理由の一部である。たとえば、多くの経営者は戦略上や経営上の柔軟性を維持する必要があると主張し、たった一つの社内技術だけに固執することは望まない。要する

に彼らは、自社開発が戦略的にもたらすメリットよりも柔軟性を失うことによる潜在コストのほうが大きいと主張しているのだ。製品組立事業の経営者も、部品ベンダーは開発リソースのクリティカル・マスを持っているとして、技術開発は部品ベンダーに任せるのがベストだと主張することがよくある。この論拠もまた、費用対効果の一つに帰着する。組立事業は主に部品技術では競争しないし、ほとんどの場合、自社の部品技術開発への支出は正当化できない。

　これらの外部委託の決定論拠や正当性を一つにまとめて、なぜ技術を買うべきかについて一般的なガイドラインを示すことができる。コア／非コアの原則をさらに越えたガイドラインは図表6.1に示されている。もっぱら既存事業との類似性に基づいて外部委託を決定することが危険なのは、それが結局は将来のコア分野のすべてを外部委託することにつながるからである。前に述べたように、すべての技術を自社開発することは望まないし、またその余裕はないが、同様にすべてを外部委託すべきではない。費用対効果の論拠は、支配的な論拠である。図表6.2は技術の戦略的インパクト（第3章で開発した基盤、戦略、途上のカテゴリー化を利用）と外部委託の意思決定による開発コストを示している。

　開発コストが低く、戦略的インパクトの低い基盤技術に関しては、技術のライセンス供与か、あるいは技術が組み込まれた部品や組立部品の調達が理にかなった選択である。例として、工業部品のブリスター包装があげられる。工学部品メーカーの観点からすれば、プラスチック・ブロー成形機械の購入費やブリスターパックの製造技術の開発費は比較的安い。だが、戦略的価値もまた低い。包装は製品の重要な成功要因ではないし、多くの注目にも値しない。したがって外部から包装材を調達するか、外部業者に金を払って鋳型設計を開発してもらい、社内リソースはもっと優先順位の高い活動に配分するために取っておくほうがずっとよい。

　戦略的利益をもたらす戦略技術や途上技術の開発費が安い場合には、自社開発が合理的な選択である。投入コストが低く、リターンが高い。その上、自社開発は特許によって利益を守ることができる。多くの事業向け研究開発がこのカテゴリーに分類されるが、漸進的な技術の進歩は、戦略的価値に大きな影響を与える割には費用がかからない。

図表 6.2　技術の外部委託の決定

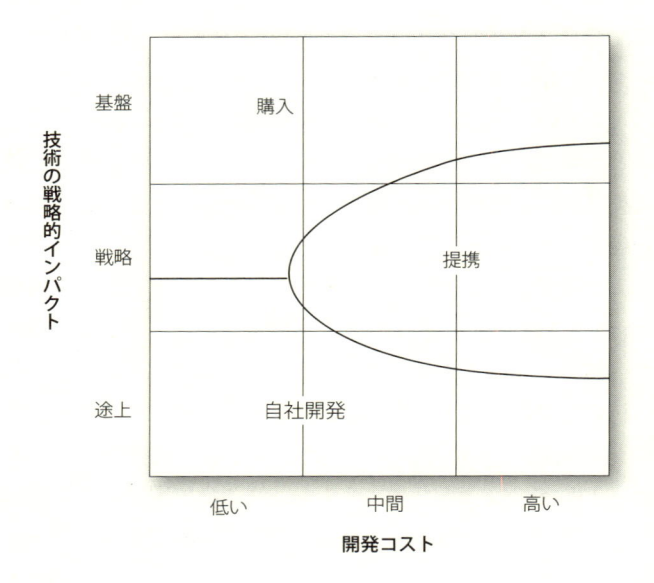

```
技術の戦略的インパクト
　基盤　│購入
　戦略　│　　　　提携
　途上　│自社開発
　　　　低い　中間　高い
　　　　　　開発コスト
```

出典：アーサー・D・リトル

　開発費が上がるにつれて、企業はどの技術を社内で支援するかをますます入念に選択する必要がある。同時に、ベンダーがようやく獲得した技術を金銭的理由のためだけに手放したがらないときには、ただ買うだけでは済まなくなるだろう。この場合には、開発費を関係者全員で分担し、提携あるいは合弁事業という形をとるのが最善の方法である。

　したがって技術の購入は、基盤技術に関しては、柔軟性があり時間と資金の節約になるため有益であり、戦略技術と途上技術に関しては、柔軟性がありコストの分担を容易にするため有益である。

何を購入すべきか？

　上記の理由により、企業が使用する技術を部分的に購入することは、戦略的に意味がある。この方針が明確になったら、何を購入するかを決める必要がある。特に、戦略的インパクトの小さい基盤技術をいくつ外部委託できるか決定する必要があるし、また戦略・途上技術のうちどのくらいの割合のものの開発コストやリスクのほうが戦略的インパクトを上回ってしまうのか明確にする必要がある。

　どの技術を買うかを選択するときには、「すべての」技術が買えるということを出発点にすべきだ。次に、自社開発の強力な根拠をもつ例外を考察する。これは、外部委託をするやむを得ない理由がない限り、すべての技術は社内で開発すべきだという前提から出発する大半の経営者のアプローチとは正反対のアプローチだ。外部委託を促進すべきだと考えるなら、指針として次の三つの基準が利用できる。

- **対象技術が製品性能や、ひいては競争ポジションに大きな影響を与えるか？**　もし答えがイエスなら、基盤技術でない限り、外部委託は脆弱性をもたらす。たとえば、家庭用ファンヒーターの過熱素子技術は、製品が売り物になるために欠かせない。これは基盤技術だが、ファンヒーター・メーカーとしてサプライヤーと信頼関係を築くか、あるいは製品のサイズ、形、色を変えることに専念して製品をファッション・アイテムとして位置付けるといった、まったく異なる基盤をベースに競争しない限り、外部委託はリスクを伴いそうだ。

- **技術は製品の原価率に影響を及ぼすか？**　もしそうなら、外部委託はほとんどの原価基準の管理を手放すことを意味し、さらにあなたの会社の脆弱性を増大させるということを思い出すべきである。本章の最初に述べた運送会社の自動車設計への関与は、いっそう多くの原価基準を自社の管理下に置くための試みとみなすことができる。

- 技術のサプライヤーが非常に少ないか、あるいはサプライヤーの切り替えが難しいために、サプライヤーの数が限られているか？　電子回路設計の外注はこの点において問題にならないが、超伝導磁石の設計の外注では問題になるかもしれない。独占的なサプライヤーから重要な技術を買う場合には、運命をサプライヤーに捧げていることを承知しているべきである。

以上の質問のどれか一つでもイエスの場合は、外部委託に反対の決定をくだすことはできそうにない。だが、二つか三つがイエスの場合は、おそらく自社開発を考えるべきだろう。

多くの企業はできるだけ多くの技術開発を社内で行おうとしすぎて失敗する傾向がある。製品に欠かせない技術を他社に頼ることに神経を尖らせ、経営者はどんな外部委託にも気が進まないでいる。いったん外部委託すると技術能力を再構築することはコスト的にも時間的にも負担が大きいことが気になるからだ。技術の外部委託の実践上の困難が、経営者の不安を増大させるのだ。

- どんな技術に価値があるのか？
- 開発者の創造性に左右されるため、コスト・タイミング・成果物が不確かな場合、どうやって外部委託するのか？
- 開発された技術が事業利益をもたらすことをどのように担保するのか？

このような疑問に直面して、多くの経営者が自社開発を安全な選択肢とみなして、これにこだわりつづけても、驚くにはあたらない。しかしながら、長い目で見れば、社内ですべてを開発するのは安全な選択肢では「ない」。最終的にはリソースを希釈し、取り返しのつかない競争力の喪失をもたらす。個別の技術について単独に決定したその場しのぎの外注も、長期的には甚大な損害をもたらし得る。これは、コア・コンピタンス獲得のために限られた数の分野にリソースを集中させるという基本的な戦略原則に反するのだ。

一つの製品のために燃料噴射技術を、別の製品のために自動製造技術を、また別の製品のためにターボチャージャーを、というように外部委託するディーゼルエンジン・メーカーは、やがて自社独自の本当の技術能力を何も持ってい

ないことに気がつくだろう。技術の外部委託は多くの利益をもたらすが、意思決定者は何を外部委託し、何を自社開発するかについて明確な考えを持つべきである。そのために必要なのは、外部委託の決定に論理的根拠を与え、首尾一貫した計画の作成を担保するための体系的アプローチである。

これには三つの重要な段階がある。一つ目の段階は、前に述べた判断基準を使ってどの技術を外部委託「できるか」を特定することである。特定した技術を全体的に眺め、自社を弱体化させるほど過度に外部委託を計画していないかチェックする。自社能力を保つという直接的な理由（たとえば、競争優位をもたらすため）と、間接的な理由（市場での優位性、製造や用途のノウハウ、国際標準を交渉する際の信頼性など）の両方に留意する必要がある。

二つ目の段階は、この知識を基に、「何を」購入し、何を自社開発するか最初の仮説を設定することができる。すべての基盤技術の開発は外部委託すべきであり、戦略的利益の低い戦略技術や途上技術の多くも外部委託すべきであるという仮説から始めるのが、おそらく最善の方法だ。確信が持てないときは、自社開発のほうがよいことが証明できない限りは外部委託を選ぶようにするとよい。そのほうが、何でも自社で開発するという、ありがちな傾向に陥らずに済むだろう。

三つ目の段階は、技術の特性と成熟度に応じて、購入の利益を最大化するための統合的計画が必要である。

技術の外部委託の管理

技術の外部委託の管理は、多面的なプロセスだ。最初に、それぞれの技術について、購入やライセンス供与から提携・共同開発まで、外部委託のアプローチを選ぶ必要がある。製紙会社は、重要な製紙製造技術において自社よりもずっと経験とスキルをもつ機械ベンダーやベルトベンダーを当てにしそうである。これと同じ理由から、時間と資金を節約して失敗リスクを減らすために、機械クラッチ・メーカーは、電子管理システムのテクノロジー企業と契約するかもしれない。対照的に、缶入りドラフトビールを製造したいビール会社は、缶ビー

ルの泡立て技術の所有者からライセンスを受けることを検討しなければならないだろう。缶ビールの泡立て技術は数少なく、それぞれが特許権でしっかりと守られているからだ。

次に、外部委託の選択肢の一貫性をチェックする必要がある。外部委託する予定の技術が自社の重要なコア・コンピタンスを含んでいないことや、コア・コンピタンスを支える技術でないことをチェックすべきである。また、検討中の案がポートフォリオと整合性を保っていることを担保すべきだ。たとえば、あるかたまった開発研究に関して複数の企業に分散して委託するよりも、単一の企業と開発契約を結ぶほうがおそらく理にかなっている。同様に、相乗効果を最大化し、対立を最小化するために、ライセンス供与や購入の決定を見直す必要もある。ポートフォリオ全体を見直すことで、戦略的にレバレッジすべき領域を見つけることができる。また、多くのライセンス供与や部品調達の契約は、もっと複雑な戦略的パートナーシップや事業関係を築くためのステップとなる。この話題の詳細については、本章次節と次章で扱う。たとえ短期的にこのような事業関係を築くつもりがなくても、将来どんなパートナーシップを築くかに応じて外部委託を決定するのは合理的だ。

最後に、技術の相対的な戦略的重要性は時とともに変化するので、市場・競合企業・技術に関する新しい情報を考慮して、ポートフォリオを定期的に再考し、見直すことが必要である。IBMとマイクロソフトの関係がよい教訓だ。コンピュータ・ハードウエア会社を自認するIBMは、パーソナルコンピュータを大型汎用コンピュータ事業の周辺的なニッチ市場とみなし、何も気にせずに基本ソフトの開発をマイクロソフトに委託した。結果的に、これは不幸な意思決定となった。パソコンの成長は、ハードウエアからソフトウエアへの価値の転換と相まって、マイクロソフトの大躍進を許した。一方、IBMは、ロータスやその他企業の買収によってソフトウエアに参入するまで、勢いを失ってしまった。

外部委託の決定は、将来の生き残りにとって重要なため、本社レベルで行うべきだ。外部委託を行うなら、IBMのような間違いをする危険性がある。だが、外部委託を行わないなら、資源をあまりに分散しすぎ、事業を弱体化させる危険性がある。このような状況では、行動しないより行動するほうがましであり、あなたにできることはリスクを確実に理解し、管理することだけだ。

外部委託決定のさまざまな側面を考慮して、最も適切な委託方法を選ぶことが重要だ。前に述べたように、さまざまな外部委託の選択肢が利用できるが、それぞれが外部への依存度や事業にとっての価値において異なっている。4つの主な選択肢を開発への関与度合いと相互依存関係が増えていく順に並べると次のようになる。

- 技術開発の契約
- 技術の購入／ライセンス
- 技術開発供給者とのリスク分担
- 提携と合弁事業

●———技術開発の契約

　これは相互依存性が低いので最も管理を必要としない。経営者は何が必要かを伝え、開発受託者は時間とコストの目標を伝える。成果物は特定の顧客の要求に向けられたものであり、以下のような形態をとる。

- フィージビリティ・スタディのレポート
- 実験結果
- 原則を裏づける証拠
- 試作品
- 製造機械

　契約には所要時間、期待されるコスト、成果物を提示すべきである。契約がすべてを明記していても、厄介な問題は起こり得る。
　第一に、目標の定義は重要である。いくつかの属性（たとえば、サイズ、重さ、感度、解像度、再現性、温度許容度）をもつ新しいセンサーがほしいなら、ほしいものすべてが手に入るとは限らないことを最初から認めるべきである。技術開発は本質的に不確実であり、委託契約を結ぶことが必ずしも成功の可能性を高めることにはならない。ただし、譲歩のポイントがもっとも問題にならないところであることは確かめておくべきだ。これは、受託者はあなたが「何を」

求めているかだけでなく、「なぜ」求めているかをも理解しなければならないということを意味する。

　これを確認するためには、契約の早い段階で、あなたの技術に対する要求だけでなく、その技術が利用されるビジネスニーズについても詳細に説明しておく必要がある。技術が開発されたらそれで何をするつもりなのか、最初にじっくり考えておく必要がある。もし受託者が新しいセンサーを開発したら、それを自社の生産工場で作れるようにすべきである。さらに進んだ技術開発を望むなら、導入される技術に、十分改良の余地があるようにする必要がある。研究が進んでいるときは、関わり方はもっと断続的になるはずだ。これは微妙なバランスを要する行為である。関わりが少なすぎれば、プロジェクトはあなたの要求からそれるかもしれない。多すぎれば、あなた自身の技術的先入観を押しつけて、受託者の創造性を抑えてしまうかもしれない。

　誰が知的財産を所有するかについては、最初に同意することが重要だ。通常、あなたのために開発された知的財産は何であれ、顧客であるあなたが所有することを主張できるが、それでも柔軟性のある解釈を許す必要がある。そもそもあなたがこの受託者を選んだのは、その業者が他社のために働く間に開発された専門的技術を持っているからである。結局、信頼と倫理の問題なのだ。あなたのために働くよりも、むしろ、あなたとともに働く受託者のほうが、あなたの事業にとって本当に価値のある技術をもたらしてくれるだろう。

●──技術の購入またはライセンス供与

　購入とライセンス供与はきわめて明快なプロセスだ。何が利用できるかを検討し、購入するかしないかを決定し、それから価格を交渉する。あなたが検討しているものが、手に入るはずだ。だが実際には、技術の販売やライセンス契約を成功させるためには、相互関係と信頼とを必要とする。技術が手軽にパッケージ化されていることはめったにない。それどころか、技術は図面、書類、経験、ノウハウなどの組み合わせだ。開発契約の成功は、サプライヤーやライセンサーがあなたの希望通りにカスタムできるように、あなたがその技術を望む理由を本当に理解しているかどうかにかかっている。パッケージ化されたソフトウエアの形でエンジニアリング設計技術を提供しているコンピュータ会社

は、ソフトウエアだけでなく、研修、緊急電話対応、ユーザークラブなどのサポート・ネットワーク全体も抜かりなく提供している。理由は単純である。コンピュータ支援設計ソフトウエアを最大限に利用するために知らなければならないことは、複雑すぎて書き留められないばかりでなく、絶えず進化しているからだ。

精錬技術のライセンスを発展途上国に提供しているアルミニウム会社は、さらに一歩進めてエンジニアと設計者のチームを数年間現地に出向させ、ライセンスが十分に理解され、ノウハウが正確に導入されるようにしている。

開発契約もさることながら、ライセンサーとライセンシーの相互依存関係の線引きは、あなたが対価相応の成果物を受け取ろうが、受け取るまいが、非常に難しい問題だ。取引と同じくらい多様な料金体系があるとはいえ、技術自体よりも成果、すなわち事業利用された製品や生産技術に対して支払いをすることは、例外というよりむしろ普通のことだ。この点で専門家のアドバイスが必要になる。

相互依存はまた、契約終了の判断を難しくする。ローバー・グループは1960年代にビュイック社から買ったV8エンジンの設計をまだ使っている。しかしながら、設計の細部はかなり変化し、ローバー社の30年間のエンジニアリング技術の開発がエンジンを劇的に改良した。今日のエンジンはビュイックのエンジンと同じ構造かもしれないが、今やビュイックのエンジンではなくローバーのエンジンだ。このような状況は珍しくもないが、興味深い疑問をもたらす。ローバーは現在、ビュイック／ゼネラルモーターズの競合企業にエンジン技術の使用を許可できるのか、あるいはビュイックにも許可できるのか？ ゼネラルモーターズはローバーの競合企業の一つに設計を再認可できるのか？ 実際には、どの技術や設計が論議されているのか？ 基本的な当初の設計に組み込まれた技術が対象なのか、それともローバーが行った無数の改良に組み込まれた技術が対象なのか？ 設計者と改良者のどちらがより大きく技術や製品の成功に貢献したのかが必ずしも明らかではないため、この論議の解決は難しい。技術の販売とライセンス契約はこのような問題を包括的に取り上げ、期限満了後に売り手と買い手が技術をどのように使いつづけるかについて、明確な定義と期限の両方を設定する必要がある。

図表 6.3　DRAM 世代の過去とこれからのライフサイクル

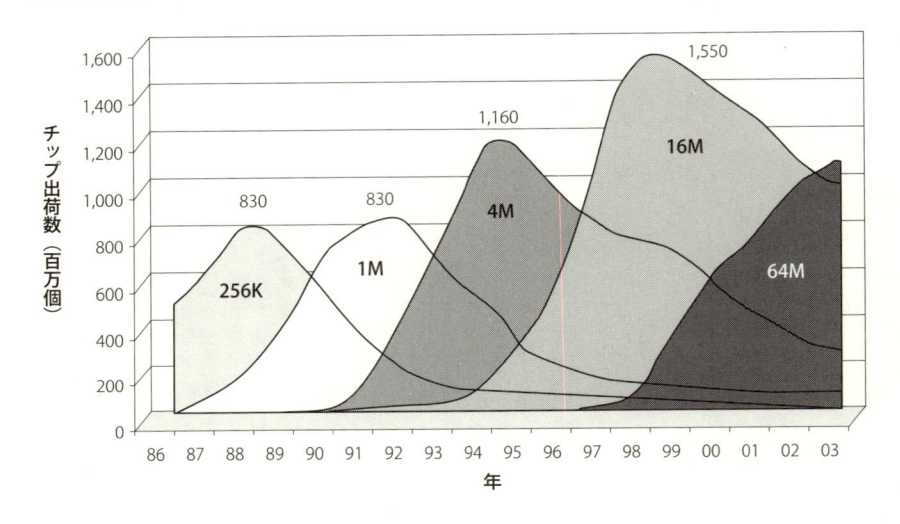

縦軸：チップ出荷数（百万個）
横軸：年

ピーク値：256K: 830、1M: 830、4M: 1,160、16M: 1,550、64M 表示あり

出典：インスタット、ジーメンス（6.4 参照）

● ── **技術開発のリスク分担**

　次の選択肢は、技術サプライヤーとのリスクの分担である。技術獲得のために部品・製品・生産機械を技術サプライヤーに依存すると、巨大な利益をもたらし得るが、知的財産所有権と競争関係の問題を複雑化させる。クライスラー社におけるリバティ★の先進的な自動車開発プログラムは、利益とこの問題の両方を明らかにしている（文献 6.3）。リバティは、クライスラーが自動車製造でこれから先 10 年間の技術を開発する包括的プログラムだ。サプライヤーとの密接な関係と技術への貢献は目覚ましい。サプライヤーのおよそ 600 人のエンジニアがこの開発プログラムで働いているが、クライスラー自体のエンジニアはわずか 70 人である。効果は明らかだ。両者が密接に働くことで開発に要する時間が劇的に減り、部品と組立部品を適合させる能力がさらに促進されたことで、製品性能が良くなっている。しかし、関係者全員がこの開発に積

★　日本ではジープチェロキーというブランドで販売されているSUV。

極的に関与しているため、誰がどの技術の「所有者」なのかはもはや明らかではない。これが問題にならないためには、サプライヤーと顧客の関係が全体的に変化しなければならない。もはや既定の部品の仕様を一番安く提供するからという理由でサプライヤーを選ぶべきではない。その代わりに、サプライヤーが顧客の企業とともに最適な解決策を開発し、技術投資に報いる知識を生み出せるような、長期的な関係が必要とされる。

このアプローチは、従来型の調達から変化することが要求される。多くの大手製造会社は、価格と定期的な競争再入札によって管理された、一定の距離を置いた関係で調達をこれまで行ってきた。長期的関係の原則への変更は、企業にとってすぐには適応しづらいものだ。しかし、事業で使われる技術の数が増加し、技術の複雑さや開発費がエスカレートしていくにつれ、技術を基盤とする事業の多くにとって、長期的関係の原則がますます重要となっていくにちがいない。

● 提携と合弁事業

密接な提携と合弁事業は、論理的な次のステップである。提携には、特定の問題解決のための一時的な関係から、複合的な提携や合弁事業を経て完全な買収までに及ぶさまざまな種類があり得る。

一時的な提携は、通常、二つ以上の企業にとって重要な技術の開発に利用される。東芝とIBMとシーメンスは、1メガバイトのDRAMチップの開発のために、一時的提携を行った（文献6.4）。この提携の主たる目的は、時間と資金を節約し、スキルと製造設備を共有することだった。この3社のすべてが直面した問題は、DRAMの技術革新のスピードとコストだった。新世代のDRAMは、3年ごとに開発され、商業的寿命はわずか4年である（図表6.3）。

次世代が生まれるたびに開発コストが高くなり、新たな資本投入が必要となるため、提携は唯一の前進方法だった。シーメンスはこれを全体的に見て、次世代製品用の新工場のコストが、会社のDRAM年間売上にほぼ等しいことに気付いた。結果シーメンスが他社に提携を求めたのも当然である。競合企業との提携や各国文化の強固な壁を越えた提携の経営課題については、本章の後半で議論する。

同様の提携の多くがそうだが、この場合も、参加企業の強みと規模は、それ以外の競合企業を従わせる結果となり、デファクト・スタンダードを獲得することができた。参加企業の事業がお互いに重複する場合は、提携事業をそれ以外の事業から注意深く隔てておく必要がある。この例では、東芝、シーメンス、IBMはメモリーチップの開発では密接な提携を行っても、他の活動領域では激しい競争を行っている。

　複合的な提携は、異なる部門で営業する2社が資金を出し合い、相乗効果を生み出すために役立つ。アップルとソニーの提携がその代表例である。アップルはコンピュータのハードウエアとソフトウエアで高い能力をもつが、小型ノートパソコンを作るための小型化技術に乏しい。ソニーは小型化と製造技術に強いが、ハードウエアとソフトウエアの技術に欠けている。2社が一緒になれば強い力になる。

　複合的な提携は、第3章で述べたように、市場ポジションに強みをもつ企業が、その弱みである成長技術にアクセスするために利用することが多い。車体パネルでのプラスチック利用を探求するために自動車会社とプラスチック会社が行うさまざまな提携は、この実例である。複合的な提携は、一時的な提携よりも長期的で範囲がひろい。光コンピュータ・データ・デバイス、マルチメディア・システムやその他の関連技術分野に取り組むアップルとソニーの事例のように、さらなる協力につながる場合も多い。これはより密接な提携や最終的に合併の前触れになることもあり得る。

　合弁事業は、複合的な提携の変形である。協力する分野が十分に確定しており、別の法人組織を作る価値があるほど十分に長期的な提携である。光ファイバーを生み出したBICC社[★1]とコーニング社[★2]の合弁事業が成功例の一つだ。BICC社はヨーロッパ有数の電力・電気通信用銅ケーブルのメーカーだが、光ファイバーを作るのに必要なガラス技術がなかった。コーニング社はガラス・ファイバー技術をもっていたが、電気通信産業の知識に欠けていた。2社は一緒に光ファイバー・リミテッドを作り、同社はヨーロッパ最大の光学ガラスファイバー・メーカーになった。

★1 イギリスの大手電線メーカー
★2 ニューヨーク州コーニングにある世界有数の特殊ガラス製品メーカー

最後に、買収は、技術を獲得し、他社からその技術を防衛するための最も確実な方法である。残念なことに、買収には特有の問題がある。買収後の2社の統合は時間がかかり、難しいこともあるのだ。このような問題が起きるのは、技術自体が買収を正当化する十分な理由になることがほとんどないからである。カナダのノーザンテレコム社がSTC社を買収したのは、STC社の疑う余地のない技術的知見のためではなく、主としてヨーロッパでの地盤を手に入れるためだった。技術には価値があるが、引き出して有効活用するためには時間と労力がかかるため、技術自体が買収を十分に正当化できる理由にはならない。技術が買収を正当化する十分な理由になる唯一の機会は、買収対象がすぐに吸収合併できるような特定分野に集中した小企業の場合である。このような例には、ノースウエスト水道社によるインペリアル化学工業会社の小規模なセラミック膜フィルター・メーカーの買収などがある。

提携の範囲が一時的提携から買収へと進むにつれて、リスクは高まり、柔軟性は減少していくが、マネジメントの複雑さは、最初は高く、次第に低下する（図表6.4）。マネジメントが最も大変なのは中間のグループである。このグループは、サプライヤーとの関係のパターンが変化したり、一時的・集中的な提携に多くの時間を割かなければならない。しかし、事業の可能性は莫大かもしれない。

提携の性質や複雑さがどうであれ、二者間の関係は当事者双方のニーズを満たすとともに、共用のビジネス利益ももたらすべきである。サプライヤー関係において、供給サイドは確実に続く注文と引き換えに、技術と部品の安定供給を提供する。一時的あるいは複合的提携では、企業は技術・製品ノウハウと市場知識・市場アクセスを交換する。買収において、買収側は技術や技術者と引き換えに安全性、安定性、金銭を提供する。

効果的な技術開発と事業化の資源を集積する必要性にかられて、提携や相互依存関係が増加傾向にあるが、このことによって製造業の経済が成り立っている。この製造業の経済において、どの企業もサプライヤー、顧客、契約開発者、ライセンサー、ライセンシーなどの無数の関係がからむ複雑なネットワークの一部だ。すべてがうまくいけば、このような提携ネットワークは、莫大な利益を生む。しかし、ネットワークは非常に壊れやすい。すべてが不安定な状態に

図表 6.4　提携のトレード・オフ

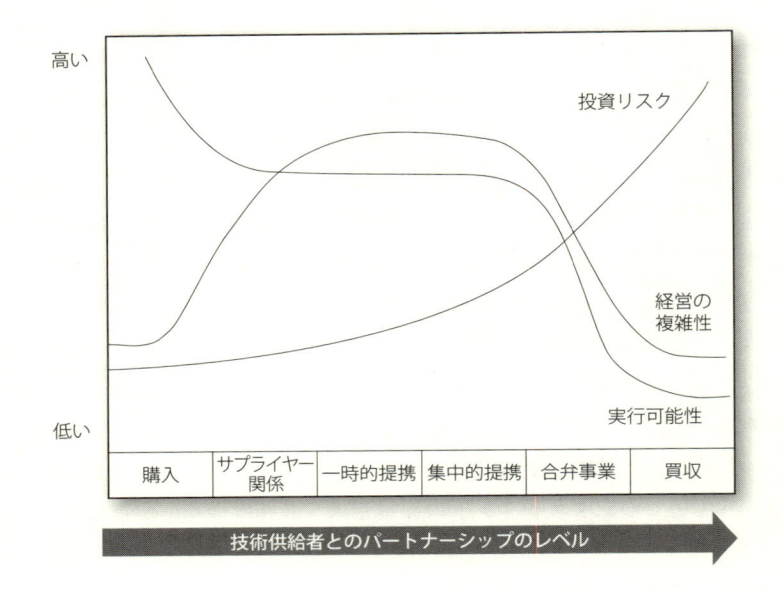

```
高い

                                       投資リスク


                                                    経営の
                                                    複雑性

                                               実行可能性
低い
       │ 購入 │サプライヤー│一時的提携│集中的提携│合弁事業│ 買収 │
       │     │  関係    │        │        │      │      │

       ────────────────────────────────────────▶
              技術供給者とのパートナーシップのレベル
```

出典：アーサー・D・リトル

ある相互依存関係の連続に頼っているからだ。パートナーシップや提携のどれか一つが破綻すると、結果として市場ニーズや競争ポジションが変わり、パートナーシップのニーズが変わり、ドミノ倒しのようにネットワークの至る所で関係が崩壊する可能性もある。

　この壊れやすさのために、企業は成功のチャンスを最大化するための対策を講じなければならない。このような経営的・戦略的問題は、あまりにも重大なので調達部門や買収チームに任せることはできない。代わりに、経営陣が時間と資源を投じて以下を決定すべきである。

- どの技術を、誰に、なぜ、委託するか
- どの形の提携が最も適切か
- 提携の範囲と時間に関して限界はどこにあるか
- どんな終了オプションや最悪の場合の代案がパートナー間で許されるか

こうした意思決定を行い、すべての関係者にはっきりと知らせて初めて、技術の外部委託を効果的に管理できるだろう。

長期的な協力

これまで本章は、外部委託を利用して明確に限定された技術的ニーズを供給することに焦点を合わせてきた。すなわち、戦略的インパクトの低い基盤技術と、自社開発するには費用と時間がかかりすぎる戦略技術と途上技術である。しかし、技術開発の第三のカテゴリーである萌芽技術の長期的な開発もしばしば外部委託される。各技術のコストは安いことが多いが、技術の選択の幅が広く、相対的なメリットがあいまいで、タイムスケールが長いからである。このような開発はしばしば経営者に対して突拍子もない時間と注力を要求しているように見える。

この状況では、外部委託は大いに意味をなすようだ。もし30の長期的で面白い技術開発があるなら、30の大学プロジェクトを設け、プロジェクトの監督と調整を行うために社内に大学連絡責任者を一人置くとよい。興味深いが利益の不確かな周辺技術を研究する政府後援の研究チームに5万ポンドの寄付を求められたら、寄付をしない理由があるだろうか？ 政府の研究開発基金から利益を得るチャンスがあれば、技術が戦略的に重要でなくても、利用しない理由があるだろうか？ ヨーロッパの一流企業の多くがこのアプローチに従っている。おそらく驚くことではないが、成果は大量の研究報告書、いくつかの特許、偶発的な大発見、あるいは時間と資金の浪費である。

不幸にも、企業が労力を無駄にしたことに気が付くと、しばしば過剰反応を起こし、すべての長期的活動を中止して短期的な開発に集中してしまう。これは無理からぬことだが、近視眼的な反応だ。

萌芽技術の長期的研究開発の外部委託は、注意して管理すれば、直接的、間接的に大いに有益なものに「なり得る」。

直接的有益性には以下が含まれる。

- 萌芽技術を研究する科学者とエンジニアがより明確に焦点を合わせることで、本質的な成果を得るチャンスが増す。
- 他者がもつ補完的な技術スキルや専門設備へのアクセス。その結果として学習時間が短縮され、本質的な成果を得る公算が増える。
- 外部領域（競合企業、大学、他業種）での関連技術活動の公開、またしても本質的な成果を得るチャンスが増大する。
- 分担によるコスト抑制、適切な場合には政府の直接的支援。
- 蓄積された知識と信頼性を基に標準化の討議により大きな影響を及ぼすことができる。

間接的有益性には以下が含まれる。

- 新卒社員候補の優秀な学生に優先的にアクセスできる。
- サプライヤー、顧客、学生との信頼関係が深まる。
- ロビー活動の力が増す。
- 自社開発スタッフが外部の技術課題にいっそう取り組むようになる。

　総合すれば、これらの有益性は追求する価値があり、それほど困難もなく達成できる。そのために必要なのは、外部委託した技術活動からの成果物が、投入時間の総量にそのまま比例するということを経営陣が認めることだけである。
　企業が部分的、あるいは全面的にスポンサーになった大学研究生の簡単な例を考察してみよう。研究生とその指導教官は二人とも明確な目的をもっている。それは、論文を次々と発表し、研究生が学位をとることだ。
　このような目的は企業のニーズとは無関係である。企業ニーズを確実に満たすための唯一の方法は、最初にニーズを明確にし、彼らに無視されないようにずっと圧力をかけることである。資金提供者として企業はそのような圧力をかける立場にあるから、この地位を利用してニーズを明確化できる。なぜ研究資金を出すつもりなのか、研究から何を引き出したいのか、それをどのように使いたいのかを、最初から明確にし、これらをすべて学生と指導教官に説明する必要がある。それから、すべてを必ず実現させるために圧力をかけつづけねば

ならない。あなたの説明内容やその目的をさらに学生に理解させる方法を考えることも大切だ。学生を大学から連れ出し、数週間か数カ月、社内の研究室に入れる。会社の重要な研究者のひとりを短期間、大学に送り込んで学生と過ごさせる。学生に会社の研究スタッフに向けたセミナーを開催してもらう。これらのどれも両者の理解を生み、相互信頼と責任を築くのに役立つだろう。

　もっと複雑な長期的技術委託の構造はさらに厄介な問題をもたらす。複数の企業による研究開発への資金提供は、目的をいっそう曖昧にする。セラミック・エンジンの研究プロジェクトの場合、スポンサーのエンジン設計者はエンジン設計に関する指導を期待し、スポンサーの燃料会社はどんな添加剤が必要かを知りたがり、窯業製品メーカーは原料の市場を知りたがる。その結果、スポンサー間の目的の調整が必要になり、プロジェクトの目的は変化するだろう。大学の研究活動への資金援助に関しては、メッセージは明らかである。あなた自身の目的が何かを正確に知っていなければ、目的を達成できそうもないということだ。

競合企業との共同開発

　長期的な技術の外部委託の最も思い切ったアプローチは、同じ業界の直接的な競合企業と連携することである。一見したところ、これは実にばかげた行為に見える。しかしながら、ますます多くの企業が冒険的な共同研究を行い、利益を見出すようになっている。競合企業との技術協力を促進する主な要因には以下の三つがある。

①**開発費とリスクを分担できる**。ペシネー社はアルミニウム製錬技術を開発し、それを世界中の精錬業者に売っている。ごく少数の企業しか自社でこの技術を開発する余裕がないので、多くの企業にとって技術の購入は理にかなっている。ペシネー社にしても、ライセンス協定によって他社とコストを分担しなければ技術開発を続けることができない。さらに、顧客基盤が広がることで、より幅広い技術的フィードバックが可能になる。結果と

して、削減されたコストで、より迅速でよりリスクの低い技術開発を行うことができる。

②**協力し合うある競合企業の集団が新しい業界標準を作り出して、他社を引き離すことができる。** 理論的には、これは反トラスト法に違反する行為である。しかし実際には、これが共同開発の唯一の理由になることはめったになく、問題を起こすほど明確であることもほとんどない。マイクロエレクトロニクス、デジタルテレビ、マルチメディア、電気通信に関する現在の共同開発の大部分が、このカテゴリーに分類される。

③**共同開発は、非競争的な技術問題に取り組む場合、最もコスト効率の高い方法であり、ある業界が別の業界と効果的に競争するのを可能にする。** この例として、電池製造業の新しいリサイクル工程を研究する共同事業や、世界の鉄道会社の信頼性を向上し、運転コストを削減する新技術に関する共同研究がある。

直接的な競合企業との共同事業では、このような取り決めが確実にパートナー全員の利益になるようにすることが難しい。共同が簡単な外部委託の取り決めであろうと、本格的な合弁事業であろうと、この問題は生じる。これは、ゲーム理論のいう典型的な「囚人のジレンマ」だ。一つの監房にいる二人の囚人が司法取引に応じる。もし二人がお互いを信用できれば、両者とも勝つ。信用できなければ、ひとりは勝つが、ひとりは負ける。技術提携に置き換えても、同じようなことが言える。あなたが真心をこめて協力しても、競合企業が立場を悪用しようとすれば、あなたは負け、相手が勝つ。もしあなたがだまされやすい競合企業につけ込めば、立場は逆転する。もしどちらも相手を信頼しなければ、どちらも負ける。しかし、もし両方とも相手を信頼し、取り決めを果たせば、両方とも見事に勝つことができる（図表6.5）。

それでは、どうすればこの信頼の雰囲気をもたらし、成功のチャンスを高めることができるのだろうか？　新技術に関する投機的な長期研究は、本質的にどうしてもリスクが高いため、付随する事業リスクを最小化するには身を粉に

図表6.5 「囚人のジレンマ」

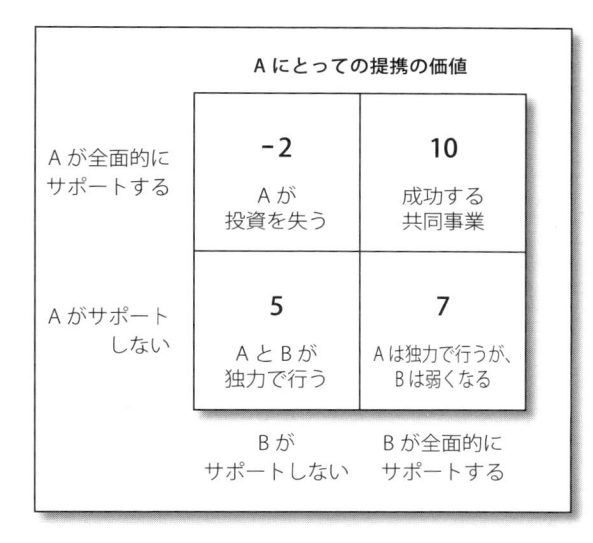

	Aにとっての提携の価値	
Aが全面的にサポートする	−2 Aが投資を失う	10 成功する共同事業
Aがサポートしない	5 AとBが独力で行う	7 Aは独力で行うが、Bは弱くなる
	Bがサポートしない	Bが全面的にサポートする

AとBは0か2を投資する
報酬は

- もう一方のパートナーがサポートしなければ−2
- 独力で行えばそれぞれが5
- 合同で行えばそれぞれが10

出典：アーサー・D・リトル

して働かなければならない。『ビジネス・インターナショナル』が発表した提携に役立つ事柄に関する報告と、アーサー・D・リトルの共同研究プロジェクトに関する調査から、協力関係を成功に導く五つの重要なアクションが明らかである。

①**相性の良いパートナーを選ぶ**。サプライヤーやパートナーを選ぶには十分な注意が必要である。経験によると、参加者が同じように強い意欲と影響力を共有するとき、提携や共同事業はうまくいく。適合性があるかどうかは、以下のことからわかる。
- 規模と地理的範囲。
- 複雑性（研究開発費、資本集約度、製品領域など）。
- 社風の類似性（経営スタイル、会計方針、倫理観など）。
- 共通の戦略目標（たとえば、攻撃的⇔防御的よりも攻撃的⇔攻撃的）。

これらはすべて共通感覚である。あなたの会社がシーメンスのような大手多

国籍企業なら、小さなベンチャー企業よりも同様の大手多国籍企業と一緒のほうが働き易いだろう。あなたの会社の社員は相手先企業の社員と「ビッグカンパニー」の社風を共有できるだろうし、誰もが委員会を開いたり、正式文書によって活動したり、政治的に複雑な環境で意思決定を行ったりするのに満足するだろう。残念ながら、多くの技術協力はこの鋳型にあてはまらない。前述の理由から、大手企業がしばしば小さなベンチャー企業の技術的知識をうまく利用するためにタイアップしなければならないのが現実である。このような場合には、内在する適合性は低い。規模、複雑さ、社風、経営上の習慣など、多くの分野で不一致がある。戦略目標さえ異なるかもしれない。したがって、このような技術協力の多くが期待外れに終わるのも当然である。

　文書による十分な裏付けのある例の一つに、アナマティック（Anamartic）、タンデム、富士通の提携がある（文献6.6）。アナマティックは、新しいシリコン・ウエハー技術をもつイギリスの小さな新興企業だった。この会社は低レベルの技術開発におよそ10年を費やした後で、1980年代半ばに、最初はタンデム・コンピュータから、次に富士通から後押しを得て、より商用化に向けた開発に移ろうとした。ここで、パートナー間に問題が生じはじめ、6年にわたる論争の後、アナマティックは1993年に廃業する。後から考えると、この提携が失敗しそうなのは簡単にわかることだった。アナマティックは自社技術を開発し、事業を起こそうとしていた。タンデムは自社製品に利用できる技術を求めており、アナマティックに圧力をかけてタンデムの求める製品を開発させ、タンデムのニーズに沿った管理を押しつけようとした。富士通は技術的ノウハウを獲得し、社内に取り入れようとした。このように相反する目標を持てば、提携が最終的に破綻しても驚くにはあたらない。

　このような問題を避けるためには、パートナーの間に非常に高いレベルのつながりを築くことだ。最高責任者や他の重役が個人レベルで互いに知り合えば、戦略的方針に関する意見の相違があっても、提携はもっと存続しそうである。

　②**信頼を築く**。過去の提携や共同開発のどれをとってみても、成功をもたらす唯一にして最も重要な要因は信頼であることを示している。信頼は二つの理由で重要だ。第一に、下流部門で生じるかもしれない問題をすべて予想するこ

とは決してできない。それでも、十分に信頼感があれば、パートナーは論争なしに迅速に問題を解決するだろう。第二に、論争が起きても、経営幹部間の信頼があれば、公の議論ができる場を作り出し、論争を解決するチャンスをずっと増やすことができる。そのためには、パートナーは互いをよく知り、理解し合うために努力を払うべきである。これはすべてのレベルに当てはまることだ。シーメンス、IBM、東芝の事例では、プロジェクトの関係者全員がパートナーの文化への理解を深めるために集中的な異文化講座を受講した。さらにスタッフは意図的にさまざまな場所で一緒になり、交流するように奨励された。プロジェクト進行中も、パートナーは継続的サポートを続け、チームが協力的な雰囲気を醸成するように指導した。パートナーは最初から戦略目標を明確にしていたが、プロジェクトの進行に応じてそれがどのように変化していくかを見守り、戦略目標を見直す努力も行った。

初期段階で問題を予想することでも信頼はもたらされる。特に、成功するパートナーシップはすべて、訴訟よりも信頼とフェアプレイと合理性の概念に基づいた単純な紛争解決策をもっている。また、給与ベースや技能別のスタッフの評価額の事前の合意や、独自設備と試験装置の価値に関する合意とともに、共通の原価計算制度も重要だ。

③優秀な調整責任者（コラボレーション・マネジャー）を選ぶ。どんな研究開発プロジェクトにとっても成功の重要要件は、強力なスポンサーとプロジェクト責任者である。トップの責任と説明責任を明確にしなければ、問題が起きるとプロジェクトはつぶれてしまう。共同プロジェクトや提携には複数のスポンサーがいるが、彼らが自分の会社の利益よりもプロジェクトの利益を進んで優先しない限り、紛争を招く可能性がある。対照的に、プロジェクト責任者は本質的に一人であり、パートナーの会社の社員と働くときには必ず困難に直面する。すべてのスポンサーのニーズにいちいち対応できないからだ。この問題の模範解答はない。成功した事例を見ると、その成功がプロジェクト責任者や調整責任者の能力のおかげだったことがわかっている。こうした人材は会社の境界を超えた信頼と権限を喜んで分担する考え方を兼ね備えていなければならない。この役割において優れた人材に代わるものは何もない。いったん任命し

たら、前に述べたように、別々のパートナー企業の社風を希釈化して会社を横断する働き方を促進し、サポートすることによって、その人材の仕事はもっと進めやすくなるだろう。

④**現実的になる**。資金調達と知的財産所有権に関しては現実的になる必要がある。再び信頼と開放性の原則に従い、パートナーは単純で公正な資金調達のルール（最も簡単な方法は同額の資金拠出）と、単純で強固な知的財産権のルール（最も紛争のリスクが低いのは同等の所有権を共有すること）に同意する必要がある。同様に、将来に備え、提携の解消方法を考えておく必要もある。ここでの目標は事態を単純にすることだ。誰がどの資産を保持するか、知的財産に関してパートナーが今後どの権利をもつかを決めて、可能な撤収シナリオを計画する。提携を突然解消しないという約束があっても、複雑な事情で白紙に戻らないとも限らない。また、敵対的買収のような不測の事態に備え、前もってどんな行動をとるかを決めておくべきである。

⑤**共通の文化に投資する**。前に述べたように、信頼と共通の考えを促進するものは何でも、成功のチャンスを大きく増やす。最初のステップは、共通の言語と専門用語を確立することである。これは些細なことに思えるが、そうではない。プロジェクト、部門、重要プロセスのような言葉が何を意味するかを正確に定義する。言葉の意味の混同は、わずかな不一致が次第にあからさまな対立に拡大する格好の餌食となる。共通のグランドルールを決めたら、次のステップは研究者にさまざまな企業や国の慣行や文化を教えることである。チームのアイデンティティーや文化を作るための、チーム・ビルディングのテクニックのようなソフトな活動も価値がありそうだ。最後に、可能な限りの手段を使って縦横両方のコミュニケーションを促進する。共同事業の初期段階では、コストのかからない効率的なEメールやテレビ電話会議に切り替える前に、対面での会議や仕事場から離れた付き合いを頻繁に行って信頼関係を築くことが重要だ。

公共分野の資金調達

　政府の財源は、新技術の共同研究や外部委託を正当化するために利用できることがある。これはさらに、費用負担を緩和するのに役立つが、目標や柔軟性や時間に制約を課す。そもそも外部委託や共同研究を検討する理由は、プロジェクトのが長期にわたるためであり、コストはあまり重要な問題ではないことを思い出す必要がある。それを考えれば、良い出発点は、政府の資金を受けるために、とにかくプロジェクトに着手することだろう。これは政府の目的に反するが、この反対――資金調達が可能になってからプロジェクトに着手する――は見当違いである。金銭は希少な資源ではないが、技術を事業に移転するための時間と資源は希少だ。重要ではない技術にそれらを浪費するのは無意味である。

　政府の観点からすれば、企業が最も事業的に意味がありそうな技術プロジェクトに集中することは、政府の研究活動、特に特定の技術分野への資金援助が無駄使いであることを示唆している。たいていの場合、おそらくそうである。政府は勝者を選び、彼らに産業を任せるつもりではない。政府がそんなことを試みれば、著しい失敗に終わることは、イギリスのアルヴィプログラムやシステムXテレコミュニケーション・システム、またアメリカのマイクロエレクトロニクス合弁企業のMCC社の問題によっても明らかである（文献6.7）。特に政府の干渉がないなら、業界のほうが勝者を選ぶのに都合の良い立場にある。技術開発の援助における政府の役割は、情報のつながりとコミュニケーションを促すことであり、特に産学間のコミュニケーションを活発にすること、そして、産業界が外部委託研究へ投資するのを手助けすることに制限すべきである。

　政府の産業や財政の方針を議論し、政府による産業への技術開発支援の最善の方法を提言するのは、本書の目的ではない。しかし、政府には産業界の技術開発投資を奨励する役割があること、そしてその技術開発が結果として商業的利益をもたらすことは明らかだ。また、このような奨励を与えるためには、税制や助成金の仕組みは何でも利用すべきであることも明らかだ。

事業成果の創出

　萌芽技術の外部委託において重要な最後の問題は、成果を確実に事業化する方法である。本質的に、萌芽技術は明確な製品用途がなく、用途の可能性もはっきりしない。その結果として、スポンサー付きの大学の研究活動の成果として提出された博士論文が、会社の研究開発責任者の書棚で埃をかぶるだけというリスクが高い。たとえ研究が失敗しても、この失敗の知識は役に立つはずである。技術開発のこの段階では、何がうまくいかなかったかを知ることは、何がうまくいったかを知るのと同じくらい価値があるからだ。

　自社開発への移転を成功させる積極的な対策を講じることで、外部委託した萌芽技術の研究開発が無駄になるリスクを最小化することができる。

- 獲得した成果を土台にしつつも明確な事業目標に焦点を絞った自社開発プロジェクトという形で、技術の明確な「拠り所」を用意する。
- 委託先の研究者が会社の研究開発スタッフと密接に連絡を取り、論文や研究報告に書かれていないことをすべて伝えることができるように、引き継ぎ期間を設ける。
- 外部委託した萌芽技術プロジェクトと、その後の集中的な開発プロジェクトとの間のタイムラグを最小化し、情報がなくなったり忘れられたりしないようにし、推進力を保つように試みる。

　期待する成果を得るためには、投資を正しいものに集中させ、十分なマネジメントを行う必要があり、そのために使う時間と経営リソースを用意しておくことが何よりも大切である。

第7章

技術の販売

SELLING TECHNOLOGY

　前章では、技術を購入する理由を探求し、企業はどの種類の技術を購入したいのか、どんな購入の取り決めが適切であるのかを論じた。本章では、売り手の側から技術移転の問題を検討し、どんな事情で企業が技術を売りたがるのかを考察する。また、幅広いビジネス経験に基づいたガイドラインを示す。

- そもそもなぜ技術の販売を検討しなければならないのか？
- 事情が違っても、技術の販売を考えるだろうか？
- 誰に、どんな目的をもって売るのか？
- 販売過程をどのように組織し、マネジメントできるか？
- どのようにして技術に価格をつけるのか？

　本章の資料の多くは、企業がどのように技術を販売するのかに関して1990年にアーサー・D・リトルが行った調査の結果を反映している。この調査では、ヨーロッパの大手企業9社の上級管理者に、技術の販売とライセンス供与をどのようにマネジメントしたか詳細な説明を求めた。彼らの回答は意外にも一致しており、すべての企業が共通のアプローチに向かって動いたことがわかった。この分野に関する異なる別の調査も、技術の販売が企業経営のより重要な局面になったとはいえ、このアプローチが変わっていないことを示している。

なぜ技術を売るのか？

　技術を売りたがる理由は、大きく二つのカテゴリーに分類される。消極的な理由と積極的な理由だ。

●──消極的な販売

　最も明らかな一番目の消極的理由は、自社の事業には必要がない予備の技術を持っていることである。戦略の方向修正の結果であれ、付帯的な開発の成果であれ、コア事業の周辺技術は典型的な販売対象だ。たとえば、第4章で述べたアプローチに従い、研究開発プロジェクトの焦点を戦略的優先順位に合わせて絞った結果かもしれない。大手アルミメーカーが、アルミニウムの新しい利用法を開発するために研究所を設置したとする。研究所が有益な川下製品の一群と関連製造工程を開発したころには、会社の戦略は変わり、中核的な製錬事業に集中することになった。その時点において研究開発プロジェクトの有益な成果を捨て去るのはもったいないので、それをコア技術にできる企業に売るのは、論理的な答えに思えた。

　この状況は、もっと急激な事業戦略の変更によって生じることもある。TIグループとソーンEMI社両方の中央研究所は、親グループが1980年代半ばに子会社の耐久消費財メーカーを売却したとき、自分たちで家電技術の代わりになる顧客を探さねばならないことに気付いた。ソーンEMI社の場合は、問題が特に深刻だった。同社はほぼすべての製造業を売却し、その代わりに音楽とレンタル業に重点的に取り組んだ。残された中央研究所は同研究所の技術基盤を活用して、他社から技術開発を受託した。

　一貫して厳密に焦点を絞っていても、主流の研究開発の成果として、求めていない技術が生まれることがある。研究開発は、特に長期のものは、本質的にどうしても成果が不確実である。ある製紙会社では、破れにくい紙の開発をめざした高強度パルプ繊維プロジェクトを通して、プラスチック強化に適したパルプ繊維を開発した。繊維強化プラスチックの製造はこの会社の事業ではなかったが、この技術を捨てるにはあまりにも価値があった。販売は明確な解決策のように思われた。EMI社は、1960年代にCTスキャン技術を開発したと

き、この道を選ぶべきだった。おそらく医療機器販売が得意な企業にこの技術を売ることができただろう。ところが実際に何が起きたかというと、EMI 社は、自社が精通していない分野に急速広範囲に進出して自滅し、ソーンに乗っ取られてしまった（文献 7.1）。

　技術の販売を考慮する二番目の消極的理由は、対象技術の開発をより得意とする企業に委託するためである。ロールスロイスのエンジンが良い例だ。ロールスロイスのコア事業は、航空宇宙産業向けと電力産業向けのジェットエンジンの設計と製造である。関連技術は、空気力学と熱力学の設計技術、燃焼のノウハウ、高温材料設計、応用エンジニアリングなどだ。中心事業ではないが、エンジン製造にとって重要なものは、さまざまな実験技術と測定技術だ。特に、ロールスロイスは、工作機械を正確にセットアップするプローブ技術と、振動パターンの遠隔計測に使うアコースティック・エミッション検出を開発した。ここで、会社は問題を抱えることになる。これらの技術をさらに開発するためのスキルや興味はなかったが、この開発からリターンを得たいとは思っていた。販売によってジレンマを解決できることは誰にでもわかる方法だった。そこで、ロールスロイスはこれらの技術を小さな計装器専門メーカーに販売し、自らは大口顧客として留まり事業の安定性と安全性を提供した。プローブ技術の分野では、ロールスロイスは事業安定性を提供する以上のことをした。買い手であるレニショウ社の特許侵害係争を支援し、米国大手の GTE 社のような企業を寄せ付けないようにした。さもなければ、特許は侵害されていただろう（文献 7.2）。友好的な大手企業によって安全性を確保されたため、小さな計測器メーカーは自社技術を開発し、新用途を見つけ、その用途に関する知見をさらに優れた製品の開発にフィードバックすることができた。今では、ロールスロイスは自社で開発した場合よりもずっと優れた製品を利用できるようになり、経営陣は新しい周辺技術事業を育てるというストレスから解放されている。

　技術を販売する三番目の消極的理由は、技術開発の財務的負担やその他の責任を軽減するためである。特に装置産業では、パイロット・プラントのコストは莫大になり得る。成果を他社に売ることで、技術をすべて手放さずにコストの一部を相手に負担してもらうことができる。専門施設についても同じことが言える。パーキンズ・ディーゼルエンジン・グループは、エンジンノイズを測定するため

の完全無響室といった素晴らしい試験設備をもっている。これらの施設とそれを使える専門家は、パーキンズ・テクノロジーを介して競合企業でさえも有料利用できる。開発支援を得るには他の方法もある。たとえば、ある企業が設計チーム全員を必要としているが、一年の半分は無駄なく過ごさせるほどプロジェクトがない場合、残りの半年間、チームを外部に貸し出すのは魅力的だ。

　四番目の消極的理由は、技術を販売すると相当な利益が見込まれる場合である。それが特に特許権使用料（ロイヤリティ）の支払いによってもたらされるなら、なおさらである。資金不足の研究開発責任者にとって、これは魅力的な選択肢に見えるだろう。

　消極的なアプローチは、誰かがほしがりそうなものが自社にあることに経営者が気づくことによって生じる。経営者は他社から収益をあげる方法を検討し、自分たちの抜け目のなさを喜ぶだろう。しかしながら、企業の観点から見れば、実態はかなり違っているように見える。いくつかのサクセスストーリーにもかかわらず、消極的な販売は危険なアプローチなのだ。技術の販売は困難で時間がかかる。販売後のサポートはコストがかかり、多大な時間を要する。さらに悪いことに、うまくいかなかった場合の損害は、財務面でも業界の評判や信用の面でも甚大である。

　次の例を考えてみよう。ヨーロッパの大手ポリマー・メーカーは、儲かりそうな製造技術の販売を現場レベルで決定した。販売はキャッシュをもたらし、外部に技術公開することでスタッフの育成に役立ち、競争意識を高めた。そこまではよかった。会社はまもなくプロセス・プラントの設計、建設、運転を受託する商売を始めるようになった。一事業部門の小さな部署がこの活動を管理していて、本社レベルでの管理はほとんどなかった。数年間はすべてがうまくいっているように見えたが、その後ほころびが生じはじめた。

- 有能な社員が一時的な外部契約の仕事のために何度も会社を離れるようになり、会社の業績が悪化していった。
- 正式なコスト管理や無償で行われたプレ・フィージビリティ・スタディが、必ずしもライセンス販売に結びつくとは限らず、取り返しのつかない重大な損失をもたらした。

● サービスは固定料金ベースで売られたが、これが必ずしもコスト負担をカバーするとは限らなかった。特に、会社が必要なサポートのレベルを過小評価した発展途上国では、コストをまかなえなかった。

もはや、逃げ道がなかった。いくつかの新興市場での同社の評判は、その国での契約の履行と密接なつながりがあった。したがって、市場への足がかりを保つためには、多大なコストを払っても契約を遂行せざるを得なかった。

もう一つの事例では、社内の中核にいる二人の社員が、会社の加工プラント技術事業の一環であるプロセス機器の販売と転売によって、24億円を売り上げた。この二人の社員は売上と利益をもたらした自分たちの手柄に鼻高々だったが、自分たちが顧客に与えてしまった性能保証と契約責任にまったく気が付いていなかった。

三番目の事例では、ある研究所が半導体テスト装置の開発投資継続を親会社に説得しようとして苦闘していた。フラストレーションを抱えたなかで、研究所の責任者は別の会社のために装置の委託設計・製造の依頼を受け入れた。この装置のおかげで、この委託元の会社は市場に参入し、そこで親会社と競合して市場シェアを奪い取ってしまった。

以上のすべての事例では、技術の販売によって起こり得る結末を考慮しなかったか、戦略的優位性を確保するための技術販売をマネジメントする準備がまったく整っていなかったかのどちらかである。

要するに、始める前に、なぜ技術の販売を考えているのかを知るだけでなく、どのように販売に取り組むつもりなのか、販売によって何を得たいのかを知る必要があるということだ。

●——積極的な販売

技術を積極的に販売する人たちは、三つの目的に応じて行っている。

● お金を稼ぐため。
● コア事業を支援するため。
● 戦略的影響力を得るため。

以上の三つは、技術販売のよくある理由である。
　お金を稼ぐために積極的に技術を売ることは、設計や技術開発を含む契約の場合のように、この活動自体が会社のコア事業の一つであることを示唆している。しかし、多くの製品や事業にとって、お金を稼ぐための技術販売は、製品事業とは根本的に相容れないことが多い。問題は戦略か規模のどちらかにある。戦略の面では、事業を支える技術を売るのは理にかなっていない。もし技術競争力が製品や工程の最も重要な差別化要因の一つなら、その競争力を他社が利用できるように手放すことはできない。したがって、販売できるのはコア事業の周辺技術に限られる。残念なことに、周辺技術であってもまだ継続的な開発投資が必要であり、社内利用から得られる収益の規模が小さければ、その投資は通常正当化されない。それでもなお、いくつかの企業はここ数年、社外にベンチャービジネスを立ち上げたり、研究所のチームを社外の事業機会の探索に専念させたりして、このアプローチを試そうとした。しかしその多くの努力が収益に見合わないことに気付いた。
　積極的な技術販売の二番目の理由は、コア事業を支援するためである。前に述べたように、技術の販売は、開発や設備コストの負担を緩らげ、周辺技術が必要な注目を受けるようにする有益な方法である。販売は、幅広い顧客基盤を生み、開発を促進し、技術の「活力」を保つために役立つ。技術の社内利用が断続的で、新工場の建設頻度に左右される化学産業やその他の装置産業にとっては、技術の販売は特に有益になり得る。技術によっては、その販売とライセンスがコア事業製品の下流部門の需要を生むのに役立つこともある。たとえば、主要なアルミニウム会社が取り組むアルミニウム製錬技術の研究は、明らかに下流部門の需要を促進した。また、技術の販売はコア事業に次々と利益をもたらす。技術の販売は、技術スタッフに幅広い視野を与え、実務と顧客の意見にふれる機会を与える。同様に、企業イメージを高め、技術的リーダーであるという印象を強め、企業間の関係を促進させる。
　三番目の理由である戦略的影響力の獲得は、技術販売の理由の中でも最も重要である。あなたの目的が新市場への参入であれ、新規コア事業の開発であれ、技術力は合弁事業や提携事業を築くときのカギになり得る。技術の提供は、あなたが競争で先頭に立つことができる活動の一つであり、他のどの会社よりも

パートナーシップをもたらすことができるということを、パートナー候補に納得してもらうための活動の一つである。

技術の戦略目標との整合化

　在庫にある古い技術や周辺技術を売っても、上記の目的のどれも達成できそうにない。そのような技術にはあまり価値がなく、それを売ってもほとんどコア事業の役に立たず、潜在的なパートナーは興味を持ちそうにない。だからと言って、極端に最新の優れた技術を売ることは、みんなに秘密を教えることになりコア事業を取り返しのつかないほど弱体化させてしまうかもしれない。

　この両極端の間のどこかに、目指すべき位置がある。その位置は、あなたが何をしたいかにかかっている。もし大規模な戦略的提携を結びたいと思うなら、戦略パートナーに戦略技術や途上技術の多くを移転し、収益と引き換えに戦略的脆弱性が増すのを受け入れる必要がある。もし目的がコア事業をサポートすることだけなら、戦略的に重要な技術の販売は制限したほうがよいだろう。

　何を売るかを決めようとするときに、技術を三つのカテゴリーに分類するのは有益だ。

- 差別化の余地がある戦略技術と途上技術。これらは軽率に売却すべきではない。
- 事業にとって重要だが差別化の余地があまりない基盤技術。手軽に売却できるが対象市場が少ない。
- 会社のエンジニア、設計者、製図者の設計ノウハウ。このようなノウハウは確かに戦略技術だが、すぐにパッケージングして売ることができないので個別の注意を必要とする。

　図表7.1のマトリクスは、販売する技術の種類と戦略目標とのマッチング方法を示している。縦軸からでも横軸からでも始めることができる。目標を決めてから何を売るべきかを見てもよいし、何を売るかを決めてから、その販売達

図表7.1　技術と戦略目標のマッチング

技術	戦略目標		
	戦略的レバレッジ	コア事業の強化	収益創出
戦略・途上技術	○	×	×
基盤技術	×	○	×
設計ノウハウ	×	○	○

出典：アーサー・D・リトル

成目標を確かめてもよい。可能なら、技術の販売によって、あわよくば儲かるかもしれないと考えるよりも、事業開発という明確な目標を持ってスタートしたほうがよい。

● **戦略的レバレッジの獲得**

　マトリクスの上部を見るとわかるとおり、戦略的レバレッジはいつも戦略・途上技術の販売によってのみ得ることができる。技術をテコとして利用するためには、本当の差別化につながる技術を提供する必要がある。あなたが提供すべきものは達成目標次第である。もし目標が地理的拡大なら、現地の買い手がその地域で本当に成功するように、製品と製造あるいは生産技術の両方を提供する必要がある。その例として、ロシアで変圧器製造工場を設立したときのゼネラルエレクトリック社（GE）を挙げることができる。GEは、工場の設計と建設、またその工場で作られる製品開発に対して全責任を負った。GEは生産のジョイント・ベンチャーへのステークを維持しながら、目的の地理的拡大を達成した。必然的な結果としてヨーロッパの事業においてカニバリゼーションも多少あったが、他社よりも自社のベンチャーによって食われるほうがましである。

　まったく新しい事業開発では、当事者それぞれはジグソーパズルの一片しか提供しない。たとえば、BICC社とコーニング社は力を合わせて電気通信用の

光ファイバーケーブルを作り出したが、BICCはケーブル応用技術と市場の知見を提供し、コーニングはグラスファイバー製造技術を提供した。両社は共に新しい成長市場で強力な事業を起こすのによいポジションにいた。

企業は同様に、サプライチェーンの上流と下流で戦略的レバレッジを得ることもできる。ヨーロッパのアルミニウム会社は、本来のアルミニウム製錬で効果的に競争するのにコストが高すぎることに気付いた。そこで、高付加価値の押出成形を行う下流部門の供給先を確保する代わりに、南米の精錬事業者に精錬技術を売った。結果として会社の精錬事業は弱くなったかもしれないが、最終的に会社全体が利益を得ることが戦略的選択であった。

もう一つは、工学ポリマー・メーカーが自動車会社と協力してプラスチックの車体パネルを作り出した例である。これはお互いにメリットのある取引である。ポリマー・メーカーは下流部門の製品に対する需要を生み出し、自動車会社は新しい生産技術を学ぶ。

賭け金は高い。戦略目標をかなえるためには、本当に価値のある技術を提供する必要がある。その結果として、技術の実施利用を管理するためには、ある種の合弁事業か提携を主張する必要がある。ライセンス供与は、十分な管理や相応の利益を保証できそうにないからだ。買い手と本格的にパートナーシップを組む資源がない場合に限って、完全な売却は理にかなう。ピルキントン社が開発したフロートガラス製法の売り込みが良い例だ。当時、ピルキントン社はガラス産業の比較的小規模な会社であったため、提携をマネジメントする資源が十分になかった。唯一の選択肢は、一部のライセンスを売り、その収益をコア事業の確立に再投資することだった。ガラス産業が比較的局地的で、完成品の売買が大陸間であまり行われていなかったため、この選択肢が可能となった。ピルキントン社はアメリカと極東でのライセンスが会社自体の市場にあまり影響を及ぼさないことを知っていたのだ。

だが、ピルキントンのアプローチがいつもうまくいくとは限らない。電子部品の小さなハイテク企業は、まさしくジレンマを感じることがよくある。社内では海外進出の資金を調達できず、一般市場では資金調達を得るのに会社の信用力がないため、技術を活用して提携しようとするのだ。しかし、提携相手は独力で技術を商品化するための財務力、市場領域、技術力を持っていることが

多い。その結果、小企業は研究開発元に成り下がり、まもなくパートナーの大手企業による技術開発の速度に追いつけなくなる。

　大企業の経営者にとって、これは魅力的な提案に見えるかもしれない。だが、パートナーが特定技術の市場を持っている場合や財務的に優れている場合には、大手企業も同様の問題に直面することがある。この種のトラブルに陥るのを避けるためには、取られるだけ取られてあなたには戦略的価値のある見返りが何もない相手よりもむしろ、あなたの強みと弱みを補い合うようなパートナーを探すべきである。パートナー双方の利益が等しい提携だけが成功するだろう。例として、図表7.2に示した典型的なヨーロッパの重電気エンジニアリング企業の強みのパターンを考えてみよう。極東での地理的拡大を求めるこのグループ企業は、国内市場での強力なポジションとともに製品、生産技術や資金力を提供できる。一つの選択肢として、流通や販売に強く、現地での応用ノウハウを持っている現地企業と連携することがある。もっと良い選択肢は、ヨーロッパへの進出を目指している日本の多国籍企業のような、大手企業を見つけることだ。このような協力関係は危険なゲームだが、前章で述べたように、大成功する可能性もある。

　社外に戦略技術や途上技術を貸し出すのが不満な場合は、他の二つの手段で戦略的レバレッジを得ることができる。効果は劣るが、あなたのニーズには十分かもしれない。一番目の手段は、工業所有権を有する基盤技術を売ることだ。この場合は、あなたが相当な競争ポジションを得るのに十分なノウハウと経験を持っている基盤技術である。いくつかの西側諸国は新興工業国に対してこのアプローチを使い、ある程度の成功を収めている。この手段を使うためには、目的を明確にしなければならない。買い手のニーズに合っているから基盤技術を売るというのが一つの目的だ。安価に戦略的レバレッジを得るために売るというのがもう一つの目標だが、このやり方は買い手企業の経営者に、あなたが出し惜しみしていることを気づかれ、彼らとの提携や関係の価値を適切に見極められてしまう危険性がある。そのうえ、基盤技術を売ることは、簡単に言えば不経済であるかもしれない。買い手が戦略的影響を自覚している場合には、工業所有権を有する基盤技術の販売後もまだフォローアップ・サービスを提供する必要があり、昨日の技術に対するこのようなサポートの提供は、現在

図表7.2　提携能力のマッチング

能力	相対的強み			提携戦略	
	強い	中ぐらい	弱い	提供	受領
製品技術	◯			✓	
生産能力	◯			✓	
応用ノウハウ			◯		✓
設計技能		◯			
流通／販売の既存市場における強み	◯			✓	
流通／販売の新市場における強み			◯		✓
技術のある人材の獲得可能性		◯			
投下資本の有効性	◯			✓	

出典：アーサー・D・リトル

の戦略技術や成長技術に対するサポートよりもずっと資源が必要かもしれない。

　戦略的レバレッジを得るもう一つの手段は、ノウハウとコンサルタント・サービスの提供である。これらのサービスは戦略的提携を持続する接着剤になるが、これ自体が提携を促進することはなさそうだ。このようなサービスの提供はコア事業を台無しにし、経営幹部の時間を多大に必要とすることがある。

　技術の販売から戦略的レバレッジを得られるかどうかは、あなたが提供する技術の質と戦略的価値にかかっている。結局、提供できるものが多ければ多いほど、戦略的価値も高くなりそうだ。

●——コア事業の強化

　図表7.1に戻ると、技術販売の二番目の戦略目標は、コア事業の強化である。戦略・途上技術の販売は、結果として生じる競争優位の減衰が販売利益で埋め合わされることがほとんどないため、コア事業を強化する適切な手段であることはめったにない。戦略・途上技術がコア事業にとって重要ではないが、販売がもたらす利益が大きい場合は例外だ。たとえば、ジョンソン・マッテーイは、電子機器や医学的応用に白金族金属を利用する新しい応用技術を開発した。この技術の販売は、まったく悪影響なしに下流部門のコア事業である白金製錬の需要をもたらした。コア事業を強化するために基盤技術を売ることは、いくつかのメリットがある。技術の販売は、顧客基盤を広げ、価値のある経営上のフィードバックをもたらし、技術が生き残るのを助け、その継続的開発を促進する。もっと日常的なレベルでは、基盤技術の販売は社内の技術開発スタッフをつねに忙しくし、クリティカル・マスを維持するのに役立つことがある。唯一の困難は、顧客を見つけることかもしれない。基盤技術に対する市場の需要は限られているのに、競合企業は多いからだ。

　カスタム設計とエンジニアリング・サービスの販売もまたスタッフのクリティカル・マスを維持し、技術開発を活性化するために役立ちそうである。同様に、さまざまな課題を与え、コア事業にフィードバックできる新しいアイデアを示唆することで、スタッフの個人的成長を支援することができる。特に社内での大規模な設備投資がめったに起こらないプロセス技術事業では、設計サービスを外部に売ることは非常に魅力的である。いくつかの企業はこのアプローチを採用しており、エンジニアリング・サービス部門を独立採算型のプロフィット・センターとして設置する企業もある。

　エンジニアリングを独立事業として設置することは、能力にスポットライトを当てる。親会社は新事業と長期的な買付契約を取り決め、必要なものだけを買う。事業はすべてその競争上の強みにかかっている。

　エンジニアリングを独立事業にするには、三つの方法がある。

- 親会社の中にエンジニアリング事業を保持する。
- 必要なスキルをもつパートナーと合弁事業として始める。

● サプライヤーに売る。

　ポルシェのエンジニアリング・サービス部門は、親会社の中で独立しており、他の自動車メーカーのための研究やエンジニアリング・プロジェクトも行っている。本書執筆時点では、経営陣はこの部門をプロフィット・センターに変え、中国に設計センターを開設する予定だ。コートールド社は本社のエンジニアリング部門をコートールド・エンジニアリング有限会社（CEL）として再編し、コートールドと外部顧客の両方にサービスを提供する独立事業とした。グループ会社はCELを使わなくてもよいが、今までのところ、CELは外部の受託業者と競争して重要なプロジェクトの大半を受注している。これは、双方に利益がある。グループ会社はより競争力のあるサプライヤーを持つことができ、CELは今や売上の大部分を外部顧客から得て、グループの利益に貢献している。ICI社は、ICIエンジニアリングの一部をユーテック・エンジニアリング・ソリューションズという組織形態に変えたが、この独立事業はICI社と外部顧客の両方にサービスを提供している。目標はユーテックをより競争力のある事業にすることだ。ブリティッシュ・エアウェイは、コストを削減し、他の航空会社にサービスを拡大するために、エンジニアリング・サービスを別個のプロフィット・センターとして開業させた。

　ヨークシャー水道は、二番目の合弁事業の方法を選んだ。エンジニアリング部門をバブコック社の国際加工プラント契約部門との合弁事業に参加させて、イギリス国内と海外の水道事業者にサービスを提供するバブコック・ウォーター・エンジニアリング有限会社を設立した。ここでも、両者が利益を得た。ヨークシャー水道はより競争力のあるサプライヤーを持ち、バブコックは水道業界に参入している。

　エンジニアリング部門を売った企業もある。ノースウエスト水道は、包括的な提携の一環として、エンジニアリング部門をベクテル社に売った。新組織はノースウエスト水道のイギリスの設備投資案件と国際的ベンチャーをサポートし、世界中で戦っている。ノースウエスト水道はまた、顧客とサプライヤーの間に明確な境界線を引くことによって、コア事業である公共事業サービスがより競争力を獲得できることを信じている。

対外的に競争することは、能力を活性化し、外部から学ぶ機会をもたらし、自社の好不調との仕事量のバランスをとることを可能にする。これが一番うまくいくのは、社内顧客と社外顧客の両方が、高度なエンジニアリングと技術スキルのクリティカル・マスを越えるサービスを必要とするときだ。

合弁事業と販売は、エンジニアリング・サービスを親会社の内部に保つよりもっと速い自立の手段である。しかしどちらの選択肢を選んでも、十分な利益を得るには時間がかかる。親会社やかつての親会社との関係は、一夜にして変わることはないだろう。親会社と他の顧客との間に優先順位をめぐる対立が生じるかもしれず、その顧客は多分に競合企業かもしれない。ある経営者が表現したように、「グループを正式な顧客のように扱わねばならないが、古い習慣から脱皮するには長い時間がかかる」。古い顧客は、優先的な地位の喪失を受け容れたがらないだろうが、新事業の人々はいったん当然の権利として受け取った事業のために競争するのは楽しくないだろう。親会社は新しい対等な関係に対処するために異なるスキルが必要であり、新事業は新しい事業スキルを獲得しなければならないだろう。

もちろん、そのためにコア事業から気をそらすのは危険である。あなたの技術グループが他社の石油精錬所で数十億円の仕事をするために、あなた自身の石油精錬所の性能を高めることができずに数百億円の利益を危険にさらすのであれば、なぜ外部に売ろうとしているのかを疑問に思うにちがいない。しかし、顧客がサービスを最初に受けることができないという条件でのみ外部への販売を続けるなら、多くの注文を受注できそうにない。特定のアプローチのどれを採用しても、このジレンマを解消する仕組みを用意しなければならない。

結局、技術とエンジニアリング・サービスの外部への販売は通常、それが市場でもまれることに価値がある。しかし、コア事業に対する注意を怠らないことが極めて重要だ。

●──収益の創出

最後の目標は、収益を生むために技術を販売することである。すでに述べたように、お金を稼ぐためだけの販売には、ほとんど価値がない。顧客が競合のリスクのない、まったく異なる市場で競争している場合を除いて、戦略・途上

技術は、金銭のためだけに売るには価値が高すぎる。だが、基盤技術の販売が、販売とサポートの原価を十分にカバーできるほど利益を生むことはめったにないので、この場合あまり意味がない。設計ノウハウに関わるときだけ、収益のための技術の販売は意味をなす。本物の経験やノウハウは、新技術を扱うときに伴うリスクを大いに軽減する。結果として、社内で技術開発や設計、応用エンジニアリングに関与する人材は、自らの事業の成功をサポートした実績によって、外部向けのサービスにいつもプレミアムを付けることができる。したがって、このような人材の時間を「売る」ことは、特にその販売がコア事業に波及的利益をもたらすときには、収益の高い副業となり得る。

技術販売の管理

技術の販売は複雑な活動であり、手軽に請け負うべきではない。多くの場合、何を売ろうとしているのかを明確にすることが、最初のハードルとなる。次のハードルは、コア事業の競争優位をあまり安売りせずに、確実に希望する収益を得ることだ。その際には、経営陣の注意をコア事業からそらしてしまうリスクに直面する。我々の調査によると、技術販売に関する企業方針を設定している企業のすべてが、このようなハードルを乗り越えるために、戦略・組織・実行管理に関して同じような基本的ガイドラインに従っていた。

●───**戦略的ガイドライン**
多くの企業が技術販売の戦略に三つの重要なルールを適用していた。

①**完全に実証されていない技術は売らない**。顧客を新技術の実験台に使うことは、財務的にも、市場や商売の信頼性に関しても深刻な結果をもたらし得る。そのうえ、顧客は予想外の方法で干渉し、技術を修正するため、良い実験台になりそうもない。1970年代のロータス社の例を考えてみよう。ロータスは、イェンセン・ハーレイの新しいスポーツカーのために、実証されていないエンジン設計を受託した。このエンジンの初期の問題は、イェンセン・ハーレイの

評判を著しく傷つけ、この会社の近い将来の破綻の原因となるほど大きかった。ロータス自体も財務面と評判で傷ついた。このように顧客を実験台にすることは、しばしば売り手と買い手の双方を傷つけることになる。

　②**販売目的で技術を開発しない**。簡単に言えば、これは価値がない。商売として研究開発を請け負う組織は、極度に厳しいプロジェクト管理で営業しているが、収益はささやかである。技術の販売を興味深い副業としている少数の製造業だけが、効果的に運営し、収益を上げることができる。また、技術は市場ニーズにかなう場合にだけ価値がある。たとえば、上流部門の材料ベンダーは、下流部門の顧客市場とその市場のために何ができるかを理解しないかぎり、下流部門の顧客が利用する技術開発に適した立場にない。自分がその技術を必要としないなら、誰かほかの人のニーズを思い付きそうもなく、またニーズが生まれるような技術を開発するために適した位置にいそうもない。

　③**機器製造や調達に関与するほど販売の範囲を広げない**。機器製造や調達は簡単に大儲けできそうに見えるが、リスクが非常に大きい。世界各地で展開するプラント建設のエンジニアリング会社は、二つの契約が、その事業価値以上の潜在的なコスト負担が発生しそうなことに気が付いた。技術グループの若手社員たちが調達の代理業務を買って出て、サプライヤーからコスト負担の了承を得ないままブランドの性能を顧客に保証してしまった。幸運にも、事態は修復できたが、経営者は多くの時間を費やした。教訓は明らかである。よく知り理解している事業にとどまることだ。

　いくつかの企業はこれらの原則から生じた組織的なガイドラインを持っている。多くの場合、すべての技術販売は戦略目標との一貫性を担保するために上級管理者レベルの承認を必要とする。重要でない販売でもなんらかの波及効果を及ぼし得るからだ。企業グループの経営幹部が意思決定者になることが多い。同様に、多くの企業が技術販売を事業部に任せるよりも本社で管理している。

　どんな技術の販売も企業グループ内の他の事業と衝突する危険を伴う。もし下流事業へ金属を供給するためにアルミニウム製錬技術を販売すると、自社の

精錬事業部門は怒るだろう。競合企業の設備構築のために設計サービスを受託したら、自社の工場長の反感を買いそうである。衝突は避けられないかもしれないが、少なくとも意思決定を経営トップが行えば、確実に誰かが両者の言い分を考慮することになる。

本能的に、人々は会社が競合企業への販売を禁止することを期待するだろう。だが、実際にはそうならない。本章の前半で述べたように、もしあなたが何をしているのかを自覚し、定められた戦略目標に合致する技術を売ることにはっきりと同意しているならば、競合企業に技術を売ることを問題にする必要はない。これらのガイドラインに従うなら、販売の利益はいつもコストを上回るだろう。

◉──ガイドラインの実行

技術販売に続くガイドラインの実行段階では、売り手は顧客との良好な関係を促進し、行き過ぎたサポートや支援を行うことなく、適切な情報のフィードバックを生み出す必要がある。多くの企業は料金体系とリスクのバランスをとっている。

- 技術ノウハウの料金は二つの部分に分かれることが多い。ひとつ目は、販売対象製品や製造技術に応じて、固定料金と継続的な特許権使用料の支払いとを組み合わせたものだ。ふたつ目は、追加的な技術サポートやコンサルタント業務の日割り料金である。
- 売り手と買い手は、技術に関する情報交換を最大化し、目標を設定し、漸進的な技術開発に必要な資源を提供するために、ユーザー・クラブを設立する。
- リスクを低く保つために、契約は法的責任を契約者に委譲するように作成し、信頼できる契約者を選んで一緒に仕事をするように気を付ける。

さらにリスクをできるだけ小さくするために、政治的に安定した国だけを相手にし、技術を使いこなすためのスキルと資源があることを証明した顧客だけに提供する。もっと実践的には、研修やサポート業務を補填する臨時出費に備

えて割増料金の検討もできる。

　技術の販売や移転は困難を伴う。技術は図面やコンピュータ・プログラム、ノウハウ・経験・信頼性などの有形、無形の組み合わせであるため、パッケージ化して航空貨物で送ることはできない。したがって、技術の販売は、買い手が新技術を使いこなし、そこから収益に結びつける経験と専門知識を築いたときに本当に完了する。ここで提示したガイドラインの目的は、企業が技術販売に内在する問題に気付き、これにうまく対処する一助となることだ。

技術資産の評価

　もしあなたが技術の販売やライセンス供与を計画しているか、技術を買うつもりなら、どれくらいの価値があるかを判断しなければならない。前節で述べたように、買い手から全額を得ようとするかどうかは、技術を売る理由次第だ。それでも、真の価値を正しく評価しなければ、不本意な立場で交渉する危険性が高い。それでは、どうやって技術資産を評価するのか？

　原則として、その技術に費やしたこれまでのコストか顧客に与える価値によって、技術を評価することができる。技術のような無形資産に関しては、コストに基づく評価は過小評価となることが多い。技術開発で発生するコストの多くは、すでに他の収益によって相殺されているサンク・コスト★である。したがって、技術の販売で発生する現在のコストは通常、マーケティング、書類作成、サポートの増分費用に限られる。これらの増分費用は一般的に、顧客にとってどれほど価値のある技術でも割合が小さいので、この基準を適用することは適切なリターンを生み出さない。

　したがって、コストよりも技術が与える利益に基づいて技術を評価する必要がある。利益に基づく評価には主に4つの方法があるが、どれも完全ではない。どの方法を用いるかは、何を適切に評価するのか、なぜ顧客が技術を買いたがるのかによって左右される。

★　埋没費用。支払済みで回収の可能性がないコスト

図表7.3　評価方法

評価方法	評価対象	メリット	デメリット
技術提供者の再現コスト	基本技術・周辺的な戦略技術（部品など）	評価が簡単。	供給者の専門的知識に対して付加価値が付かない。リスクの割増料金を含まない。
技術購入者の再現コスト	基盤・戦略技術	比較的評価が簡単。リスクを負うときのコストと社内の専門的知識の価値を含む。	技術が実証済みであることの価値が評価されない。
将来価値	すべての技術、特に顧客がリスクを負う場合	実証済みの技術の「快適な」要素を高く評価する。	評価が難しい。
時間依存将来価値	時間が重要な要素である場合のすべての技術	供給者が時間割増料金を得るのに役立つ。	評価が非常に難しい。値付けを上回るリスクあり。

出典：アーサー・D・リトル

- 技術提供者の再現コスト
- 技術購入者の再現コスト
- 将来価値
- 時間依存将来価値

図表7.3に、この4つの方法とそのメリットとデメリットをまとめた。

●──技術提供者の再現コスト

　技術提供者の再現コストによるアプローチは、顧客にとっての技術の価値が、技術開発に要した技術提供者の全コストに等しいという仮定に立つ。技術の提供者が複数いる場合には、この仮定は正しいかもしれない。このような技術は

通常、基盤技術だが、部品や組立部品に組み込まれた戦略技術の場合もある。たとえば、新型センサーを求める顧客は、いくつかの研究開発受託会社から見積書をもらうことができるが、それらの会社はすべて技術開発に費やしたコストにマージンを加えたものを基準に見積もりを行うだろう。すでに自社のために開発したセンサーを提供する場合にも、請求できる最大の金額は、開発費用にマージンを加えたものに等しいだろう。この評価方法のメリットはわかりやすい。技術の開発費用がわかれば、技術提供者はすぐに合理的で正確な数字を挙げられるはずだ。この方法のデメリットは、技術提供者がすべて整っている技術を低いリスクで顧客に提供できるという事実に、何の価値も認めないことである。上記のセンサーのような、一部の商品技術開発に関しては、リスクがよく知られているため、リスクの最小化は価値を増すことにならない。しかしながら、その他の化学技術や冶金プロセス技術のような技術に関しては、リスクはもっと大きいため、その軽減は評価されるべきである。リスクの価値を見積もる最も簡単な方法は、技術購入者の再現コストを計算することだ。

●──技術購入者の再現コスト

　技術購入者の再現コストは、技術購入者が技術を開発した場合にかかるコストである。技術購入者は経験を積み重ねる必要があり、必ず次善の開発プロセスに従うことになるため、この数字は技術提供者の再現コストよりも大きくなりそうだ。要するに、開発の道が袋小路に終わることもあるという仮定をもった上で努力をしなければならない。避けられないリスクが生じるかもしれないので、技術購入者の再現コストを正確に計算するのは難しい。それでもなお、実際の開発プロジェクトに関しては、必要となりそうな予算を立てるべきである。

　このアプローチでは、提供側は初期のリスクを負うための補償をいくらか受け取る。そのため、このアプローチは、基盤技術だけでなく、開発リスクが高い戦略技術にも適している。しかし、この評価方法は、リスクを引き受けるコストを埋め合わせるだけで、購入側が実証済み技術の提供を受けることの価値を評価しない点で、問題がある。その応用に高い投資を必要とする技術や、高い間接費をもたらす技術に関しては、技術が最初からうまく機能することがわ

かっていることは非常に価値がある。たとえば、重要部品の導入を計画している自動車会社は、その部品がうまく機能することがわかり、製品の失敗リスクを軽減できるなら、そのためにプレミアムを支払うだろう。このような状況には、将来価値による評価方法が適している。

●──将来価値

「技術購入者」にとっての技術価値を評価する方法は、価値がリスク要因と関係性があることを示唆している。しかし、この価値を見積もることは問題を生む。ガラスセラミック・シート市場への参入を計画している、ピルキントン社やセント・ゴーバン社のようなガラス・メーカーは、スタートラインから開発するよりもむしろ技術ノウハウを獲得するために、ドイツのガラスセラミック・メーカーのスコット社に喜んでプレミアムを支払うだろう。周知のようにガラスセラミックの製造は難しく、投資は莫大である。ピルキントン社は間違いなく自社で技術開発と製品開発をできる能力があるが、スコット社の世界一流の技術とノウハウを手に入れるほうが劇的にリスクを軽減できるだろう。企業が喜んで支払うプレミアムを価値に加えるためには、自社技術開発のために楽観的なシナリオと悲観的なシナリオを作成し、シナリオを入れ替えることのできるアプローチを考察する必要がある。正味現在価値の算出と比較は複雑で、精度が疑わしい。せいぜい交渉のための大まかな基準を与えるだけだが、これよりも正確な方法は利用できない。

●──時間依存将来価値

前の二つのアプローチは、大まかに言えばリスク要因の一つとして、時間が価値に及ぼす影響を評価している。最後に考えられる評価方法は、時間の次元を明確に取り入れたものである。ときに時間は最も重要な要因である。たとえば、公害防止法を順守するために、定められた期日までに汚泥処理技術を必要とする水道局の場合などがそうだ。こうした状態では、技術の提供者は追い詰められた購入者に非常に高いプレミアムを課すことができる。水道局はどんなプレミアムでも払う以外の選択肢はない。もっと一般的には、競争相手の脅威を避けたり、新製品を発売したり、新市場に参入したりするために、企業が技術を

必要とする場合がそうだ。いかなる場合でも、タイミングのよいチャンスは限られているため、企業は迅速に対応するためにプレミアムを払うだろう。しかしながら払うかどうかの決定は自発的であり、企業はプロジェクトが不利益を被るような高いプレミアムは払わないだろう。企業がどこに線を引き、どんなプレミアムなら喜んで払うかは、その企業のプロジェクトの重要性や技術提供者の数によって左右される。

これらのアプローチはすべて、技術提供者にとってのコストよりもむしろ技術購入者にとっての価値と関係がある。アプローチの違いは、技術購入者による価値の理解の違いを反映している。一部の技術購入者にとっては、価値は技術開発費に匹敵する。他の技術購入者にとっては、たとえば技術が独特であり、成功が実証されているか、他で利用できるかといったような要因で、価値は増える。

どのアプローチを採用するかは、ここで列挙したさまざま要因があなたにとってどの程度重要であるかにかかっている。通常は、全部ではないまでもできるだけ多くの異なるアプローチを試してから、戦略的環境を考慮して、採用するアプローチを決めるのが最善だ。その他の技術投資に関しては、技術購入者による投資の価値が、当座の短期的利益と同様に将来の製品や事業に及ぼす影響も認識して考慮することが重要だ。

以上のアプローチは、交渉の立場のベースラインとして利用できる初期値を得るための指針を提供することを目的としている。技術は本質的に無形資産であるから、最終価格が所定の分析よりも交渉によって決定されることが多いのは避けられない。

第8章
技術活動の組織化

STRUCTURING TECHNOLOGY ACTIVITIES

これまで本書は、技術マネジメントの戦略的側面に焦点を合わせてきた。すなわち、戦略的に重要な技術を特定し、長期的動向を監視し、戦略的状況に応じた技術の売買決定を提起してきた。だが、何をすべきかの決定は、出発点にすぎない。いずれにせよ、あなたの望む結果を得るために事業を組織化することが重要だ。そこで以下の章では、技術活動のマネジメントを取り上げ、何をどのように達成すべきかについて詳述する。

- 本章では、本社や事業の現場の活動を組織する方法について論じる。
- 第9章では、技術者やエンジニアが他の部署ともっと緊密に働く必要性を確認し、技術と技術以外の事業面とを統合する方法を探る。
- 第10章では、技術とイノベーションの測定という問題を考察し、可能性のある解決策を概説する。
- 第11章では、長期的な戦略的技術力と短期的な業績への圧力とを調整して、技術への投資を株主に納得させるという難しい問題に取り組む。

組織と経営に関する理論を深く掘り下げた経営書は無数に存在する。しかし、この四つの章では、研究開発以外の機能部門のマネジメントよりわかりにくい、技術マネジメントとイノベーションに関する問題を中心に論じる。ここで論じる話題のいくつかを、技術マネジメントの研究面に焦点を合わせて論じた著作

に、アーサー・D・リトルの前著書『第三世代のR&D』（文献8.1）がある。

本章では、企業経営者が取り組むべき組織構成の三つの重要な要素について論じる。

- マネジメントの役割と責任、特に本社レベル
- 技術開発活動、特に事業部を横断する技術開発活動の組織化
- 資金調達とその監視プロセス

技術を体系化し、事業の他の部門と関連付け、企業のイノベーションを最大化する方法を決めることは、分析、複数機能部門からのインプット、経営判断を必要とする複雑な仕事である。

中小企業は技術開発活動のための正式な組織をあまり必要としない。最高経営責任者がビジネスニーズと資源とのバランスを取りながら、すべての技術問題について責任を持つことができる。もう少し大きい企業では、取締役会が同じ役割を果たし、必要な活動に関して非公式の討議で合意し、詳細な決定や活動については技術担当部長に委任する。しかしながら企業が成長すると、非公式な方法は破綻する。従業員100人以上、子会社一つ以上、あるいは売上高数十億円以上の企業のほとんどは、もっと公式な組織が必要だ。ユニリーバ、シーメンス、フォードのように大規模な国際企業では、公式な組織と管理の仕組みが不可欠になってくる。

本章は複雑な組織構造を必要とする大企業を対象とする。もっと小規模な企業では、原則は同じだが、構造やプロセスは崩れ、融合されるはずである。

本章の前半ではマネジメントの役割を考察する。多くの企業は、技術とイノベーションに経営陣が確実に関わることを担保するために最高技術責任者（CTO）の役職を設けている。あなたの企業がCTOを必要としているかどうか、そしてそのCTOが何をすべきかを決めるためには、CTOの果たす役割を検討し、その役割を大企業の中の半ば独立した事業現場にどのように適合させるかを検討する必要がある。

続いて、技術部門を組織化するさまざまな方法のメリットとデメリットを検討し、特に、本社機能としてのクリティカル・マスを重視するか分散型組織の

速い応答時間を重視するかの間で意思決定する方法を取り上げる。長期的な戦略研究から経営上の技術サポートまでつながる鎖の輪の一つ一つに対して、ガイドラインを提案する。

次に国際化の問題を検討する。多くの企業が気づいているように、国際的な技術マネジメントは多くの相乗効果をもたらすが、言語、距離、文化的差異、政治などの問題ももたらす。

最後に、資金調達の問題を取り上げる。本社が研究開発費の調達に役割を持つべきかどうかを決定し、資金調達の決定に責任のある人が生産活動の責任を担保する最善の方法を確認する。

マネジメントの役割

ほとんどの機能別組織において、技術マネジメントは技術担当幹部の責任である。技術はそれ自体で事業活動とみなされることはめったにない。それどころか、技術担当幹部は研究開発グループ、製品開発グループ、製造エンジニアリング・グループなどの責任者である。調達の決定に技術的要素が強い場合、ときには調達もその機能に含まれる。表向きは同じ理由で品質管理、環境管理、規格遵守なども技術担当幹部に割り当てられることがあるが、これはしばしばどこにも当てはまらない機能だからだ。このような従来のやり方は、技術活動のすべてを同じ責任者に与えるというメリットがあるが、以下の三つの大きなデメリットもある。

第一に、このような組織はどれも機能の枠を越えビジネス・プロセスで、効率が悪くなる。開発プロジェクトはリレー競走のバトンのようになり、それぞれの部署がちょっとやっては次に回す。この慣行は、マルチ機能チームワークや平行エンジニアリングを重視する現状に逆行している。その結果、多くの会社がマトリックス型のマネジメントに近づいて、製品開発や生産プロセスといった部門間協力を伴う事業活動を運営している。そのため、しばしばプロダクト・マネジャーが、特定製品領域の設計、開発、製造に対して、揺りかごから墓場まで一切の責任を負う。そして機能部門長は、機能部門の調整役となる

ことに加えて、採用、報酬、リソース配分の責任だけをもつようになる。その結果、その部門の技術責任者は、戦略的指示を出すより、むしろそれに対応する、名目上のリーダーにすぎなくなるのだ。

　第二のデメリットは、機能面を重視するあまり、技術戦略を軽んじることである。ここにおける仕事は、技術用途をマネジメントすることよりも研究開発や製品開発の部門を管理することを意味しており、幅広い戦略と部品調達問題のすべてが含まれる。

　第三の、そしておそらくいちばん深刻なデメリットは、そのような機能構造が機能的責任を暗示していることである。その結果、マーケティング部門長、製造部門長、販売部門長は全員、技術は彼らの興味と影響力の範囲外だとみなす。細分化された部門は非効率を生み、戦略的技術を十分に概観できないという悪影響をもたらすのだ。

　小企業では、このようなデメリットも克服できる。上級管理職間の密接で日常的な協力によって、技術を検討課題の最優先事項とすることを担保できるからだ。しかし、たとえば生産高240億円の大規模なエンジニアリング部品事業では、取締役会は2週間ごとの会議の最後に技術問題を討議することで技術の使い道を管理する。取締役会──最高経営責任者、財務担当役員、営業担当役員、製造担当役員、そして技術担当役員──は、新製品の要件や研究開発、生産設備投資を討議し、非公式に意思決定とトレードオフに同意する。もっと大きな企業、特に複数の事業部がある企業では、不適切な資源配分をするリスクや戦略方針の欠如、さらに不十分な製品開発プロセスとともに機能的な技術マネジメント方法のデメリットが増大する。もっと形式化されたコミュニケーションと権限とが不可欠だからだ。

　このような問題の最良の解決策は、「チーフ・オフィサー（最高責任者）」のモデルに基づいている。多角経営企業の多くは現在、CEO（最高経営責任者）、COO（最高執行責任者）、CFO（最高財務責任者）または会計監査役より成る取締役会を置いている。COOは、事実上の代表取締役として日々の会社の経営に責任を持ち、COOに直属する事業部や各事業単位の代表取締役たちは、予算目標を達成することに責任を持つ。CEOは戦略的役割を担い、成長あるいは撤退を立案する。会計監査役の役目は自明の通り。その他の機能の上級管

理職は、しかるべき最高責任者にレポートする。この構造は、特定の機能に対してではなく、むしろ事業の本質である戦略、オペレーション、財務に対して意識を集中させるので、取締役会のメンバーは機能上のつまらない口論よりも、事業の課題に時間を費やすことになる。

　その一方で、機能上の問題がおざなりになる可能性がある。特に、COOが自治的に事業を運営するため、主な取締役会はグループを横断する機能上の問題は無視するかもしれない。この問題を避けるために、いくつかの企業ではCTOを導入し、技術とイノベーションの重要性を高め、会社を横断する技術と製品開発支援を増加させている。

　技術はマーケティングや製造ほど事業にとって重要ではないから、会社は最高マーケティング責任者や最高製造責任者も置くべきだという主張もあるだろう。だがそうすれば、従来の機能部門を代表する取締役会に戻ってしまうかもしれない。それに、この主張には説得力がない。技術とイノベーションは製造業の活力源である。企業は重要な技術力を子会社に広めることで巨大な相乗効果を得る。その証拠はソニーを見れば明らかだ。子会社間の協力によって行われた製品開発技術のイノベーションが、ソニーの小型化の能力を築いたのである。ホンダの高速内燃エンジンやロールスロイスのタービン・ブレードも、別の例として挙げられる。コア・コンピタンスを技術に頼っている複数事業部制の企業は、CTOの導入によって間違いなくメリットを得る。対照的に、他の機能が事業のコア・コンピタンスに数えられることはめったにない。マーケティングは事業の個別論であり、合意された全体戦略の中で、局所的に実行される。マーケティングの事業間の相乗効果やマーケティング企画を共有する機会は、それが生じたときに発生する。同様に、製造も通常は事業個別論である。ほとんどの事業で相乗効果のチャンスはその場限りのものだ。もちろん、例外もある。鋼鉄、基礎化学薬品、製紙などの成熟したプロセス集約的な産業は、製造技術をコア・コンピタンスとみなすかもしれない。そのような産業にとっては、最高製造責任者が重要だ。

　もし技術があなたの事業のコア・コンピタンスを支えているなら、第2章で論じたように、取締役会は技術的意思決定に深く関与する必要がある。こうしたことから、CTOかあるいは少なくともCTOの役割を果たすことを取締

役会で承認された取締役レベルの人物が必要だろう。

最高技術責任者の役割

　CTOの役割には何が含まれるのか？　アドラーとフェルドーズがアメリカで25人のCTOに実施した調査によれば、以下の五つの主要な活動が確認された。

- 事業部の技術活動を調整する。
- 経営レベルで技術責任を負う。
- 新技術の開発を監督する。
- 戦略イニシアチブの技術面を評価する。
- 外部技術環境とのつながりをマネジメントする。

　いくつかの企業では、これらの活動以外に、本社付きの研究開発部門のマネジメントや技術を基盤とした新事業のマネジメントの役割をCTOが担っている。

　多くの多角経営企業では、事業部の現地の独立性が特に神聖視され、現地のマネジャーが本社の干渉のない自由な裁量を守ろうとするため、当然のことながら上記の役割のほとんどが受動的である。しかし、本社の監督と影響力がなければ、現地の独立性は危険かもしれない。この点に関して、三つの例を挙げる。

- 大手電子グループの小さな子会社が、グループ最大の子会社の競合企業にきわめて重要な製造技術の一つを売ってしまった。
- イギリスの中堅の機械エンジニアリンググループは、成功確率を高めるために資源を集中させるべきところを、子会社を通じて10の大学に分散して研究開発投資をしてしまった。
- レーザー製品企業の二つの事業部が正反対の方向で研究を行い、どちらも十分な成果をあげられずに、競合企業に対する技術的なリーダーシップを

失ってしまった。

　このような効率の悪さやミスを防ぎ、前章で概説したアイデアのいくつかを実行するためには、CTO はもっと積極的な役割を持ち、戦略的方針を立て、現地の管理者をその方針に従わせるべきである。

　アドラーのリストに基づき、CTO の五つの活動に適応拡大する七つの重要な役割を以下に挙げる。

- 技術戦略の決定。
- 研究開発プランの作成。
- 事業部間、または複数の事業部横断的な戦略の調整。
- 職務上のリーダーとしての役割。つまり戦略事業部の技術開発部長の監督。
- 技術の販売とライセンス供の管理。
- 取締役会への技術的助言。
- 技術を基盤とした新事業のサポート。

──技術戦略の決定

　CTO は最高研究責任者として事業の技術戦略の作成に責任をもつ。事業部の技術戦略と、研究や基礎技術開発の要件とを調整することが主なタスクだ。2 年間から 10 年間にわたる以下の内容を含む戦略が、そのタスクのアウトプットだ。

- 最重要技術
- 優先的に開発されるべき技術
- 開発が必要な主力製品や部品モジュール
- 活動の優先順位と責任の割り当て

　CTO は研究グループのリーダーや営業部長と討議して戦略を策定し、それを社内の各部署に伝達しなければならない。この仕事は時間がかかりそうなため、CTO の直下に技術企画部長を置くことが望ましい。この部長の職務は、

技術企画部の取り組みを監督し管理することである。小企業では、技術部長か、非公式な他部署の部長が、官僚主義に陥ることなくこの仕事を引き受けることができるかもしれない。だが、世界各地に何万という従業員を抱える企業では、技術企画部の設置が唯一の合理的な道かもしれない。グループを小規模で集中的なものに保ち、ただのスタッフ機能に陥るのを防ぐことが課題である。

●──研究開発プランの作成

明確な戦略とともに、CTOは研究開発活動の計画と調整において、以下の明確な役割を持つ。

- どのような学際的テーマが研究に値するかを決定する。
- 長期的研究の限界と目標を特定する。
- どの仕事が研究開発部の責任になり、どの仕事が本社に属する研究であるかを特定する。
- 共通性を増やし、重複を避けるために事業部の要求を調整する。
- 事業部の研究資金調達を管理し調整する。
- 研究開発の製品ラインのリスクとリターンのバランスを一定期間保つことを保証する。
- 大学や提携研究開発機関といった社外研究機関への資金供与を決定する。
- 新技術や新製品へのアクセス権を得るために、企業のベンチャー事業を計画し実行する。

これらの目標を達成するために、CTOにはかなりの権限が必要だ。正式な部下は少ないので、部下が指示を待って働いてもらうより、自主的に働いてもらうことが必要だろう。CTOは、役員室と研究室での信頼を必要とし、他者へ影響を与えられる強力なスキルを必要とする役割なのだ。そこで、CTOの役割を強化する方法がある。その一つは、イノベーションに投資する仕組みを修正することだが、これについては本章の最後で論じる。

◉──**戦略の調整**

　以下の当たり前な理由により、事業戦略と技術戦略は社内全域で調整されなければならない。

- 事業単位と部門構造との間にギャップがないことを保証する。
- ある事業領域（たとえば業務用光学式記憶デバイス）の製品開発における技術的決定が、ほかのどこかの関連製品（たとえば家庭用コンピュータ・データドライブ）開発の障害とならないことを担保する。
- 研究の一部から出た成果物と、それを必要とする事業領域への流通を管理する。

　本質的に、CTOの役割の目的は、社内で経営・戦略技術の相乗効果を引き出すことにある。経営では、ノウハウの相乗効果は、共用アプリケーションや製造経験から発展する可能性がある。このような経営上の利益は非公式なネットワークからのみ生じる。というのも、正式なネットワークは、しばしば一貫性のない頻出する情報ニーズを満たせないからだ。この点におけるCTOの役割は、必要なときだけ積極的に協力を促すことだ。CTOが直接責任を持つ戦略技術の相乗効果には、資源の共同利用から生じる規模の利益と、用途に関するより深い理解から生まれる利益とが含まれる。

　これらの相乗効果を実現するために、CTOは綱渡りをする必要がある。調整は技術の相乗効果を最大化するが、製品開発にかかる時間を増やすかもしれず、また、技術が全員のニーズの一部は満たせても、誰のニーズも完全には満たせないという結果をもたらすかもしれない。製品の標準化を目指す努力のあまり地域的な市場の要求を無視しがちな多国籍企業においては、特にバランスの維持が重要だ。たとえば、ドイツの環境規制に適した新しい低排出バーナー技術を開発し、それを全世界に販売することは合理的に見えるが、別の規制に照らせば、その製品はいくつかの市場では規定を超えたり、価格が高すぎたりするかもしれない。子会社の部品会社を社内と社外の両方に納品しているような垂直統合型企業でも、バランスは重要である。特に、企業の財務構造が密接な業務関係よりも自律を促進する場合、市場と技術ニーズの調整は難しい問題

となる。標準化と調整は素晴らしい目的だが、事業現場がその事業を望む方向に発展させるためには、つねに妥協が必要とされる。

●──職務上のリーダーとしての役割

最高研究責任者としてのCTOの役割の一つは、技術部門のリーダーであることだ。CTOは企業の技術活動を監督し調整する権限を持つ。通常、CTOは現地マネジャーと連絡を取り合って決断を下し、子会社の進捗を監視できるように、あらゆる技術開発に特別な責任を持つ。会社全体にわたり技術標準を維持し、スタッフの技術研修と開発をお膳立てするのも重要な役割である。ここでもバランスを適切に保つ能力が必要だ。中央集権化はコストを節約し、企業が最大量の情報を集めるのを担保するかもしれないが、すべての情報がそれを必要とする人に届かないかもしれない。必要とする人が必要な情報を確実に受け取れるようにするためには、公式・非公式にかかわらず、強力な相互のつながりが必要だ。このようなつながりを提供する方法については次章で扱う。

●──販売とライセンス供与の管理

第7章で論じたように、技術の販売は競争状態に直接影響を及ぼす。取締役会だけが、どの技術には戦略的な価値があり、どの技術にはないかを決定する戦略議論に対して幅広い理解を持つことができる。そのためCTOは技術の販売とライセンス供与に関する責任と説明責任を負う。

●──技術的アドバイスの提供

大企業の取締役会は、意思決定の支援をしてくれる技術知識と専門知識のアドバイザーを本社に置く必要がある。この本社のグループは以下を可能にする。

- 技術の出自に助言する。
- 技術予測を提供する。
- 外的脅威とビジネスチャンスを監視する。
- 競合企業の活動と連絡を保つ。

このグループはCTOの直接の管理下にはないが、適切に任務を行わせるために、CTOはグループへの無制限のアクセス権を持つべきである。その結果CTOは、取締役会と事業の下部組織の両方に知識を伝えることができる。

●───新事業のサポート

大規模な多角化企業では、経営者はそれぞれの事業現場に同じ財務的、あるいは非財務的達成度の指標を適用することによって事業現場を維持管理することが多い。数百の子会社があっても、経営者は進捗状況を監視し、問題を速やかに特定することができる。このやり方の問題は、成熟事業のほうが短期的な財務指標で高い得点を得るため、新規事業よりも高く評価されがちであることだ。新規事業は、長期的な潜在力があっても、短期的なコストが目立ってしまうのだ。キャッシュを生む成熟事業をしっかりと経営することをモットーとするハンソンのような企業にとっては、このマネジメント方法は合理的な方針である。だが、ゼネラル・エレクトロダイナミックス社のような他のコングロマリットの批評家は、このような厳格な財務管理は、利益を生む前に新規事業をつぶしてしまい、その結果、有機的成長を妨げかねないと主張する。

多くの企業にとって、これはまさに懸案事項である。新しい技術や製品やサービスの開発を含むイノベーションや企業再生への投資がなければ、事業は最終的に下り坂になってしまう。

CTOにとって一つの解決策は、次節で論じるように、新規事業のために保護された環境───"養育の場（ナースリー・グランド）"───を提供する責任を持つことである。

組織構成

製造業では、技術は戦略研究から製品サポートまで、研究開発のチェーンに沿って移動する。すべての製造とサポートが戦略研究を必要とするわけではなく、すべての戦略研究が新製品を生むわけではないが、大企業にはこのチェーンのすべてが何らかの形で存在すると思われる。少数の企業を除き、ほとんどの企業にとって、基礎研究または長期的研究は難解すぎて社内の努力に値しな

図表8.1　研究開発のチェーン

パラメーター	戦略研究	技術プロジェクト	製品開発	製品製造	技術サポート
目標	知識	アイデアの証明	製品	販売	製造
タイムスケール	長期	中期	短期	即時	短期
事業体の関与度	低い	中程度	高い	非常に高い	高い
成果の確実性	低い	中程度	高い	非常に高い	高い

出典：アーサー・D・リトル

いため、大学に任せるのがいちばんよい。このチェーンは、図表8.1に示したように、五つの主要なつながりのパターンがある。

　各つながりの中で着手された活動は、異なる目的とタイムスケール、その結果として異なるリスクとリターンを持つ。しかしながら、つながりの境界はしばしば不明瞭ではっきりしない。研究は組織とは関係ない形で始まり、事業的な妥当性が明らかになるにつれて、徐々に組織化された研究に、そして確固たるプロジェクトに結晶化する。たとえば、食用油の乳化作用に関する予備研究は、さまざまな温度において乳製品を塗ったときの広がりがどの程度あるかを体系的に試験することにつながり、次に、消費者特性に応じた広がりの良い乳製品の完成を目指す技術プロジェクトにつながる。

　チェーンのつながりの境界がやや恣意的であるにもかかわらず、各つながりの中での活動は異なっており、別々にマネジメントされるべきである。各段階の活動を組織する最良の方法は何か？　管理責任はどこにあり、活動は実際的にどこで行われるのか？

　図表8.2は、完全な中央集権型から完全な分散型まで、一連の組織化の選択肢を示している。多くの企業は、事業部の間で得られる技術的シナジー、研究開発のタイムフレーム、市場ニーズなどに応じて、これらのパターンの組合せで利用している。これらの三つの要素はチェーンに沿って互いに変化するので、

図表8.2 研究開発組織の選択肢

```
[中央集権型の R&D]
         本社
         R&D
        / | \
     部門1 部門2 部門3

[集中的 R&D センター]
  集中的な  集中的な  集中的な
   R&D     R&D     R&D
    （相互接続）
   部門1   部門2   部門3

[調整型]
          R&D
         の調整
        / | \
      R&D R&D R&D
       1   2   3
       |   |   |
      部門1 部門2 部門3

[分散型の R&D]
      R&D  R&D  R&D
       1    2    3
       |    |    |
      部門1 部門2 部門3
```

出典：アーサー・D・リトル

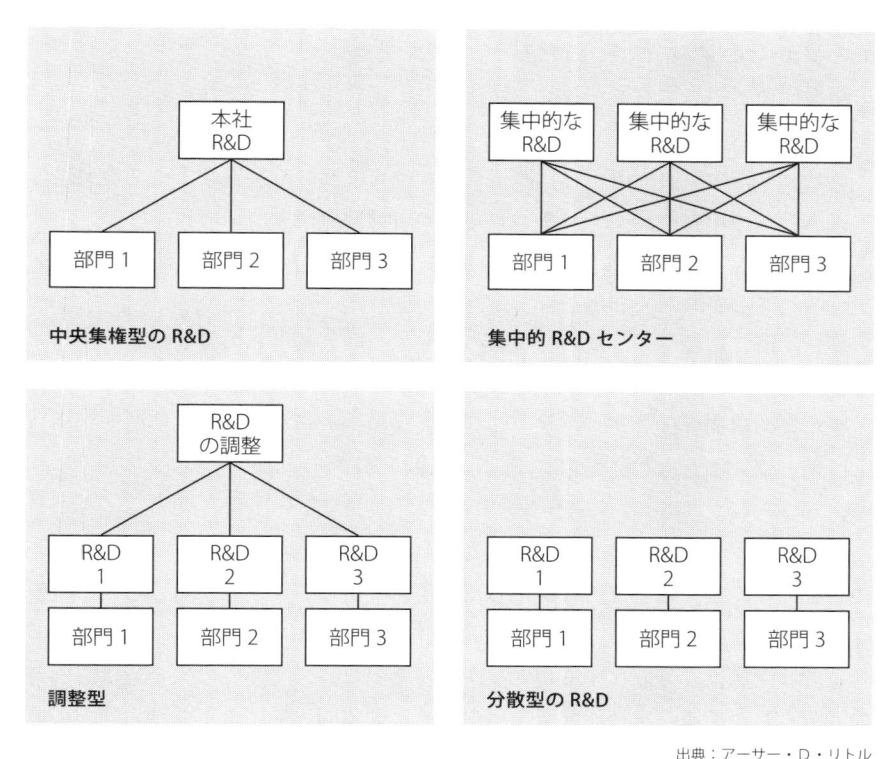

パターンの選択はしばしば活動内容によって決まる。研究開発チェーンの五つの主要な活動のそれぞれにふさわしいパターンについては、以下で論じる。

● ──**戦略研究**

　戦略研究は、事業の技術力を強化し、戦略をサポートすることを目的としている。これは製品固有のものでも、何か特定の製品を念頭に置いて取り組まれたものでもない。熱交換器事業による流体モデリング技術の開発、有機分子構造の分析、ファジー理論アルゴリズムの開発などがその例だ。それとなく、このような研究の全部ではないまでも多くが、本社のマネジメントのコントロー

ルの下で行われるべきである。どこで研究を始めるかは、クリティカル・マスのスキルの必要度合い、技術の共通性と多様性、主要人材の確保などを含む多くの要素によって左右されるだろう。

組織構造と担当する管理者および運営方法には以下が含まれる。

- 独立した中央研究所：本社間接費または事業部の直接費によって資金供与。
- 本社への出先機関：一つないし複数の事業部の研究所に所属。
- 分権的な本社の研究センター：事業部の開発グループと本社の研究者グループとが共同で利用。
- 長期研究施設：一つないし複数の取引先や納入業者との共同事業。
- 本社の研究管理者グループ：長期研究を事業部の研究所に業務委託。
- 本社の研究管理者グループ：開発受託機関や大学を含む外部機関からの技術の購入または委託業務。

以上のオプションは必ずしも他を締め出すものではない。たとえばいくつかの企業では、既存の研究所に隣接した応用研究所と、大学を基盤とした小規模な基礎理論研究所の二つの機関を設置している。

重要な問題は、分散化するかどうかである。これまで多くの大企業は、田舎の素晴らしい環境に本社研究所を集中させ、創造的思考にとって魅力的な環境を提供してきた。このやり方は、一つの目的に向けて働く専門技術のクリティカル・マスを保証する。デメリットは、大部分の田舎の研究所が事業とそのニーズからほど遠く、田舎の環境と文化によって戦略的思考から切り離されていることだ。その結果、創造性は高まるが、事業への適用性は低くなりがちである。

分散化は、事業部の開発グループで研究が行われるため、より緊密な事業との連携を保証するが、集中とクリティカル・マスを損なう危険性がある。さらにまた二つのデメリットがある。第一に、戦略研究者が開発グループの中の少数派となり、短期間のプロジェクトで測定可能な成果を上げるよう周囲から強いプレッシャーを受けることだ。第二に、他の研究者から孤立することが、創造性の妨げになり、空論的な思考に陥らせることである。このようなデメリットにもかかわらず、本社研究の投資の見返りが少ないか、まったくないことに

うんざりしたヨーロッパの企業の大半が、市場のより近くで研究開発を行ってきた。面白いことに、東芝など日本のいくつかの大企業は、正反対の方向に向かっており、日常的な事業からかなり離れた大学の近くに、小規模で集中的な本社研究所を設置している。彼らはクリティカル・マスと集中が象牙の塔のデメリットを埋め合わせると信じている。今のところ、彼らの見解を支持する確固とした証拠はない。

いずれにせよ、情報通信技術の進歩によって、クリティカル・マスと創造性の論点があまり意味のないものになってしまった。ヨーロッパ各地の五つの研究所で働く5人の専門家は、同じ研究所で働く5人の専門家とほぼ同様に情報をネットワーク化することができ、それによってお互いをよく知り、現地企業の先入観に縛られることがない。今日では、研究者をどこに置くかではなく、研究者の能力をどのように測るかが論点となっている。現地の研究者が目先の活動に終始してしまうことを抑制する体力が本社側にあるなら、分権的だが協調的な戦略研究がいちばん有望なモデルだと思われる。

●──技術プロジェクト

技術プロジェクトは、基本的に概念を証明するタイプの活動であり、営利事業に確固とした拠り所を与えることを意図する。理想を言えば、事業部は事業の刷新のためにこのようなプロジェクトを推進すべきだ。しかしながら、短期的な財務的圧力のせいで、多くの事業部はリスクの高い長期的な研究開発に投資したがらない。解決策の一つは、以下のようなプロジェクトのための養育の場を導入することである。

- 既存事業の範囲外のプロジェクト。
- 事業部が用意できる以上の資金と長期的な経営的配慮を必要とするプロジェクト。
- 複数の事業を横断する用途があるプロジェクト。

理想を言えば、養育の場の役割は、新製品の早期開発を手助けし、最低限の技術的スキルを提供し、事業部が採用するまで開発プロジェクトを擁護し、事

業領域を超えた技術を開拓することである。これらの役割を担うために、養育の場は、開発研究の場を提供し、新製品や新事業を開発するために必要な機能を与えなければならない。この明確な役割は、事業部が先端的な製品開発にどの程度喜んで関与するかによって左右される。

- **事業部は支援する能力もあるし、実際に喜んで支援する**：養育の場は実用試作段階での製品開発に責任を持ち、その後プロジェクトを事業部に譲渡する。
- **事業部は余力でしか支援できないが、喜んで支援する**：養育の場は製品開発、製品工学、そして最初の一連の製造販売に対して責任を持ち、最後に製品を事業部に譲渡する。
- **事業部は支援しない**：養成所は製品開発と事業開発のすべてに対して責任をもつ。

養育の場は通常、事業部また本社レベルの開発研究所として独立しており、CTOの管理下に置かれることが多い。フィリップス社の家電製品部門の先行開発センターがその例だ。戦略研究について言えば、独立したセンターにとって重要なのは、クリティカル・マスと市場の近さとの兼ね合いである。それでも技術プロジェクトは収益につながる事業活動になることを目的としているので、成果はあまり変わらない。象牙の塔のやり方は、プロジェクトを事業へ委譲することを妨げる可能性がある。研究者は慣れ親しんだ仕事にかかりきっていたいため、事業部がプロジェクトの領域を変えたり、中止したり、その成功を自分の手柄にしたりするのを恐れて、プロジェクトを手放したがらない。研究者としては、事業部の人間が短期的な目的のためにプロジェクトを引き受けるのがいやなのかもしれない。事業部が重要な新製品開発の資金を持っていなかったり、他の優先項目を持っていたりするかもしれないからだ。研究者と事業部双方が譲渡に同意したとしても、プロジェクト・マネジャーの交代は断絶をもたらしかねない。研究者は、自分たちの活動以上には下流部門の活動に興味が持てず、プロジェクトに関与しつづけるのをいやがるかもしれない。プロジェクト譲渡の共同作業を妨げるその他の障害には、人件費比率の相違、ノウ

ハウの移転価格を決める仕組みの欠如、コンピュータ設計ツールの違いなどがある。その結果、障害を乗り越えて譲歩されたとしても、譲渡のプロセスには長い時間がかかる可能性がある。

このような問題に直面した場合、乗り越えるには二つの方法がある。第一に、役職の高いプロジェクト・マネジャーを選び、彼らにトップ・マネジメントの目に見える援助を与えることだ。これは、プロジェクトが重要であり、経営陣はその成功を願っているという明白なメッセージであり、また何か論争があっても、パワーバランスは明らかにプロジェクト・マネジャーに傾いているというメッセージでもある。第二に、事業部のプロダクト・マネジャーに優先事項とプロジェクトの割り当ての責任を持たせること、また、プロジェクトに市場ニーズの変化に合わせる管理責任を持たせることである。これはプロジェクトに必要な事業とマーケティングの強みをもたらし、事業部に積極的関心を持たせるものだ。

●──製品開発

研究開発と製品開発をつなげる目的は、与えられた期日までに、簡潔な仕様設計で製造可能な製品を生み出すことである。この活動をどのように組織するかについてここで少し論じたい。マーケティングとの密接な連携は、製品開発を事業部の経営コントロールの下に置くことが必須である。今のところ最善の方法は、事業部か管理部門に所属し、複数部門のチームを管理する献身的なチームリーダーを置くことだ。チームリーダーの仕事は、製品仕様について製品の国内顧客、通常は製品マーケティング・グループと合意し、製品を仕様、価格、期日の約束通りに納品することである。したがって、チームリーダーは、製造当初のトラブルを社内での争いなしに速やかに解決できるように、製品の発売と最初の数カ月間の製造期間中、その責任を持ちつづける。製品開発プロセスが順調に進むことを担保するために、製品開発プロセスは通常一連の明確な段階に分けられ、重要なマイルストーンとなる見直し地点やゲートによって区切られる。しばしばCTOに直属する事業部マネジャーがゲート・キーパー役をつとめ、進捗状況を見直し、次の段階への継続を許可する。アーサー・D・リトルが刊行した『プロダクト・ジャガーノーツ』（文献8.3）やその他の資料は、

製品開発の組織化と管理についてもっと詳細に説明している（文献 8.4 および文献 8.5）。

複数の事業部で使用されるキー部品の開発は、分離した組織で行われることが多い。このような部品の例として、大型トラックのトランスミッション、家電製品の電気モーター、食料品や飲料の濃縮物などが挙げられる。キー部品の開発を社内の一点に集中させることは、努力の重複を防ぎ、競争意識を増大させ、長期的な計画を強化する。まさにキー部品の開発と製造を独立した会社に任せ、その会社が国内外の市場で販売するのを許可することは、規模の経済を実現し、競争力を強化する方法になる。多くの企業がこのやり方を採用している。たとえば、イギリスに本拠地を置く土木機材メーカーのJCB社は、JCBトランスミッションを設立したが、この会社はJCB掘削機とコマツやキャタピラーのような他の建設機械メーカーとの両方に車軸や差動装置、ギアボックスなどを販売している。この独立したやり方は功を奏しているとはいえ、次のような緊張関係を生む可能性がある。

- **役割の主目的が事業部への貢献であるなら、部品会社は一般市場で効果的に事業展開できないかもしれない。**事業部は製品開発においてつねに優先権を得て、優遇措置を受けることになる。極論すれば、部品会社は一般市場では売り物にならない製品の開発に貴重な資源を投入することを強いられる。たとえ製品に一般市場での可能性があっても、事業部は最先端の製品をOEM（相手先ブランド製造）の顧客へ販売することを制限し、自社の競争ポジションが弱くなるのを防ごうとするかもしれない。

- **役割の主目的が戦略技術を社内に保持することであるなら、部品会社は企業の財務目標を達成できない恐れがある。**長期的な開発と短期的な収益目標とは、めったに両立し得ない。このようなケースでは、目的が戦略技術の開発と保護であることを明確にすべきである。したがって、いくつかのキー部品が組み込まれていても、非戦略技術は部品会社に任せるべきではなく、外部に委託するか、事業部の中に留めたままにすべきである。

また、事業部の戦略がマーケット・プルに基づいているとはいえ、部品会社を作ることは事業部にテクノロジー・プッシュをもたらすことができる。キー部品の開発アプローチは、部品技術の競争力と外部市場に部品を売るときの事業価値とのトレードオフに左右される。前章で論じたように、現在の重要な先端技術については、外部への販売を注意深く管理し、概して社内に保持する必要がある。

●──製品製造

　多くの場合、製品に対して責任がある事業部は、製造に対しても責任をもち、市場ニーズに応じた生産を行うべきである。この枠組みの中では、いくつかのバリエーションが可能だ。たとえば、前述のように、独立した事業部がキー部品の製造を行い、公正な取引に基づいて他の事業部に販売する場合がある。同様に、多国籍企業では、事業が開発・製造とマーケティング・販売とに分かれており、前者を機能専門的な事業部として管理し、後者を地理的な事業部として管理している。これらのバリエーションが、製造は市場に責任をもつ事業部と関連を持つべきであるという論点に影響を及ぼすことはない。

●──技術サポート

　製造の技術サポートをどこに置くかについては異論が多い。多くの企業では本社のエンジニアリング・サービス・グループがその役割を果たしている。しかしながら、本社のエンジニアリング・サービスとその顧客の間にある組織的な障害がチームワークを困難にするため、このやり方も疑問視される。その結果、製造設備の資産効率が最適化されず、リードタイムが非常に長くなる。コスト上昇圧力が増しても大規模なエンジニアリング・サービス・グループを本社に持つことは、供給の安定性、機密保持、組織学習などを担保する方法としては受け入れがたいほど費用がかかるかもしれない。当然のことながら、多くの企業が別の解決策を探っている。

　一番目の解決策は、事業部に属すのではなく、さまざまな部分で必要とされる専門サービスを提供する小グループを本社に集約化することだ。膨大なプロセスとインフラのプロジェクトを管理しなければならない企業は、経験を蓄積

するためにプロジェクト・マネジャーや関係責任者を組織する必要がある。たとえば、オランダの化学薬品会社であるDSM社では、本社のエンジニアリング部門が核となるエンジニアリングのノウハウを確立し、請負業者の選定や管理に関して調達部門をサポートしている。イギリス石油会社は、すべての部署にサービスを提供するため、本社の小グループを共有資源として事業部門の管理下に置いている。これらにはプロジェクト管理も含まれる。というのもイギリス石油会社はしばしばコンソーシアムの一員として巨大な石油、ガス、化学薬品のプロジェクトの危機管理をしなければならないからだ。同様に、その他の企業も安全関連のエンジニアリング活動を本社に集約化し、監査対象事業からの独立性を担保している。

　第二の解決策は、本社のエンジニアグループを事業部全域に分散することである。これは事業部が違うニーズを持ち、専門的なスキルを共有する必要があまりない企業ではうまく機能する。また、分散化は、プラントの周到な現場知識が重要であるような、プラント・エンジニアリングや保守機能に対してはつねに有効だ。分散化はエンジニアリングをしっかりと事業の管理下に置き、専門知識の事業への委譲を容易にするので、マネジャーに好まれる。ドイツの大手化学メーカーの一つであるヘンケルは、各事業部内に設置した小さなエンジニアリング部門が業務指向の本社のエンジニアリング部門から、プロジェクト管理や専門的なエンジニアリング・スキルのサポートを受けている。他の業界の企業も同じことをしている。たとえばジャガーは、エンジニアリング・サービスの分散化により現地のイノベーションが活性化され、働き方が改善されることに気づいた。この他の分散化のバリエーションもうまく機能している。たとえば、ある企業はいちばんスキルを利用する事業部の管理下にエクセレンス・センターを設けているが、このセンターは会社全体のための仕事を課されてはいない。

　第三の解決策は、本社のエンジニアリング・グループを事業部から切り離し、社内外の両方の顧客にアドレスする独立事業を造ることだ。新しいエンジニアリング部隊は、提供するサービスの競争力に成否がかかっている。ほとんどの場合、その事業は（その必要がなくても）まだ親会社の傘下にあるが、社内だけでなく社外の仕事も受注するために競争している。前章で論じたように、コー

トールド社の本社エンジニア部門は、現在のコートールド・エンジニアリング・リミテッド（CEL）であり、コートールド社と外部顧客の両方を相手にしている。グループ企業は CEL 社を使う義務はないが、CEL 社は外部のサービス業者と競争して大きなプロジェクトのほとんどを勝ち取っている。グループ企業は、より競争力のあるサービス業者を得ながら、今や CEL 社はその売上高の大部分を外部の顧客から得ており、利益でグループに貢献することができる。このやり方を採用している企業の例としては、他にルーカス社と ICI 社がある。

　外部との競争は業績向上を促進する。さらに外部との競争のおかげで、サービス業者は市場から学ぶことができ、作業負荷のバランスを取ることで需要のピークに対処することができるようになる。ほとんどの場合、グループに追加の利益をもたらすことは、二番目の目標だ。この形態の分散化は、内部の顧客が外部の顧客と同じようなニーズを持つときや、エンジニアリング・スキルのクリティカル・マスが必要とされるときにいちばん役に立つ。また、エンジニアリング資源が内部の顧客ニーズ以上にあるときや、外部事業が内部顧客の需要のピークにない時期を埋め合わせることができるときにも、大いに功を奏する。しかしながら、エンジニアリング・サービスの独立事業が利益を上げるには長い時間がかかる。CEL 社は、この形態の分散化が最も成功した例の一つだが、30 年近くをかけているのだ。

　その上、内部の顧客との事業取引関係をより対等なものに変えることは、緊張を生むかもしれない。たとえば、エンジニアリングの独立事業は、内部顧客がプロジェクトスコープの変更に対する補償金を支払うようにしなければならない。以前は、社内の部門としてもっと融通を利かせたはずである。このように内部顧客と外部顧客の間の優先順位をめぐって軋轢が生じるかもしれないし、その外部顧客は競合企業かもしれない。あるマネジャーが言ったように、「グループ内顧客を外部の顧客のように扱わなければならないが、古い習慣を払い落すには長い時間がかかる」。内部の顧客はしばしば優先的既得権の喪失を受け入れがたいと感じるものだ。また、内部顧客はエンジニアリング・サービス提供側との新しい対等関係をマネジメントするために代表者を任命すべきだ。なぜなら、内部顧客の利益とサービス提供側の利益に違いがあると思われるからだ。同様に、新しいエンジニアリング事業は内部の仕事が好きで競争してい

るのではない。それに外部の市場で成果を出すためには新しい事業スキルの開発が必要である。長期的には、エンジニアリング・サービス事業によって外部コンサルタントとしての地位を確立するなら、その収益や資金ニーズ、リスク分析は親会社のものと対立するかもしれない。もしそうなら、エンジニアリング・サービスは別会社として設立されるべきかもしれない。

　本社のエンジニアリング・グループを強化するための第四の解決法は、合弁会社（ジョイントベンチャー）の設立である。これは独立事業としてエンジニアリングを確立するための近道を提供するだけでなく、関係が正式で契約に基づくものだということを内部顧客に明示するものだ。いくつかの企業はこの道を選び、補完的なスキルを持つパートナーと共に合弁会社を立ち上げることで、独立したエンジニアリングの子会社を設立している。たとえば、ヨークシャー・ウォーター社はそのエンジニアリング部門を、バブコック社の海外プロセス・プラント契約部門と合併させて、バブコック・ウォーター・エンジニアリング・リミテッド（BWEL）を設立した。ユナイテッド・ユーティリティーズはさらに進んで、海外ビジネス開発の協力の一環として、同社のノース・ウェスト・ウォーター・エンジニアリング事業をベクテル社に売却した。合弁会社に比べて、完全な売却は対立関係の解決にはならないが、問題を明確にする。ユナイテッド・ユーティリティーズは、ベクテルがその設計開発サービスから収益を得ることを期待していないことはわかっているし、ベクテルは、ユナイテッド・ユーティリティーズにもし不満があれば別のサービス業者を使えることがわかっている。両サイドに信頼がある場合のみ、関係はうまくいくだろう。さもなければ、ユナイテッド・ユーティリティーズは、そもそもの売却の目的を達成するために、社内にエンジニアリング・サービス部門を再建する必要があるだろう。

　あなたの会社の本社エンジニアリング・テクニカルサポート部門の管理方法を決めるためには、会社の状況に照らして各解決法のメリットとデメリットを見極めながら、自社特有のニーズを最も満足させる選択肢を選ぶことだ。成功のための処方箋は一つだけではない。

権限委譲のトレンド

　全般的に見ると、技術開発を事業部に委譲する傾向がある。短期的な製品開発やテクニカルサポートにとって、権限委譲は当然の措置だ。唯一行うべきことは、どの程度なら経営のコントロールや調整が業務の自律性と両立するかの決定だ。しかし、長期的な研究や技術開発の委譲には問題がある可能性がある。長期的研究や技術開発によっては、会社全体に付加価値をもたらす可能性がある一方で、コストが高く、専門的人材を必要とするため、会社全体に影響を与えることもあり、本社のより多大な関与を必要とする。極端な場合、本社の中央研究所によって管理される必要があるかもしれないが、多くの現代企業のCEOは、本社オーバーヘッドがより小さく、事業部が自律しているほど、柔軟で収益性のある事業になると信じているので、中央研究所が大嫌いだ。しかし、CEOの目標は、利益を生むだけでなく持続可能な事業を造ることだ。この二つの目標は、技術に対する広範な経営責任を必要とする。図表8.3で示したように、事業に対する技術の戦略的意味合いと、あなたが必要とする技術戦略とを見れば、技術マネジメントをどのように組織すべきかがわかるだろう。

グローバル組織

　組織をどの程度海外の事業活動に対応する必要性があるかは、あなたの戦略目的次第である。たとえば、コスト削減に焦点を合わせるなら、開発資源の重複を避けること、そして国際標準製品の設計で製造の規模の経済を達成することに力点を置くべきだろう。成熟産業で事業する自動車部品ベンダーは、共通部品を設計することによって開発・製造コストを最小限に抑えている。この開発研究部門のマネジャーが言ったように、「優れた工学設計は世界のどこでも同じである」。市場間で違いがある場合、地域の顧客ニーズに適応できる標準製品基盤の開発によって生産効率を上げることができる。しかし、もし目的が製品性能でリーダーシップをとることであるなら、開発・技術センター間でのアイデア、スキル、情報などの自由な交換を促進するような組織が必要だろう。

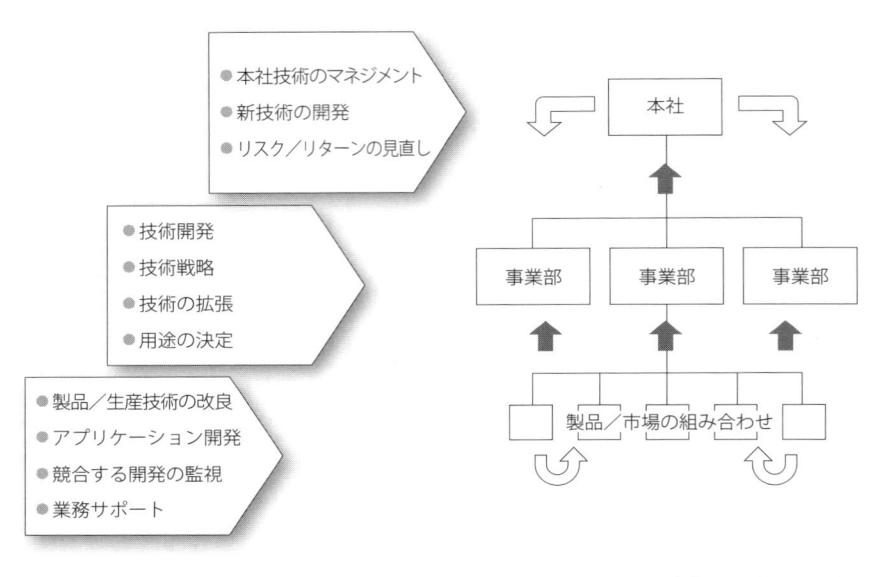

図表8.3 技術マネジメントの責任

- 本社技術のマネジメント
- 新技術の開発
- リスク／リターンの見直し

- 技術開発
- 技術戦略
- 技術の拡張
- 用途の決定

- 製品／生産技術の改良
- アプリケーション開発
- 競合する開発の監視
- 業務サポート

（本社 → 事業部 事業部 事業部 → 製品／市場の組み合わせ）

出典：アーサー・D・リトル

同様に、大きな投資を要する重要技術の開発を統合する必要もあるかもしれない。グローバル開発組織についてあなたの目的を明確にした時点で、既存組織の何を変更すべきかを決定する必要がある。

●——組織戦略の適合

組織構造は、地理的集中度や各地の技術交流の程度によって異なる（図表8.4）。

- 国内製品拠点は、地元市場で必要とされる製品範囲のほぼすべてを開発する。
- 集中型製品拠点は、ただ一つの製品タイプに専念し、国際市場全体をカバーする必要があればそのバリエーションを開発する。
- エクセレンス・センターの役目は、企業の製品領域で共通する技術か、国際的に重要な技術を開発することにある。集中型生産や国内生産の開発拠

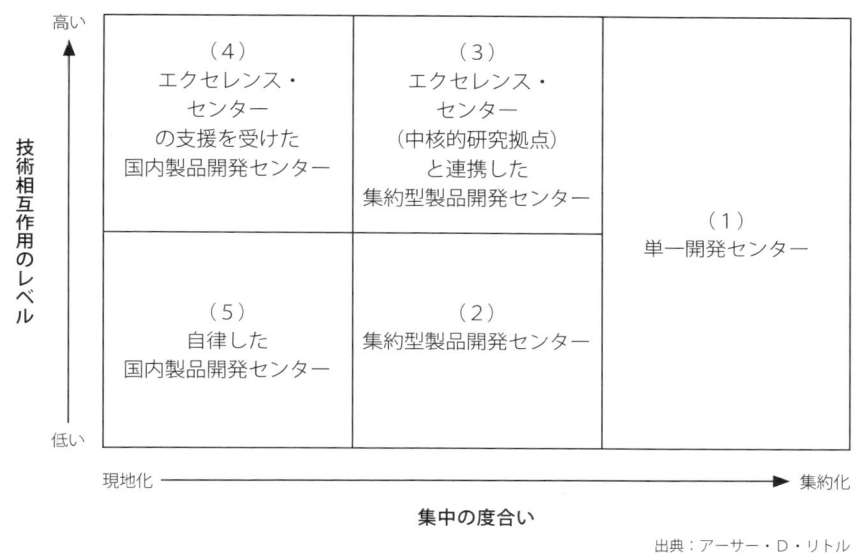

図表8.4　グローバル開発組織

	現地化 ←　　　　　　集中の度合い　　　　　　→ 集約化

技術相互作用のレベル（高い←→低い）

- （4）エクセレンス・センターの支援を受けた国内製品開発センター
- （3）エクセレンス・センター（中核的研究拠点）と連携した集約型製品開発センター
- （1）単一開発センター
- （5）自律した国内製品開発センター
- （2）集約型製品開発センター

出典：アーサー・D・リトル

点として利用されることも多い。
● 単一開発拠点は、グローバル開発活動全体を一カ所で行う。

　組織構造の選択は、営業する市場の力学やあなたの戦略に影響される。もしあなたの市場が世界市場とほぼ同質なら、単一開発拠点を選べばよい。一つの市場が会社の収益の主要な割合を占める場合も、あなたの選択は同じになるだろう。その反対に、国内市場が高度に差別化されている場合、共通の技術分野においてより長期的な製品開発を行うために、場合によっては世界あるいは地域のセンター・オブ・エクセレンスの支援を得て、国内製品拠点を維持したいと思うかもしれない。ある一流の消費財向け包装材ベンダーは、各国の国内市場で大きく異なる顧客ニーズを満たすために、局所的な製品開発を選んでいる。対照的に、多くの生産財企業では、産業の競争の激しさと製品の複雑さを理由に経営者は、製品マトリクスや技術主導の組織を選んでいる。

図表 8.5　グローバル開発組織の競争優位性

製品開発組織の目標例	目標達成に必要な組織能力				
	1	2	3	4	5
開発の重複の回避	高い	中くらい	高い	中くらい	低い
スキル・アイデア・情報の共有	中くらい	中くらい	高い	中くらい	低い
人員の配置	高い	中くらい	中くらい	中くらい	低い
地域の顧客ニーズへの対応	低い			高い	高い
生産の規模の経済の達成	高い	高い	高い	中くらい	低い

● 高い　● 中くらい　○ 低い

1. 単一開発センター
2. 集約型製品開発センター
3. エクセレンス・センターと提携した集約型製品開発センター
4. エクセレンス・センターの支援を受けた国内製品開発センター
5. 自律した国内製品開発センター

出典：アーサー・D・リトル

　可能性のある開発の目的に基づいた基準の範囲に照らして、さまざまな開発組織を評価することができる（図表 8.5）。結論として、センター・オブ・エクセレンスと組み合わせた多くの集中型製品拠点が、幅広い開発目標に適応できる可能性が最も高いことがわかった。

　結局のところ、自社の開発組織の中にどんなメリットを得たいか、何を重視したいかを決め、それに応じた組織を選択することが必要である。

● ── 国際的な障壁への対処

　多くの企業がわかっているように、異なる国に事業拠点を置くと、技術開発マネジメントが難しくなる。

　● **言葉の障壁が苛立ちと遅延をもたらす**。これは技術に限らず事業のすべての機能に影響を及ぼす。この障壁を取り除くためには、密接な働き方と相互信頼の醸成が必要だが、これには時間がかかる。

- **距離と時差が強力な障壁となる**。この障害は言語の違いと相まって、遠距離活動の調整を困難にしている。この問題は、コミュニケーションや移動、非公式のネットワーク作りを上手に行うことで軽減される。
- **文化的差異**が、買収によって形成されたグループの場合には特に、**技術開発の障壁になり得る**。たとえば、ある企業は汎ヨーロッパのセンター・オブ・エクセレンスを作ろうとしたが、ニーズのすべてを地元の人材で完結しようとする商習慣によって挫折した。地元にとっては、論理は明確だった。知っている人間と取引するときには、正式な組織構造や手続きを無視したのだ。この問題を克服するために、企業はジョブ交換、非公式なネットワーク作り、共通の研修を始め、何をどこでするかを厳しく管理したが、それでも汎ヨーロッパ的な取り組みが利益を生むようになるまで何年もかかった。
- **政治的圧力も重要である**。政府は研究開発のような高付加価値活動を生産部門の近くに維持することに熱心で、戦略的な研究を一カ所に集約する動きには抵抗したがる。国内で研究開発を支援する公共部門は、固有の地域的な偏りを抱えている。

これらの問題は深刻になりやすいため、ハード、ソフト両面での投資によって共通の文化を創造することで解決すべきだろう。この問題についてのこれ以上の議論は、本書の範囲を越えるものである。しかしながら、重要な点は、グローバル化によって企業の技術マネジメントの原則が変わることはなく、その方法だけが変わるということだ。

技術開発の資金調達

いずれにせよ、すべての技術開発は有料にすべきである。極端な場合、グループ企業がすべての資金援助を行い、事業部は必要な支援を何でも要求する。結果として、事業部は（サービスは無料なので）過剰に求めるようになり、（研究開発者は事業部を本当の顧客と思わないので）最終的に事業部が手に入れる

ものは彼らの要件に合わないものかもしれない。他の極端な例を挙げれば、技術開発は契約ごとに支払われる。最も啓蒙された事業責任者のみが、当面の必要がないものに代価を払うだろう。

事業のつねであるが、資金調達には落としどころが必要だ。その可能性を明確にするために、アーサー・D・リトルは1992年にロンドン・ビジネス・スクール・プロジェクトに資金を供与し、イギリスに本拠地を置く29社の技術開発資金の調達方法を検証した（文献8.6）。このプロジェクトの調査結果は、ここで述べた示唆の根拠となっている。

先に論じたように、技術開発活動は主に五つに分類される。すなわち、戦略研究、技術プロジェクト、製品開発、製品製造、技術サポートである。資金調達の仕組みは以下の四つに分類できる。

- 本社からの資金調達：各事業からの上納金か会社のオーバヘッドによってまかなわれる。
- 毎年の事業部の予算：事後承認されるべき実施項目の詳細を添付。
- 年度レベルで承認される内部契約：それぞれの仕事のコストを明確化。
- 各契約を事業化ベースで交渉する外部契約：事前に予算を決めない。

おそらく当然のことながら、資金調達の調査結果から、先に詳述した技術開発の分類とさまざまな資金調達の仕組みとの間には緩やかな相関関係があることがわかった。どちらかと言えば戦略研究は本社が資金調達を行い、技術サポートは契約によって、他の研究は事業部によって資金調達が行われる。しかし、図表8.6が示すように、この緩やかな相関関係には少なからぬ差異が隠されている。その上、調査の結果、資金提供者と技術開発の目的に責任を持つ組織との間には、あまり相関関係がないことがわかった。特に、本社や事業部の予算が投入された仕事は、上級管理者よりもむしろ事業部や研究者によって行われることが多かった。これは悪いことではない。本社の責任者よりも研究室の責任者のほうが、何が必要かを知っているからだ。しかし、いくつかの事例では、研究開発責任者の監督が不十分かもしれない。調査の時点では、企業の三分の二が資金調達の方法を強化したという事実は、彼らが研究開発のコント

図表 8.6　資金調達の分類

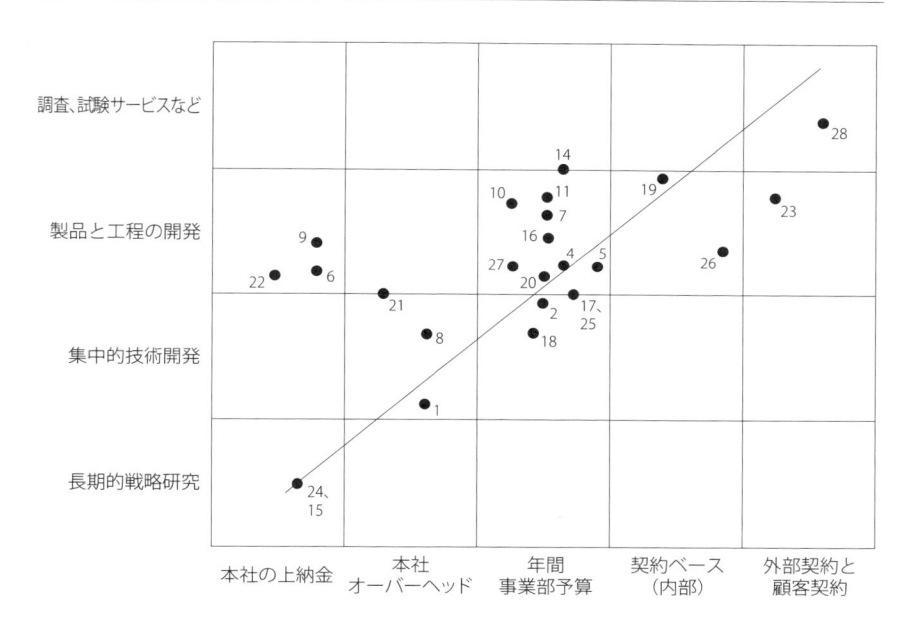

（縦軸：調査、試験サービスなど／製品と工程の開発／集中的技術開発／長期的戦略研究）
（横軸：本社の上納金／本社オーバーヘッド／年間事業部予算／契約ベース（内部）／外部契約と顧客契約）

出典：アーサー・D・リトル

ロールについて心配していたことを示している。もし振り子が契約技術開発のほうに振れ過ぎてしまえば、長期戦略はそれにふさわしい注目を得られないかもしれない。実際に、調査を行ったうち4社の経営者が、事業運営の焦点のバランスをとるために、本社の何らかの戦略研究費を研究開発部門に投入すべきだと思っていた。事業や本社の戦略目的に合った長期的動と短期活動のバランスを作り出すために、資金調達の仕組みを利用することが概して必要となる。

だが、どのようにそれを行うのか？　図表8.7で示したように、技術開発のタイプと資金調達のタイプをマッチさせることだ。簡単に言えば、戦略研究の資金調達は本社レベルで行い、技術開発と製品開発の資金調達は事業部レベルで、サポート活動の資金調達は個別契約によって行うべきである。どの場合にも、点検とバランスが必要だ。

図表 8.7　資金調達と目的の関係

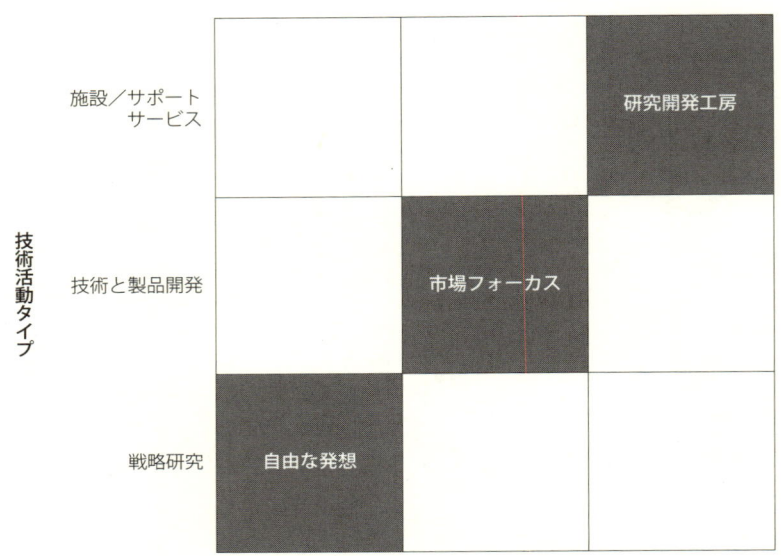

技術活動タイプ	本社による資金調達	事業部による資金調達	契約による資金調達
施設／サポートサービス			研究開発工房
技術と製品開発		市場フォーカス	
戦略研究	自由な発想		

技術開発の資金調達メカニズム

出典：アーサー・D・リトル

- **本社の資金調達は、まだ事業とほとんど関係がないか、当面関係がない長期的な戦略研究に適している。**このような研究のために、資金調達は以下のように行われるべきである。

  ◆ 目的が事業の戦略目標と一致することを担保する。
  ◆ スキル開発を促進するための安定性を提供する。
  ◆ 創造の自由を認める。

　経営者とCTO、またはそれに準ずる者は、本社の予算とその全体目的に合意すべきである。また、予算設定に緩みを持たせ、CTOや研究責任

者が投機的なアイデアを追いかけ、直観に頼るのを許容することが望ましい。いくらかの安定性を確保するためには、前年比予算の変動幅に制限を設けるべきだ。たとえば、翌年の予算を今年のプラスマイナス10％以内にするという具合だ。

● **事業部は、可能性のある事業にひもづけた目標のある技術開発や製品開発のプロジェクトに資金提供すべきである。** この段取りをきちんとするのはむずかしい。というのも、予算は大きく変えられなかったり、方向性がすでに決まっているだけでなく、プロジェクトをよりコントロールしてマネジメントすることが必要だからである。明らかに、可能性のある事業には、事業環境の変化に応じて休みながら進むための自由が必要である。しかしながら、研究開発の観点からは、このような自由はリソース計画に問題をもたらし、コア・コンピタンスを確立する能力を減退させる。

　ボトムアップ／トップダウンの年間計画が問題を解決する。一年に一度、事業部の責任者がプロジェクトをリストアップし、必要なコストや資源について技術開発責任者と合意する。そして、本社のマネジャーは、前に論じた分析ツールを使って総費用と技術開発の焦点、および全体的な戦略目標との整合性をレビューする。プロジェクトのポートフォリオは予算に合わせて修正できるが、できれば各プロジェクトで使う費用を全体的に減らすよりも、いくつかのプロジェクトを中止するほうが望ましい。四半期ごとの会議で、責任者は各プロジェクトを見守り、必要なら修正する。毎年の予算を平準化するメカニズムは、事業部のマネジャーが業況の変化に応じて全体的な予算を早く上げ下げしすぎるのを防ぐ。10％以内の前年比の変動は、出発点として妥当である。

　いくつかの大企業の経営者は、技術・製品開発のプロジェクトは独立した契約にすべきだと主張している。たとえば、ゼネラルエレクトリック（GE）はその研究開発センターをまるで独立採算の事業体のように運営している。そのメリットは厳しい管理ができる点にあるが、安定性と戦略との整合性を失う危険性をはらむというデメリットもある。グループの技術戦略は、このような事業ではあまり重要な役割を果たせない。だが、成

熟市場で営業しているコングロマリットにとっては、このアプローチは合理的かもしれない。技術が長期的な競争力の支えとなっている企業では、契約アプローチは大失敗を意味するかもしれない。

- **契約ベースの資金調達は、技術サポート、検査、トラブルシューティングなどのサービスで考えられるアプローチである。**一般的に小規模で迅速なプロジェクトを伴うこの契約は、目標、時間、コスト、成果物が通常は明確である特定の問題を解決するために設定される。資金調達契約の適用には注意点が二つある。一つは、金額の問題である。サービスが社内で提供されるとき、そのサービスにどれほどの価値があるか、社内の料金が一般市場よりも高いか低いかが討議される。この討議は、これらのサービスがそもそも社内で提供されるべきかどうかという話に移ることが多い。答えは明らかである。サービスが社内で必要なものなら、その料金は少なくとも市場価格であるべきだ。さもなければ、外部に委託すべきである。サービスを社内維持するための基準には以下が含まれる。

  ◆ 独自の専門技術
  ◆ 守秘義務
  ◆ サポート経験の有無

- **さらに対応のスピードや柔軟性、信頼や精通の度合いも含まれるが、これらは持続可能な競争優位性をもたらす条件ではないので、サービスを社内維持する唯一の理由ではないはずである。**

  二つめの注意点は、サービスの安定供給と、誰がその代金を支払うかという問題だ。もしブリティッシュ・レイル・リサーチが、必要なときのみしか使わないサービスを提供する機械信号伝達技術の専門家チームを持っているとしたら、レイルトラックはサービスを頼むときだけ給料を支払えばいいのだろうか？　明らかにそうではない。このような事例では、通常、サービスが必要でないときにも、このチームの最低限のコストをカバーするために、維持費用または支払いの保証が必要になる。他の事例では、問

題はもっとわかりにくい。たとえば、原子力機関の非破壊検査技術者の例を考えてみよう。彼らの専門能力は社内では滅多に必要とされないが、社内のニーズがつねに優先することを前提に、外部に売ることもできるかもしれない。この場合にも、なんらかの「テイク・オア・ペイ★」が適切である。

資金調達について最後に言っておきたい点は、測定とマネジメントの必要性だ。資金調達が人々の行動に影響を与える危険性がある。人々はしばしば資金の割り当てを「自由」だと考えるので、標準的な需要と供給の対象とみなさない。これを信じ切っている人がいるのは、技術開発には特有の不確実性があり、開発は従来の方法では測定できないという認識が彼らのなかにあるためである。しかし、測定できるのだ。長期的な戦略研究にかかわっている人も含めて、技術開発のスタッフは、プロジェクトに費やす自分の時間を計り、誰もがやっているようにタイムカードに記入することができる。毎日、時間と目標をマッチさせるのは難しいかもしれないが、毎月か三カ月ごとに到達すべきマイルストーンとして時間とコストを予測し、測定することはできる。

ここで紹介した資金調達の仕組みは、現代企業において果たすべき合理的な役割を持つ。上級管理者の役割は、対象とする資金提供にふさわしい仕組みを選び、資金の分配がうまくいくことを担保し、資金がどのように使われ、何を生み出すかを監視するための測定手続を導入することにある。

★ 契約用語。買主が商品やサービスをすべて引き取らなかった場合でも全額を支払うことを義務とすること。

第9章

イノベーションを起こす

MAKING IT HAPPEN

「我々はもっとイノベーティブでなければならない。戦略や体制を整えて正しいことは何でもやってきたのに、どういうわけかイノベーションを起こすことができないのだ」

　組織にいる者は誰でも、事業が何を達成しようとしているのか、また自分が何をすべきであるのかを知っている。しかし、それを知っているにもかかわらず、また、開発スタッフが一生懸命に働いていても、開発というパイプラインは新製品や新生産技術を流せずにいる。何が間違っているのだろう？
　どこに問題が在るのかを捜そうとすると、誰もが自分の考えを主張する。誰のせいにすべきかは知っているのだ。

- 「みんなマーケティングの責任だ。3カ月以上先がわからないから、我々に何がほしいのかを言うことができずに、手遅れになるのだ」
- 「もっと長期的な仕事をすべきだとわかっているが、予算は削減されるし、来年ではなく今年の業績が評価される」
- 「東京の研究室には専門家がいるだろうが、以前に彼らと働いたことはないし、どうやって始めたらいいかわからない」
- 「ここで間違いをすると首になるのに、何でリスクの高いイノベーションで悩む必要があるのだ？」

以上のおなじみのコメントが明らかにしていることは、経営戦略と企業文化や非公式の商慣行との間にギャップがあることだ。
　正しい戦略、組織構造、資金調達メカニズム、管理プロセスなどがあっても、技術開発の成功は保証できない。業績は、リスクを負い、直観を信じ、創造的な個人にかかっている。その上、本書で概説したアプローチを採用して、あなたが最大の事業インパクトを持つプロジェクトに資源を集中させたとしても、その結果、開発者の創造の自由を制限することになるかもしれない。成果を強く求めることと、創造性を育てることとの差は紙一重だ。行き過ぎた構造化や経営によるコントロールは、開発を速くするかもしれないが、二流の製品や製造工程という犠牲を強いるかもしれない。それでも、経営側からの指導が少なすぎれば、輝かしいアイデアも研究室を越えて発展することはないだろう。多くの産業や多くの国々の企業を見ると、開発を成功させる重要な要因が以下の三つであることがわかっている。

- イノベーティブな社風の創造。報奨制度、経営スタイル、文化的要因が、イノベーティブな行動を奨励し、イノベーティブな人材を会社に参加させ、とどまらせる。
- チームワークの促進。開発スタッフはそれぞれの能力を出し合い、事業部や国の障壁を越えてシナジーを生み出すことができる。
- 技術者と非技術者の間の障壁を取り壊す。

　本章では、以上のテーマを順番に探究する。いくつかのアイデアは事業部レベルで、その他は本社レベルで実行するために提案されている。企業規範が社員の行動に与える強力な影響力を考慮して、すべてのイニシアチブは本社レベルで支持されるべきだ。

社風の創造

　目的は明白である。技術開発者のグループは、イノベーションの流れを起こすために一生懸命に働き、知識を出し合い、創造的活動を行っている。成功と失敗の間にはあまり明白な違いがないにもかかわらず、ご存知のように、イノベーションがうまくいく企業もあれば、うまくいかない企業もたくさんあるのだ。ある事例は、この点を明らかにしている。世界的な計測器メーカーが、一流大学の近くの先端科学が集中している地域に企業の研究所を設立した。情報交換を促進し、大学のような学究的雰囲気を造るために、著名な現代建築家が設計したビルは、コーヒーラウンジがたくさんあるガラス張りのオフィスだった。意図は単純だった。研究者は会社に来て、コーヒーを飲みながら集い、技術的な問題を討議し、それからオフィスにこもって夜まで一生懸命に働くのだ。まるで大学院の学生のように。この計画の最初の部分はうまくいった。エンジニアと研究者は確かにコーヒーを囲んで座り、創造的になり、偉大な思索にふけった。だが残念ながら、午後5時には家に帰り、翌日戻ってきては同じことを繰り返すのだった。創造性は間違いなく非常に高まったが、アウトプットは低くなった。問題の一部は、採用方針にあった。研究室は頭脳明晰な創造的思索家でいっぱいだったが、全員がアイデアを生むだけで、実行タイプの人や最後までやりとげる人がいなかった。その結果、何も生まれなかったのだ。

　他の企業の研究室では、主任研究者が言った。「私のスタッフは、望むことなら何にでも取り組む。これはうまくいくとかこれはうまくいかないとか、どの分野が最も事業性があるとか、どうして私に言えるだろう？」成果は予測できた。その研究室は能力の高さで世界的に有名になり、人類の技術を飛躍的に進歩させた。その一方で、会社は次第に主だった競合他社に押され、他社の真似をするだけのフォロワーになっていった。

　組織には自由な創造性が入る余地がない。経営者の目標は、創造性ではなく、価値のある創造的生産活動を保証することにほかならないのだ。

　高度な生産活動を達成する第一歩は、イノベーションが成長するような社風を作ることである。多くの世界的企業のイノベーティブな社風に関するアーサー・D・リトルの調査は、五つの要素が重要であることを示している。重要

度の高いものから順に挙げる。

- 報奨制度
- コミュニケーション
- 経営体質
- イノベーションの価値に対する社内認識
- 外部との接触

　各要素の最適な実践方法については以下で詳述するが、これらの事例があなたの会社にとって適している場合と適していない場合があることをご承知おき願いたい。幾多の学問的研究にもかかわらず、どの組織ではうまく働き、他の組織ではうまく働かないのかについて、誰にも正確にはわからない。それでも何人かのコメンテーターが法則を提案している（文献9.1）。重要な要素は、社員が持つ一連の価値観であり、これは組織の歴史的価値観や文化水準と関連がある。したがって、前進する最良の方法は、イノベーションにとっての最大

図表9.1　開発期間中のモチベーションのレベル

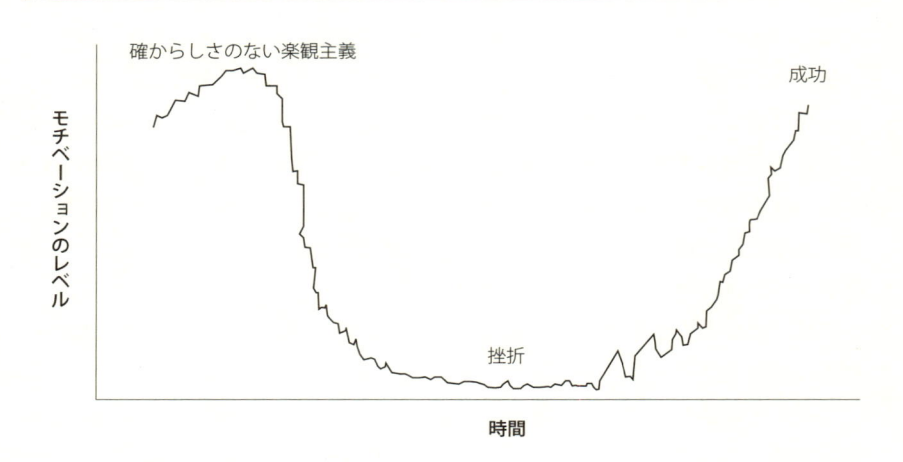

出典：アーサー・D・リトル

の障害がどこにあるかを社員に尋ね、まずその障害の克服に集中的に取り組むことである。

●──報奨制度

　大部分のイノベーターは、創造的で自らやる気にあふれた個人である。イノベーションは一般的に面倒で繰り返しが多くストレスのたまるプロセスであり、成果を生むまでに数年あるいは数十年もかかることがある。イノベーションの活動に積極的に関与したことのある者は誰でも、図表9.1の図に見覚えがあるだろう。チームは熱意と楽観的な錯覚を抱いてスタートする。だが、失敗が起こり、期間が延長され、別の事業の課題が優先権を持つにつれて、次第に「現実」が見えてくると、モチベーションが下がっていく。そこで、明らかにつまづいたとしてもイノベーションの活動にくらい続けられるようにするために、報奨制度が必要となる。報奨制度と言ったのは、お金以上の何かが必要だという意味である。感謝の言葉や自由裁量権のような報奨も同様に価値がある。

　とはいえ、お金は重要である。イノベーターは高尚な目的に燃えているのだろうが、彼らも生活していく必要がある。同様に重要なのは、金銭が価値を認めるという暗黙の了解であることだ。販売やマーケティングのチームに払う倍の金額を研究者に支払うことは、社員や外の世界に対して、あなたがイノベーターをどれほど高く評価しているかを知らせる明白な合図である。アメリカの企業は先頭を切って、イノベーターのためにさらに複雑な金銭的報奨制度を作っている。自社株購入権やボーナス、特許権使用料の支払い、製品の収益に応じた報酬などだ。

　感謝の言葉も、価値の認知を伝えるため重要だ。手紙や電話であろうと、個人的訪問であろうと、あなたの支援をはっきり伝えることにはいつでも価値がある。あなたが部下だったころ、時折上司から感謝されてモチベーションが高まったときのことを思い出してみよう。トム・ピーターズ（文献9.2）は専門家としてこのテーマを詳細に述べている。自分の努力が会社にとって価値があると信じられるほど、社員はよい仕事をする。ただし、やりすぎないように気をつけよう。称賛もあまり度重なると、信憑性を失い、相手をイライラさせ、悪くすると侮辱と受け取られかねない。

同僚から認められることも、大多数のイノベーターにとって重要な要素である。セミナーを催すために招待したり、会議への出席や発言を許可するといった報奨もしばしば高く評価される。しかしながら、もし研究者があまりにも熱心に自分の仕事を語り、企業秘密を犠牲にしてまで尊敬を得ようとするなら、人前に出ることは問題を起こす。特許が危険にさらされたり、事前の情報公開が特許請求の範囲を無効にしたりする場合には、情報公開は危険なものになる。このために、多くの企業は単純な情報公開を制限する方針を採用している。だが、これは間違いだ。開発スタッフのやる気をなくさせ、競合企業や学界、関連産業の研究者たちとのネットワーク作りを妨げることになってしまう。もっと実りの多いアプローチは、公開情報を適切に選別するよう調整し、バランスをとり、あまり早く情報がもれないようにしながら、情報公開を奨励することである。

トップ・マネジメントと同僚による成果認知を組み合わせた報奨もある。たとえば、ヒューレット・パッカードは、優れた仕事に対するトップ・マネジメントの成果認知の明白なシンボルとして、ゴールデンバナナ賞を授与している。アイントホーフェンのフィリップス・リサーチでは、研究者が特許を取るたびにドル紙幣を与えていた。社員から会社への特許権の委譲のための法的必要性から始まったものだが、ドル紙幣は儀式的な賞となり、社員はオフィスの壁に何枚ものドル紙幣を飾ることを誇りとするようになった。

自由裁量権の増大も別の報奨制度であり、ピンボールマシンの懸賞金と関連付けることができる。「一度うまくやってくれたから、もう一度うまくやるチャンスをあげよう。今回は君を信頼した分だけ自由を与えよう」。これは Win-Win のお互いにメリットのある賞である。最高のイノベーターに対して、さらにイノベーションを行うよう励ますので、企業は勝つのだ。一方で、成功すればもっと興味のある分野を追求する自由を得るので、イノベーターも勝つことになる。その上、成功したイノベーターはますます大きなやりがいと地位を与えられ、善良な経営者はイノベーターとともに出世の道を与えられるのだ。

●──コミュニケーション

イノベーションに成功する企業の上級管理者は、社員の近くにいる努力を

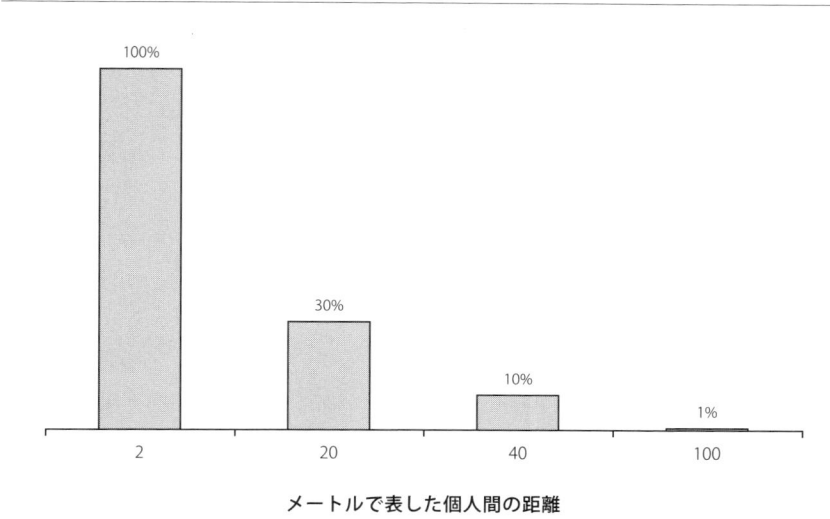

図表9.2 非公式な技術的コミュニケーションのレベル

```
100%   30%   10%   1%
 2     20    40   100
```
メートルで表した個人間の距離

出典：Allen and Fusfeld から採用

払っている。垂直方向と水平方向の開かれた会話の経路は、あらゆるレベルで社員のモチベーションを高め、アイデアを引き出すために重要である。コミュニケーションを良くする明らかな方法は、多くの人が推奨するが実践する人は少ない「門戸開放」の方針を採用することだ。この方針の成功は、トップ・マネジメントが開放的で非公式な経営スタイルによってお手本になる能力があるかどうかにかかっている。

社内報は思いのほか功を奏する。従業員およそ1,000人のエンジニアリング会社では、隔週2ページの社内報でイノベーションを中心に事業の様子を報告したところ、イノベーティブな社風が劇的に高まった。編集はトップ・マネジメントの権限外にあり、世俗的なゴシップ欄も含む新しい社内報は、本社公報を素通りして実際の問題を取り上げている。このような社内報の発行は信頼を必要とし、信頼を維持するには粘り強さが必要だが、見返りはその努力に十分値する。

マネジャーには、ヒエラルキーを飛び越えて数段階下の部下と会うことをお勧めする。いくつかの企業では、これを業績評価の一環としてマネジャーが

組織的に行っている。また、さまざまな段階の管理者から成るワーキンググループを作ることによって部下との会合を行う企業もあれば、技術的な会議やフォーラムのような、現場から離れた特別なイベントを企画する企業もある。あるアメリカの電話会社は、相互交流を促進するために、非公式だがヒエラルキーを飛び越えられる管理プロセスを取り入れている。たとえば、出張やオフィス訪問の際、上級管理者に現場スタッフのもとに立ち寄ることが期待されたり、若いスタッフが夕食会のような会社の宴会に順番で招かれたりする。

社員の意識調査は、特に経営面や戦略面の変化があるときに、社員の意欲や態度、文化の変化に関する貴重な情報を経営陣に与えてくれる。だが、調査が社員に受け入れられ、経営陣にとって有益なものになるには、守秘義務と客観性を担保する外部の専門家が調査を行う必要がある。さらに、調査結果が広く共有されるとともに、その結果に基づいたアクションが起こされるべきだ。社員の考えを聞いただけでほったらかしにしておけば、彼らはやる気をなくしてしまうだろう。

社員の討議グループは日本では一般的であり、世界各地で増えている。たとえば、アメリカのハイテク・コングロマリットでは、毎年社員の20％が無作為に選ばれて参加している。彼らは、CEOや上級管理者の出席のもと、人事部長を議長として会合を開き、変革のための意見や提案を述べる。総合的品質管理（TQM）・品質管理サークルの方法は、事業の経営面でより一般的に使用されているものだが、これにも同様の効果がある。品質管理サークルは経営環境と同様に、研究・技術環境においても価値がある。

また、水平方向のコミュニケーションをよくする対策も講じるとよい。水平方向のコミュニケーションは非公式なものであり、非公式な接触は物理的な距離によって左右される。そのため、化学者と冶金学者と量子物理学者を離れた場所に配置するのでなく、互いに隣り合った席に座らせるのも一つの方法だ。我々は、隣の机の人とは問題をすべて話すことができても、大した理由もなしに廊下を歩いて行ったり、別の建物に行ったりして問題を共有するのは気が進まないものだ。1970年代の調査を基にした図表9.2は、物理的距離が遠くなるにつれて水平方向のコミュニケーションが急激に少なくなることを示している。近くの机に座る二人の間の非公式なコミュニケーションを100％とす

ると、隣のオフィスに離した場合、コミュニケーションは三分の一に減少する。廊下を歩いて、別の階や別の建物に行くまでに、非公式なコミュニケーションはごくわずかなレベルに落ちてしまう。この影響に対処する努力の一環として、BMW は、スタッフ間のコミュニケーションの隔たりを最小化するために、新しい企業の研究施設を円形の建物に作り、さまざまな部署を配置した。このような建物の中に混在する機能グループから生まれる水平思考やアイデアの融合のほうが、どんな管理上の利便性よりも重要であることを、経営陣は信じているからである。

　現在ではコンピュータ・ネットワークのおかげで、コミュニケーションの問題はいくらか緩和されている。電子メールやロータス・ノーツのようなデータ共有システムの爆発的成長は、インターネットへの関心の高まりと相まって、非公式な電子コミュニケーションが急速に現実になっていることを示唆している。たとえば、ブリティッシュ・テレコムはサプライヤー8社とともに、共有コンピュータ・ネットワーク上の留守番電話を開発した（文献9.4）。初期の困難を乗り越えると、取引先の開発者はまもなく、さまざまな場所のさまざまな企業と働くことに慣れていった。オープンな会話はいつも成功のカギだった。世界最大の企業のいくつかは、分散したプロジェクト・チームをつなぐ電子コミュニケーションを頼りにして、世界規模の開発に取り掛かりはじめている。もしメンバーが互いに接触し、知り合うようになれば、十分な量の遠隔非公式コミュニケーションが可能だ。それでも、本当に効果的な非公式コミュニケーションは、体系化されていないアイデアの迅速な交換にかかっている。コンピュータに詳しい人以外にとっては、キーボードやディスプレーを使うという問題は、双方向のボディランゲージの不足と結びついて、電子通信をほど遠いものにしている。多くの組織にとって、物理的に近いことは、予測できる未来のためのイノベーションを成功させる重要な要素でありつづけるだろう。

　非公式なネットワーク作りは、イノベーティブな生産活動に大きな影響を与え得る。研修コース、社交クラブ、アマチュア演劇やスポーツなどは、非公式なネットワーク作りを促進し、イノベーティブな社風を強化するための効果的な方法として長らく認められてきた。これらの手段のいくつかは平凡で、企業の関心の外にあるように見える。しかしながら、文化的な姿勢は重要性が最も

高い。もし取締役会が非公式コミュニケーションの仕組みを取るに足りないものとして却下したなら、社員もそうするだろうし、取締役会が大切に扱えば、他の社員もそれに倣うだろう。

● **経営体質**

　経営陣のイノベーションに対する見解は、イノベーティブな社風にとって非常に重要である。イノベーターはやる気を鼓舞され、勇気づけられるが、もし挑戦して失敗したら、会社の中で嫌な仕事に回されて終わるのではないかということを非常に恐れている。イノベーターは、会社が100％応援してくれて、協力的な環境を与えてくれると感じられる必要がある。このような経営体質の認識は、経営陣の見解に関する理解、失敗に対する耐性、時間的視野の3点からもたらされる。

　イノベーターは、経営者が話したり書いたりしたことや現実に行っていることから、イノベーションが企業にとってどれほど重要かという認識を得る。企業の自社PRは間違いなく重要だ。3M、キヤノン、ピルキントンのような企業は、イノベーティブな企業として自社をPRすることに非常にたけている。たとえば、キヤノンのサラウンド・サウンド・ラウドスピーカーへの進出が、商業的に成功したか否かにかかわらず、イノベーショティブな企業というイメージを生むきっかけになったことはほぼ疑いようがない。しかしながら、宣伝だけでは不十分である。大多数の大企業の年次報告書に目を通すと、イノベーションやイノベーティブな製品の重要性に言及した言葉は見つかるが、多くの企業は実際にはイノベーティブではない。研究開発をほめたり、会社のイノベーティブな能力を説明したりする会長の空疎な言葉は、輝きのない製品や短期的な財務圧力に追い立てられる経営と合致することが多い。経営ビジョンの認知を強化することは難しく、即効薬はない。それどころか、トップ・マネジメントは、イノベーションには本当に価値があると心から信じるべきであり、たとえ短期的な財務実績という圧力に反しても、実際の言動によってそれを伝える準備をすべきである。

　経営者がイノベーションを信じていることを示す方法の一つは、失敗を容認することだ。当然のことながら、多くのイノベーティブな開発プロジェクトは

失敗する可能性がある。失敗は、無能さの表れというよりも、イノベーティブであることの当然の結果である。イノベーションにふさわしい社風を作るには、失敗に対して肯定的になり、失敗者を罰しないことだ。フィリップス・エレクトロニクス社の先行開発グループの一つは、いろいろと考えた結果このアプローチを採用している。プロジェクトの失敗率の目標を少なくとも50％に設定し、この失敗率を記録している。グループ責任者の説明によれば、失敗率が少しでも低ければ、先端的な新製品を開発できるはずはないとみなされる。しかし、失敗に対する許容度が高いことは、業績不振に対する許容度が同じように高いということではない。許容される失敗は、イノベーションの規模がチームの領域や資源を超えるために生じる技術的な失敗である。効果的なプロジェクトマネジメントや技術資源の活用にもかかわらずに生じた失敗は容認されるが、お粗末なマネジメントや不適切なプロセスや無能さが原因となる失敗は許されない。明らかに、この前提条件の正当性を担保するためには、対策を講じる必要がある。

　時間視野は、トップ・マネジメントが研究開発の流れに影響を与えられる、もう一つの要素である。3カ月毎の財務報告や短期的業績の圧力にもかかわらず、長期的開発に対して最後まで揺るぎなく支援する覚悟のある経営者は、事業の業績改善という目に見える成果だけでなく、社員のイノベーティブな態度の向上という目に見えない成果も手に入れるだろう。多くのイノベーションは、利益を生むまでに長い時間がかかる。1970年代後半のアメリカの調査によれば、平均して、一流ベンチャー企業のキャッシュフローは約12年間マイナスであり、ROIは7年間マイナスだった。これらの期間は、当時の大多数の最高経営責任者が肯定的な結果を快く待てる期間のおよそ2倍の長さだ。より最近では、株主からの短期的圧力がイノベーションの妨げになるかどうかイギリスで激しい議論がされた。この場合もやはり、研究開発投資と約5～10年後の会社の業績向上との間には、緩やかな相関関係があることが明らかになった（文献9.5）。

　リスクもまた時間と相関関係をもつ。リスク・アバース（回避）の経営者は、回収は少ないが確実な短期間の漸進的改善に、集中的に資本を投入する傾向がある。技術が事業を推進するというよりは、技術が事業を支えているにすぎないフォロワーの企業では、この傾向は容認できるかもしれない。たとえば、

ファストフード・チェーンは注文技術や食品冷却技術の漸進的な改善を考えるかもしれないが、まったく新しい食品加工法や調理法を考えようとはしないだろう。対照的に、家庭用化粧品であろうと工業用ポンプであろうと製品主体の事業では、成長のために劇的なイノベーションを起こさなければならない。短期間のイノベーションの増加は、結果として「ミートゥ（me too）」製品の連続をもたらすことになり、せいぜい会社の市場ポジションを維持することしかできず、根本的な有機的成長をもたらすことができない。先端的な製品開発イノベーションは、ブランド商品にも非ブランド商品にも同様に必要である。近年ではブランドの効力が減少してきているが、ブランドに残されている効力は、消費者が新製品を試してみようと促すことである。長期間にわたって一連のイノベーティブな製品を安定供給することによってのみ、ブランドの価値を維持しながらブランドの上に新事業を築くことができるのだ。直観に反することのようだが、ブランドの価値を維持するために、ブランド商品企業は非ブランド商品企業よりもいっそうイノベーティブになり、いっそう新製品開発のリスクを負う必要がある。

　計画を中長期にとらえることは、イノベーションと成長にとって欠かせない。だが、用心も必要だ。計画が対象とする期間を伸ばすことは、研究開発への圧力を緩めるという意味ではない。長期プロジェクトにおいて、特に八方塞がりで時間を浪費する可能性の高い初期段階では、短期的プロジェクトと同様の緊張感を維持すべきである。

　命令だけでイノベーションは起こらない。今からこの会社はイノベーティブになり、リスクを冒し、展望を長期にとらえ、将来に投資するという命令を下したところで、誰も本当だとは思わない。あらゆる文化的適応がそうであるように、鉄砲水よりも一滴ずつのアプローチのほうがうまくいくものだ。一貫性と粘り強さの両方の重要性を過小評価すべきでない。誰もが職場での経験から知っているように、社内風土は壊れやすいものである。取締役会、最高責任者あるいは重要な上級管理者の態度が、全社員の行動様式を左右する。イノベーションと長期研究に関する立派な言葉は、行動、目的の理由、そして毎年一貫性のあるメッセージによって裏付けられる必要がある。

●───イノベーションの価値に対する社内の認知

　多くの企業、特に金融持株会社では、社員は普通の機能部門のように、技術もただの支援機能だとみなしている。少数の成熟した製品事業では、この見解は妥当かもしれない。しかしながら、前章で論じたように、製品事業の大部分にとって、技術とイノベーションは根本的に重要である。それでもなお、技術は研究開発の所掌であり、研究開発は専門家グループの所掌であるという認識が残っている。研究者は、伝統的に自らを科学の番人と位置付けてきたため、研究開発の重責を負わねばならいが、これには二つの弊害がある。一つは、社内の誰も研究開発を理解できないか、近づくことができないこと、二つめは、研究者が他のグループとコミュニケーションを取らないことである。これらの問題を乗り越え、技術の価値に対する社内の認知を引き上げ、イノベーティブな社風を強化するために、上級管理者は事前措置を取る必要がある。

　第一に、先に述べたように、上級管理者か取締役レベルの権限を保証する必要がある。CTOかそれに相当する者が他の取締役と同じレベルにいるべきであり、理想としては、技術だけでなく事業のあらゆる側面に関する討議に参加するための知識を持つべきだ。第二に、経営陣は一貫した方法で技術の価値を伝えるべきである。この点については第11章で論じる。年次報告書やその他の手段によって技術重視の姿勢をPRする企業は、技術に対する関心が高いという評判を得て、イノベーティブな人々を惹き付け、既存スタッフの地位を引き上げ、イノベーティブな社風を強化するだろう。イノベーティブな製品は消費者や株主や社員が持つ企業イメージを高め、好循環をもたらすだろう。第三に、イノベーションの価値を評価する行為は、次章で論じるように、それ自体でイノベーションが重要であるという思いを高めるものである。

●───外部との接触

　イノベーティブな社風を作るためには、自前主義（NIH: Not Invented Here）症候群から抜け出す必要がある。ほぼすべての企業が社内で技術開発をやりすぎて、資源を浪費している。さらに悪いことに、社内の努力の結果はたいてい最善ではない。それというのも、大半が過去の功績を引きずっている限られた数の研究者の総合的なスキルに基づいているからだ。この近視眼的な

マインドセットから抜け出すには、外部連携に投資する必要がある。スタッフを会議に送り出す現地の技術責任者をサポートしよう。他の経路による外部との接触を増やし、展示会への参加や技術雑誌への投稿を奨励しよう。大学を利用しよう。博士課程の研究プロジェクトのスポンサーになることは、低コストで基礎研究を手に入れる方法であり、大学の技術見解を社内に取り込むための優れた手段でもある。新しいアイデアを誘発するためにベンダーや顧客を利用しよう。自社の包装材研究開発部をもつ家庭用品メーカーが、もしCMB、クラウン・コーク、PLMのような大手包装材ベンダーの提供品から自社を差別化することができると信じているなら、それは思い違いである。これらの大手ベンダーはもっと多くの資源や経験をもち、幅広い製品のニーズに対応することで顧客によく知られている。協力者として彼らの資源をうまく活用することが、社内開発よりもずっと確実にイノベーティブな方法である。

最後に、グループ内の才能をフルに活用しよう。ゼネラルエレクトリック（GE）のような企業は、全グループの事業から選んだ人材の融合がイノベーティブなアイデアを生み出したり、一つの事業部が確立した技術を別の先端的な事業部へ与えたりできるということに気づきはじめている。

チームワークの奨励

技術開発と製品開発は、もはや大ヒットのアイデアを生む個人の才能を当てにしてはいない。たしかに、かつて事業的に成功した製品をひとりの人間が作ったのかどうかは疑わしい。個人が大きなアイデアを思いついても、それを競争力のある製品にするのはチームである。

チームワークに向かう第一歩は、技術者たちを一緒に働かせることである。生まれつきチームプレーヤーである技術者は少ない。大多数が自分の目標を叶えるために自分の専門知識を頼りにし、部下を従えるのとは反対に、失敗を受け入れ同僚と仕事を共有する。しかし、大多数の成功したイノベーションは、以下の四つの主な理由で、チームワークに由来している。

- チームは個性豊かな人材で混成される。
- 横のつながりから飛躍的な発明が生まれる。
- 前進はしばしば学問分野の境界線の変化によってもたらされる。
- 希少資源は一つの領域に集中させ、複数の領域で利用する。

　チームワークは、イノベーティブで実践的なチームを生み出す個性豊かな人々を一つにする。そして、このチームは未知の領域を探求しつつも、限られた時間とコストで成果を生む。チームメンバーのプロフィールについて書かれた著書や（文献9.6）、アイデアを生む人と形を作る人、細部まで仕上げる人とのつながりの必要性について書かれた著書は多い。そのためここでは、チームメンバーのプロファイリングはほとんどの場合、チームメンバーの行動、有効なメンバー構成に関する見識を与えてくれるとだけ述べておこう。

　多くの飛躍的進歩は、非公式な議論ができる横のつながりから生まれる。さまざまな経歴、専門知識、性格が豊かな土壌となるのだ。DNA構造発見の物語（文献9.7）は、解決策を導くのは個人の才能よりむしろチームワークであることを明らかにしている。

　最も単純な製品でさえ多くの専門分野間の協力で生まれている産業界では、進歩はしばしば専門分野の境界の変化によってもたらされる。保存性に取り組む消費財メーカーは、個々の技術としてよりも、むしろ製品とそのパッケージ全体の技術を考えることで、解決策を見つけるかもしれない。解決策が見つかるのはハードウェアなのかソフトウエアなのかが絶えず問題になるエレクトロニクス業界では、専門分野を越えた研究が最も必要とされる。たとえば、光データ記憶はディスクを横断するピックアップ・ヘッドの精密なトラッキングが必要だ。これは精密部品かソフトウエアによって、ピックアップ・ヘッドにフィードバックされる連続トラッキング調整で機械的に行うことができる。機械設計者、電子設計者、ソフトウエアエンジニアが一丸となって取り組まなければ、正しい折衷案を発見する機会を逃す。

　最後に、チームワークは希少技術資源を一カ所に投入しながら、自由に複数のプロジェクトで働かせることができる。構造解析や熱解析を研究している優れたコンピュータ・モデリング・グループは、液体モデリングに着手すること

ができるだろう。他の人たちが、このグループが関わることを認めるならば、これは新しい流体モデリング・グループを作るよりも費用対効果の高い解決策になる。

したがって、チームワークは成功に必要不可欠な条件だ。チームワークは有能なチームリーダーと協力的なチームのダイナミズムの両方にかかっている。まず、チームの誰からも尊敬され、チームを共通の目的に引っ張ることのできるリーダーが必要である。次に、ベルビンが述べているように（文献 9.6）、チームはアイデアを生み出し、開発し、製品化しなければならない。

● ── **最適な環境の整備**

成功するチームには最適な職場環境が必要だが、この環境を整えることは文化面での大幅な変化を伴う。

特に不信感と誤解を取り除き、個人のモチベーションをチームの目的と整合させることが必要である。以下の四つの活動は考慮に値する。

① **人材を交換する**。ある専門分野から別の専門分野への人事異動は難しいかもしれないが、同じ分野内のグループ間異動は可能である。この種の異動は関係を強化するだけでなく、新しいアイデアのきっかけをもたらすことがある。大手企業の場合、事業部、研究所、国の間の人事異動はさらに大きな利益になる。人事異動はどのグループも快適すぎて馴れ合いになるのを防ぐ程度の頻度で行うべきであり、継続性を損ない開発の質を危険にさらすほど頻繁に行うべきではない。人事異動を実際にどうするかについては企業構造やテクノロジー・プッシュの度合いによって左右される。参考までに言えば、電子機器、計測器、自動車部品、消費財のような中規模の技術産業では、10人の研究者グループのうち毎年2～3人を異動させ、1～2人を受け入れるというモデルは、可能である。もしこれが行き過ぎで費用がかかりすぎると思われるなら、もっと短期間の配置換えを考えてもよい。だが、一度メリットが明らかになれば、すぐにもっと長期間の人事異動を望むようになるだろう。

②**チームに報酬を与える**。チームワークを望むなら、チームワークに報いらねばならない。残念ながら、この処方箋は言うは易く行うは難しである。何と言っても会社の報酬や成果認知の最も明確なしるしの一つは昇進だが、これはチームではなく個人が対象である。そのため、二つの段階でチームを対象とした報酬を用意すべきである。

　一つめの段階は、一回限りの報奨金や金銭ではない賞、あるいは単に同僚からの称賛によって、チームに対してその成功を称えることだ。責任者はチームに格別な気分を味わわせるための独創的な方法を見つけるべきである。たとえば、フィリップス・コンシューマー・エレクトロニクス社では、最初のCDプロジェクト・チームのメンバー全員に贈られた特製のCDディスクの飾りを大切にしている。ある小さな機械メーカーは、新しいプロジェクトをタイガー・プロジェクトと名づけ、メンバー全員にタイガーのステッカーを与え、タイガー・ルームに配属した。まもなく社員はタイガー・チームをエリートとみなすようになり、その結果メンバーのモチベーションは非常に高まった。もう一つの段階は、個々のチームメンバーの行動に注目し、報酬を与え、チームにおける彼らの役割を認めることだ。チームの前進は、チームから抜きんでた個人の能力よりも、彼らが参加しているチームの成功によるところが大きいということを、個々のメンバーが理解すべきである。これをきちんと理解すれば、チームワークは繁栄する。間違って理解すれば、チームのメンバーは手柄を奪い合って、チームをだめにしてしまうだろう。

　多くの企業は、個人の業績にかかわるものとチームの業績にかかわるもの、この二つの要素に基づいた査定あるいは昇進の選考手続きによって、チームの行動を促進している。理論的には、両要素での成功が、出世の必要条件である。しかし実際には、この選考手続きを決めた人やこれを利用する人の善意に反して、個人的要素が中心になることが多い。それでも忍耐強ければ、可能である。厳密なやり方で手続きを行うか、査定の責任者を変えて、たとえばマーケティング部長と技術部長が彼らの部署のすべての昇進に共同責任をもつようにする。結果が期待外れであっても驚くことではない。本当に優れたチームプレーヤーは、必ずしも昇進の対象として

すぐに心に浮かぶ人ではないからだ。

③ **「ゲームのルール」を変える**。アーサー・D・リトルのピーター・スコット・モーガンは、「ゲームのルール」すなわち企業環境での行動に影響を及ぼす不文律（明文化されていないが、慣習として誰もが知っているルール）について、広範囲に渡って書いている（文献9.8）。あなた自身の会社を見渡せば、不文律の例はすぐに見つかるだろう。よく知られた不文律は、「成功したければ、あちこち異動しろ」というものだ。多くの多国籍企業は、幅広い経験をもつ人物を昇進させたがるし、野心的な経営幹部はすぐに不文律に気がつく。「できるだけ頻繁に異動しろ、できれば何も知らない分野がいい。5年間は企業にあまり貢献できないだろうが、たっぷり学べるだろうし、もっと重要なことは、注目されることだ」。代表的な例を取り上げよう。アメリカの製薬会社で働く有能な生化学者は、7年の間に年金、戦略、会計監査、営業、コンピュータ・サービスの分野で仕事をしたが、さらに昇進するためには、家族生活を犠牲にして1年間を世界各地で過ごさねばならないことがわかると、会社を去った。このような不文律に追い立てられる状況では、効果的なチームワークは達成できそうにない。だが、あなたが望む行動を促進するために、不文律を変えることができる。たとえば、業績の高い個人プレーヤーよりも、キーとなるチームプレーヤーのほうを早く昇進させることができる。これを実行すると、最初のうちは、社員は常軌を逸した行為だと思うかもしれない。でも、二回目、三回目には、社員は関心を持ちはじめるだろう。四回目、五回目には、社員はチームワークが重要であるという新しい不文律を作るだろう。もちろん、これは簡単なことではない。不文律を変えれば、予期しない新ルールが作られる危険性があり、それが迷惑な副作用をもたらすかもしれない。その上、不文律は行動に影響を与えるかもしれないが、行動を管理することはない。そのため、目標を達成するために不文律をどこまで当てにできるかには限りがある。

④ **物理的・組織的構造を一致させる**。1960年代と1970年代に、地下鉄投資

グループはイギリスのケンブリッジに研究所を持っていた。アーサー・D・リトルの専門用語ではまさに「第一世代」のシンクタンク型研究所だった（文献9.9）。そのやり方は、市場からの声を研究プロジェクトへフィードバックすることを妨げるもので、物理的配置は機能横断的なチームワークを削ぐものだった。研究所はケンブリッジ郊外の古い大邸宅に置かれた。当時、グループの製造現場の大部分がイギリス国内にあったが、160キロメートル以上離れた内陸部と北部にあった。両者間のコミュニケーションはめったになく、あっても容易ではなかった。研究者はＴシャツとジーンズを着て、不規則な時間で働いていた。その結果として、実際に一部の研究開発は効果的だったにもかかわらず、この研究所を訪れた多くの人は、この研究所をそれほど効果的だとはなかなか認めなかった。研究所の中は機能別に物理学棟、冶金学棟、エンジニアリング棟に分かれていた。問題はいつも機能単位で考えられ、機能の組合せで考えられることはめったになかった。当然のことながら、チームワークはまれだった。対照的に、フィリップス・コンシューマー・エレクトロニクスの先行開発センターやBMWの製品開発グループは両方とも、マルチ機能グループで組織され、それぞれのグループがある製品分野にフォーカスしていた。また両社とも事業の製造部門や営業部門と近い場所に置かれていた。

●──分散したチームを管理する

　第8章で述べたように、複数の支社をもつ企業や多国籍企業では、さらなる問題が生じる。一番目の問題は、物理的距離である。移動時間のせいで気軽に打ち合わせをすることが非現実的となってしまい、コミュニケーション強化の措置を講じないかぎり、チームワーク自体が崩れてしまう。すぐに思いつく対応方法は、たとえば毎週の経過報告会議などによる正式なコミュニケーションを増やすことだ。しかし、多くの企業では、このような会議は、各「サイド」が研究成果を発表したり、他の発表を注意深く聞いたりするプレゼンテーション会議よりも小規模になり、期待外れになっている。もう一つの、もっとうまくいくアプローチは、仕事と社交を兼ねた少人数の公式な会合を開くことである。会合に社交的な要素を採り入れることは、参加者相互の信頼を築く場を提

供し、これに続く非公式なコミュニケーションを容易にする。

　大きなプロジェクトについては、チームの結束の強化にもっと投資すべきである。チームの名称、チームの制服、チームのニューズレターも、チームを結束させることができる。チームに特定の資源や設備を与えることも、明確なアイデンティティを持つ結束力のあるチームを築く助けになる。

　多国籍企業にとって二番目に大きな問題は、言語である。多くの多国籍企業が唯一の言語として、あるいは世界共通語の一つとして英語を使っている。そのため、誰でも少なくとも基礎レベルの英語を話すことができる。だが、イギリス人やアメリカ人にありがちな、チームのメンバーは誰でも自分たちと同じくらい英語が堪能であると考えるのは危険だ。誰もが英語を話せるわけではなく、たとえ流暢に話せても、言葉の解釈は違うかもしれない。たとえば、"Exploitation"という言葉は、イギリスでは容認できる言葉であり、「チャンスを活かして開発する」という意味の用語である。ところが、ノルウェー英語では、通常他人のお金の「着服や収賄」という付帯的な意味を持つ言葉である。ノルウェーの国営企業に、チャンスを「活かす(エクスプロイト)」ように申し出ることは、強奪や略奪を勧めるようなものだ。このように言葉の選び方は、コミュニケーションの有効性に大きな影響を与えることがある。もう一つの言語の問題は、母国語でない言葉を話すとき、単刀直入な言い方になりがちであることだ。英語を母国語とする人は、「いいアイデアだね、ジョン、だけど君のドライブ・コンポーネントの組み立て方について、全面的に賛成できるかどうか確信がないんだよ」と言うかもしれない。だが、心の中で同じように考えてはいても、英語を母国語としない人は、「このドライブ・コンポーネントは間違っていて、この設計では動かない」というような、素っ気ないが的を射た言い方をしそうだ。当然のことながら、これは国際的なチームワークにとって大きな障害となる。

　すでに述べたように、解決策は不信感を取り除くことである。これは取るに足らない課題だと考えるべきではない。イギリス、ドイツ、アメリカ、ブラジル、オーストラリアに会社をもつエンジニアリング・グループが、コンサルタントの支援のもと、6カ月のフルタイムのチームを結成し、生産や営業の現場から離れたところに集まってプロジェクトを行った。多国籍チームは実際に一緒に生活を共にし、夜はビールを飲みながら誤解を解消する時間が十分にあっ

た。また、成果を上げるという大きなプレッシャー下で、誰もがお互いを理解し、共に働くことに熱心だった。チームメンバーは何よりもまずチームに忠実になり、長年にわたる拠点間の不信をかなぐり捨てた。成果は目覚ましかった。より安い生産コストでより広範に販売でき、企業の収益を倍にするような完璧な新製品の数々が生まれたのだ。

　複数の事業体をもつ企業では、それぞれの事業体が個別最適になる傾向がある中で、チームメンバーがチーム一体として機能し全体最適を押さえることが課題である。事業体の枠を越えて働くために、チームは個々の事業体の目標よりも会社全体の目標を優先する必要がある。大きなプロジェクトでは、CEOやCTOの干渉によって、力のバランスが動く場合がある。成果の見えにくい技術関係の仕事では、技術者が事業体の責任者を敵に回さずに、事業体の枠を超えた活動に取り組めるような構造が必要である。自由市場的な移転価格によるコントロールは役に立ちそうもないが、他の形の資金調達を越えるメカニズムが必要とされる。実働時間ベースでお金を払うことが最も一般的であり、これは、完全でないまでも、ほぼ関係者全員にとって許容できるものである。

●──開発プロセスに合わせてチームを管理する

　効果的なチームワークの環境を整えるとともに、開発の進捗状況に応じてチーム・ダイナミズムを確実に管理する必要がある。

　マルチ機能で構成される開発チームは、開発の進捗状況に応じて技術スタッフ数が増減する。初期段階では、技術部門（たとえば研究開発）と非技術部門（たとえばマーケティング）の両方からの創造的な意見を採り込むことが必要である。開発が進むにつれ、技術からのインプットはより実践的になり、研究を離れて開発工学へ、次いで生産技術へとシフトする（図表9.3）。大きなプロジェクトでは、プロジェクト・チームの技術者を変えることによって、このシフトが管理される。たとえば、新型航空機の開発のために召集されたチームは、数年にわたり数百人の専任スタッフを抱え、専門家を採用したり、チームを解散したりする裁量権を持つ企業の様な組織である。小さなプロジェクトでは、図式は多少異なる。チームメンバーは同じだが、その役割がプロジェクトの進行に応じて変化する。たとえば、ある電子機器メーカーによる最近のモーダル解

図表9.3　効果的な製品開発チーム

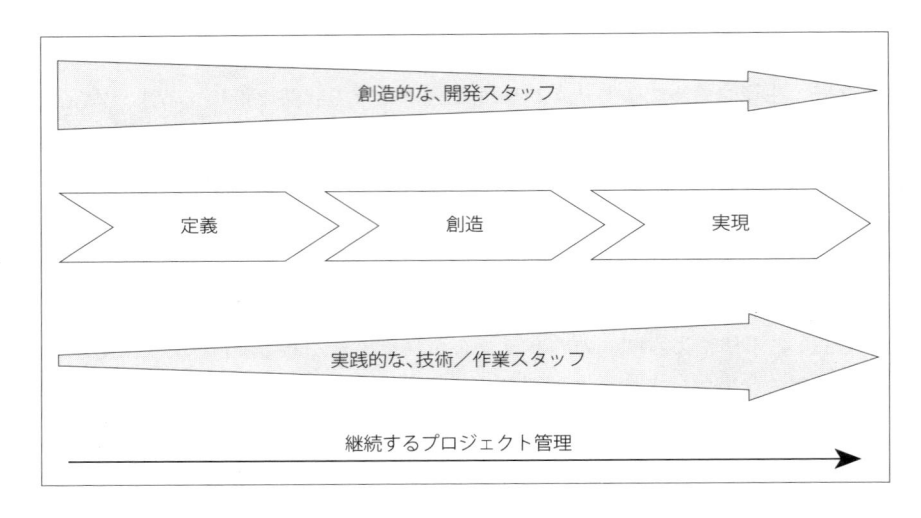

```
         創造的な、開発スタッフ →

  → 定義 → 創造 → 実現 →

         実践的な、技術／作業スタッフ →

         継続するプロジェクト管理 →
```

出典：アーサー・D・リトル

析器★の開発は、5人の専任チームによって行われた。そのうち二人は設計エンジニア、一人はマーケティング担当者、一人は製造エンジニア、一人はプロジェクト管理者を務める生産部長だった。チームはプロジェクトの進行に応じて職務や活動を変えながら、15カ月間で構想から生産までを共同で行った。

　チームワークは、専任の人材がいて物理的な資源があると最もよく機能する。専任チームには主体性と柔軟性があり、団結心も強い。チーム全体が専任になることが不可能なら、少なくともプロジェクトの推進者であるチームリーダーと、常時アクセスできる専門家が必要だ。専門家グループの誰かがそのたびごとに時間を割くよりも、同じ一人の専門家が2年間のプロジェクトの間、週に5日働くほうが望ましい。

　プロジェクト・チームの構成を変えるかどうかは、次の二つのガイドラインに従うべきである。チームメンバーの連続性があるほうがうまくいくのでス

★　自動車、家電製品、工作機械などのさまざまな構造体の振動現象の解析

タッフの変更は最小限にする。もちろん、必要なら、研究者を設計エンジニアと入れ替えるのはよいが、プロジェクトが進行しているのに設計エンジニアを別の設計エンジニアと交代させてはならない。同様に、次々とプロジェクト・マネジャーを変えるよりも、始めから終わりまで同じプロジェクト・マネジャーが担当したほうが成功しやすい。多くの中小企業では、プロジェクト・マネジャーが製品開発だけでなく、量産開始から一年間または数年の期間、責任を負っている。前述したように、大企業はこのバリエーションでもっと単純で効果的なやり方を採用すべきだ。こうすると開発から設計、製造へと移行するにつれ、担当者間の連絡の問題はなくなり、初期トラブルも減少していく。

　チームを後押しするためには、チームメンバーをやる気にさせ、開発をやり遂げることができる強力な推進者が必要である。最も有望な候補はプロジェクト・マネジャーだが、必要なら上級管理者か取締役がその役割を果たすこともできる。社内の顧客も明らかにこの役目を果たせるはずだ。おそらくCEOかマーケティング責任者の社内の顧客が開発の中心的役目を果たすことになる。彼がプロジェクトを見直し、推進者として意思決定し、顧客が何を望んでいるかをつねにチームに意識させるのだ。

　チームを解散するのは、チームを開発するのと同じくらい難しい。強力な団結心と忠誠心が構築されていれば、チームメンバーは別れたがらないだろう。一つの解決策は、チーム全体に製品から製造までやり遂げさせることである。だが、プロジェクト・チームをあまり長く一緒にさせるのは、よい考えではない。悪くすると、チーム全体がやりたいことしか考えなくなるので、プロジェクトがだらだらと長引くかもしれない。良くても、プロジェクトは必要以上の時間と資源を費やすことになる。ここで、他の選択肢も考えよう。たとえば、チームメンバーが新しいプロジェクトに移るか、再び技術開発に集中するか、交替で別の仕事に就くことである。効果的にチームを解散することは、一つの課題だ。解決策は早めに手を打つことだ。プロジェクト・マネジャーは心を鬼にして役割を果たしたチームメンバーを卒業させるべきであり、機能部門長は彼らを必要とする部署へ転任させる準備をすべきである。その場合にも機能部門長は、チームを離れてやる気をなくしたメンバーが配置換えを受け入れるまでの間、いつでも相談に乗れるようにすべきだ。

障害を取り壊す

　技術開発をマルチ機能チームで行う場合の最大の課題は、技術スタッフとその他の機能スタッフの間に接点を築き、両者から最高のものを引き出すことである。このために、責任者は二つの重要な役目を果たさねばならない。第一に、技術スタッフに事業的なものの見方を身につけるのに十分な関心とやる気を持たせることである。第二に、チームの技術スタッフが成果を出せるように注意することだ。この点でも会社の支援が重要になる。

　事業、研究、技術開発、製品開発などに付加価値を与えるために、エンジニアと研究者は事業マインドを持たねばならない。事業マインドを持てば重要なことに努力を集中させることができ、顧客が気づかないような改良よりも顧客がメリットを見出すようなイノベーションを製品に加えることができる。それに、技術者が事業マインドを持たなければ、開発チームの他のメンバーとコミュニケーションが取れず、イノベーションの利益が目標値に達しないかもしれない。

　事業マインドの必要性は分かりきったことのようだが、多くの企業ではそうではない。技術者は何よりも技術的問題に関心と意欲がある。残念なことに、多くのエンジニアや研究者は、技術や製品開発以外の仕事も彼らの仕事であるとは思っていない。図表9.4は、評判の高い大手電気メーカーで働く開発技術者の調査結果を示している。見てわかるように、技術者は試作品開発や製品仕様設定には喜んで参加していたが、それ以外の仕事には関わりたがらなかった。さらに悪いことに、製品が量産に至ると何が起きるか、どの時点で製品が有益な事業利益を生みはじめるかを知りたいと思っていない。技術責任者はこの問題に無関心だった。「技術者が新しい製品を考える構想力を抑制しないために、事業マインドを抑制する必要がある」と彼は説明した。

　しかし彼は間違っている。事業マインドは創造性を抑制しない。それどころか事業モデルは、技術者が付加価値を生む対象に創造的エネルギーを集中できるようにする。

　どのようにしてマネジャーは事業マインドを促進できるのだろうか？　開発スタッフにできる限り顧客や営業部門の前に出る機会を与えることではないだ

図表9.4 製品開発プロセスへの開発技術者の関与レベル

	関与レベルの自己認識			
	なし	意識レベル	貢献レベル	参加レベル
事業性評価	■■■■■■			
製品仕様	■■■■■■■■■■■■■			
試作品開発	■■■■■■■■■■■■■■■■■■■			
マーケ計画	■■■■■			
試験生産	■■■■■■■			
大量生産				

出典：アーサー・D・リトル

ろうか。このことをよく示した例をいくつか挙げてみよう。

　ヒューレット・パッカードのコンピュータ部門は、新人の若手研究技術者を顧客サービス部門に配属したり、小売店に派遣したりするなど、人前に出る機会を与えるために多大な努力を払っている。技術者はまもなく、コンピュータ内部のICプロセッサの性能は、顧客の目にはあまり重要とはならないことを学ぶ。顧客は面倒なボタン操作や複雑な取扱説明書のほうにもっと関心があるのだ。技術者は、コンピュータを売るうえで、外観、感触、付属文書、信頼性のすべてが電子設計よりも大切であることに気づくようになる。日本の大手家電メーカーである松下は、東京の展示会で最新の試作品をすべて展示している。見学者は新製品を試すように勧められ、研究・製品開発部門の技術者がその様子を撮影したビデオを見るのだ。またもや技術者は、家電製品においては電子技術よりも外観や使いやすさが重要であることを学ぶ。ソニーはさらに一歩先を行っており、東京の主要なショールームに生産開始前の試作品を展示し、顧客の反応をモニターしている。また、グラクソは社内で事業マインドを生み出している。専任の技術移転チームが研究所から生産までの技術に責任をもち、

技術が事業にどのように応用され、技術部門が事業の成功にどのように貢献すべきかを営業部門に説明するのだ。
　技術スタッフの心に事業マインドを芽生えさせる方法には、以下が含まれる。

- 開発者に返品された不良品の分析を任せる。
- 研究者を訪問販売に行かせる。
- ビジネスプランの開発に技術者を加える。
- 技術者をスタッフ部門に派遣する。
- 開発技術者に顧客が製品について語るビデオを見せる。

　あなたの技術者が自分の仕事の事業的意味合いについて考えはじめていることがわかれば、どの方法を選ぶかはあまり重要ではない。
　このプロセスがひとたび進行すれば、次にあなたの課題は、技術者にマーケティングや販売スタッフとのコミュニケーションを取らせることである。これは明らかに必要なことだ。たとえば、食品加工工場で使うイノベーティブな試験装置を生産している会社は、次第に市場シェアを失っていることに気づいた。その理由は、技術者が社内で力を握っているからだった。当然ながら、彼らの焦点は製品内部の技術にあった。次々と生まれる製品に、技術者は製品性能を高める改良を重ねていた。マーケティング・スタッフは、これは市場が求めているものではないことを知っていた。製品が食品加工工場の生産速度に合わないので、顧客は技術性能の向上を求めてはいなかったのだ。その代わり、顧客は、外観／使いやすさ／保全性にもっと関心があった。ところが、社内でマーケティング部門が開発部門に顧客ニーズの変化をいくら説明しても、却下されてしまった。技術者はマーケティングの話を信じなかったのだ。技術者は、マーケティングの説明を自分たちの権限を弱体化させる企てとみなして、恐れを感じた。
　どうして人はこれほど非合理的に行動できるのかと疑問に思うかもしれない。答えは、技術者と非技術者の間に合理的なコミュニケーションを築くことが難しいからだ。第一に、実際にそうしたいと望んでいたとしても、どちらも相手を理解できないのだ。技術者は、流速密度、ベクトル・フィード、RS232イ

ンターフェースなどの専門用語や、さらに悪いことには、拡張バス、ファームウェア、ラダー・ロジックなどの理解できない専門用語で話す。マーケティング・スタッフも、悪いことに、普及率、USP（Unique Selling Proposition：独自の売り）、SKU（Stock Keeping Unit：最小在庫管理単位）について話す。そのため、しばしばコミュニケーションはお粗末なものになる。人々は相手に疑いを抱く。なぜ彼女は突然私と話したがったのだろう？　何を目論んでいるんだ？　彼らには時間もモチベーションもない。多くの企業では、社員はまだ自分の部署での短期的な業績によって評価され、報酬を与えられている。それなのになぜ、他の部署と長期間の関係を築くために時間を費やすべきなのか？ 努力に値するような利益があるとは思えない。

　あなたはこれらの問題に取り組むために、いくつかの対策を講じることができる。会議やセミナーを利用した、より良いコミュニケーション・チャネルはしばしば役立つ。懇親会やスポーツ大会が育む非公式なコミュニケーションにも同様の価値がある。すでに述べたように、技術グループ間のつながりを強化するための活動もここでは等しく有効だ。個人の仕事のローテーション、部門間コミュニケーションを対象とする報酬・報奨制度の変更、部門間協力の研修などはすべて、その例である。しかしながら、技術者と非技術者の関係の強化は、単なる関係の強化よりも難しい。頑な態度を変え、もっと信頼し合う雰囲気を作るための、絶え間ない戦いに直面するからだ。うまく対処するためには、以下が必要だ。

- **経営コミットメントを示す**。これにより、会社は技術者をもっと密接に事業に関与させようと本気になっていることを理解する。
- **既存の仕事のスキルを利用する**。仕事のローテーションやマルチ機能チームワークにおいては、彼らのスキルを活用できる領域で部下を働かせるように注意する。彼らを場違いと感じる環境に置くことは、不信感やモチベーションを、むしろ悪化させることになりかねない。
- **漸進的な対策を講じる**。割引キャッシュフロー・モデルのような上級マーケティングや財務手法を技術者に教えるのは、妥当とは言えない。製品化に要する時間の重要性などの基礎的な事業概念や、市場シェアや営業利益

などの用語を説明するほうが効果的だ。

　以上のマネジメント活動に加えて、社員を一致協力して働く気にさせるような達成度の指標が必要である。これについては次章で論じる。

第10章
成果測定とベンチマーキング

MEASUREMENT AND BENCHMARKING

測定できないものは、改良することができない。あなたの会社が何をしているかを明確にし、その効果を定量化できなければ、他社との比較から学ぶこともできない。本書の戦略的アイデアを実行するためには、会社の活動の成果を測定し、他社との比較によって評価することが必要である。

測定し難いものの測定

　まずは測定である。ほとんどの投資は定量的に評価することができる。新しい投資の結果、缶詰製造ラインのスピードが20％アップしたなら、生産量増加への影響はすぐにわかり、あなたが求めている投資回収率が達成できるかどうかは簡単に見積もることができる。コストがわかり、成果を測ることができれば、投資価値を客観的に判断することができる。

　対照的に、社内のイノベーティブな社風を高める場合や、機能横断的な仕事や多数の副次的な仕事を強化する場合には、事業へのインパクトは他の大半の投資よりずっと大きいかもしれないが、あまり目には見えない。実際には、短期的な成果や局所的なレベルでの成果は悪化したように見えるかもしれない。優秀な技術者は、就労時間のすべてを会議に費やすより、4時間を考えることに費やしたほうがずっと生産的かもしれないが、進歩がそのことから始まった

ようには見えない。同様に、イタリアのパッケージング技術者とアメリカの充填ライン技術者が多国籍プロジェクトチームで一緒に働く時間を増やすとしたら、目先の結果は、時間がかかり、資源の消費が増え、管理が難しく、航空運賃がかかるプロジェクトである。短期的には、このような共同作業は非生産的に見えるかもしれない。だが長い目で見れば、幅広い海外展開の可能性がある、新しい中核技術を基礎とした優れた製品をもたらし、この製品は利益を生む次世代製品や標準品の土台となるだろう。典型的な例では、6カ国のプロジェクトチームによって運営された2億の投資は、年に10億円以上の追加利益を生む新しい製品を開発した。しかし、この例でさえ、より良い生産・マーケティング・販売よりも、むしろ技術や開発チームのマネジメント方法がこの利益をもたらしたと言う人はいるだろうか？　新製品の成功を技術や開発チームのマネジメント方法の功績であると考えることは、特に消費財ビジネスでは難しい。消費財ビジネスでは、短期的にはブランド・ポジショニングの結果がどんな技術改良の結果よりも圧倒的だからだが、それでも長期的にはブランドの存在そのものが絶え間なく続くイノベーションに依存している。

　このように、技術や技術マネジメントの効果を測定することは困難を伴う。それでも時間と努力を費やして適切に測定することは、以下の理由で価値がある。

- 技術への投資価値があることを経営者に示す。
- 弱みを特定し、目標を決定し、業績向上イニシアティブの行方を監視する。
- ある事業の技術投資判断に必要な技術評価に根拠を与え、他の管理者や株主にその投資の理由と正当性を伝えるのを助ける。この問題は次章で扱う。

　簡単ではないが、技術価値を直接定量化できる測定法は多数あり、技術力をいくつかの側面で示すことができる。発売された新製品の数、登録特許の数、着手されたプロジェクトの数とそのスケジュールや予算、発売された研究論文の数などである。就職希望者の数、平均勤務時間や欠勤のレベルなどのもっと間接的な測定法も役に立つことがある。総合すると、これらの測定法はかなり正確な全体像をとらえることができる。

既存の測定方法

　長年にわたりいくつかの企業は、技術開発の有効性を示し、改良の可能性を明らかにするために、測定モデルを導入してきた。以下の三つのアプローチは、広く利用されており注目に値する。

　①**効率／効果／生産性のモデル**。このモデルの原則は、プロセスの効率性、成果発揮の有効性、リソースあたりの生産性を評価することによって、開発プロセスの正確な全体像を得ることである。このモデルは、開発プロセスと全体的な業績の説明に非常に役立つことがある。しかし、プロセスの説明だけでは十分ではない。最も重要なことだが、効果が上がらないのは不適切なプロジェクトを選んでしまった結果なのか、プロジェクトは適切だがマネジメントが悪かった結果なのかが、このモデルではわからないことだ。また、効率性と生産性を混同する危険性もある。急速な開発とリソースあたりの高い生産性は、効率的プロセスか、あるいは生産性の高いスタッフがもたらした結果かもしれない。業績への最大のインパクトは、プロジェクトのマネジメント方法からではなく、適切なプロジェクトの選択からもたらされる。

　②**顧客とプロジェクトと財務利益に焦点を合わせたモデル**（文献10.1）。製品開発管理協会のワーキンググループによって開発され、以下に焦点を絞っている。
- 顧客アクセプタンスの測定（販売を含む）
- プロジェクトのコスト、時間、品質の実績値と目標との乖離
- 財務利益

　このモデルはまた、新製品の売上比率として測定されるが、会社にとってのイノベーションの重要性も対象とする。図表10.1は測定されるパラメーターを示している。これもまた、組織がどれほどうまく製品開発を行っているかを本社レベルで明らかにする優れた説明モデルである。だが、なぜ業績がその状態にあるかを説明する手がかりはこのモデルからはわからない。その代わりに、インプットとアウトプットだけに焦点を当て、技術と製品開発をブラックボッ

クス化している。

③ヒューレット・パッカードの損益分岐時間は第三のモデルである（文献10.2）。図表10.2で示したように、損益分岐点に到達するまでの時間測定は、コスト、スケジュール、売上、利益をとらえ、ひいては製品の品質と革新性もとらえた総合的な指標である。同じ部門のプロジェクトを比較し、製品Aと製品Bのどちらを発売するかを決めるためには、この指標は優れている。しかし、理想的な損益分岐時間はわからないため、事業体の比較や、絶対的な判断には利用できない。また、技術開発の成果指標にもならないが、その代わりに新製

図表10.1　製品開発管理協会の成果指標

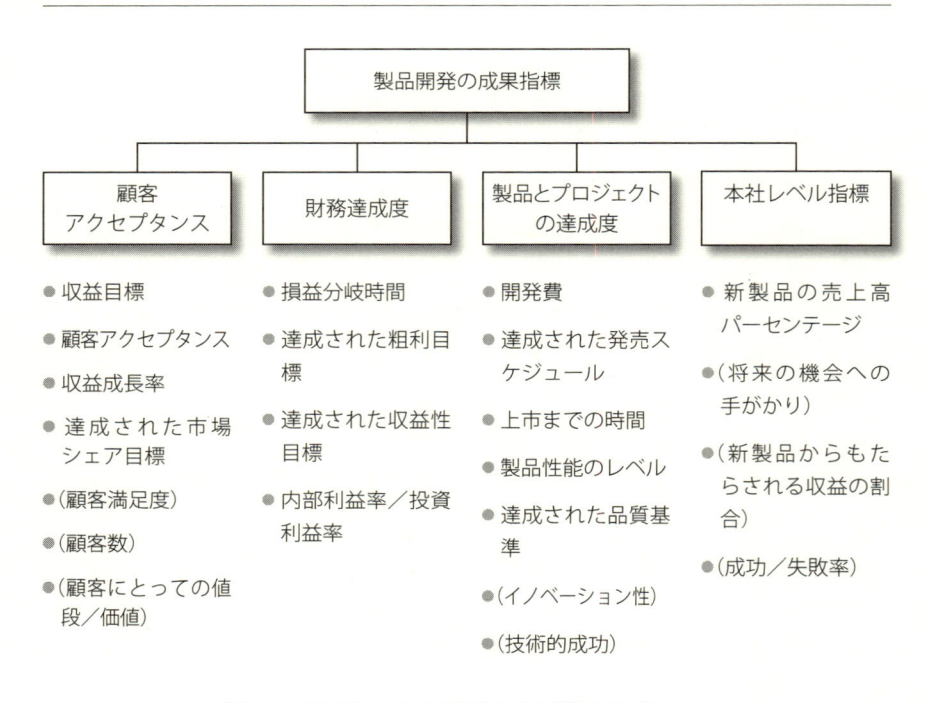

```
                        製品開発の成果指標
       ┌───────────────┬────────────────┬───────────────┐
   顧客               財務達成度      製品とプロジェクト   本社レベル指標
アクセプタンス                         の達成度
```

- 収益目標
- 顧客アクセプタンス
- 収益成長率
- 達成された市場シェア目標
- （顧客満足度）
- （顧客数）
- （顧客にとっての値段／価値）

- 損益分岐時間
- 達成された粗利目標
- 達成された収益性目標
- 内部利益率／投資利益率

- 開発費
- 達成された発売スケジュール
- 上市までの時間
- 製品性能のレベル
- 達成された品質基準
- （イノベーション性）
- （技術的成功）

- 新製品の売上高パーセンテージ
- （将来の機会への手がかり）
- （新製品からもたらされる収益の割合）
- （成功／失敗率）

注意：（　）内のパラメーターは重要だが、広く利用されていない。

出典：グリフィン＆ペイジより。『ジャーナル・オブ・プロダクト・イノベーション・マネジメント』
　　　（10号、1993年著作権、エルゼビア科学出版社）から発行者の許可を得て再録。

品の創出に注意を集中している。

　これらのアプローチはどれも、本社レベルや現場レベルのどちらにもあまり役に立たない。うまくいかない開発の種類を的確に分類せずに、内在する根本原因を特定しないからだ。

　社内の技術開発活動の全体的な状態を表す「マクロ」指標と、個々のプロジェクトやビジネスプロセスの個別要素を監視する「ミクロ」指標とを区別し、別のアプローチを用いることが必要だ。

　経営者が、技術開発がうまくいっているかを一目で知るためには、ダッシュボード的な事業のマクロ指標が必要だ。地域の責任者が、個々のプロジェクトを管理し、プロジェクトの選定とマネジメントの改善目標を設定するためには、ミクロ指標が必要である。

　マクロ指標のほうが本書の主要な想定読者にとって重要であるため、次節で

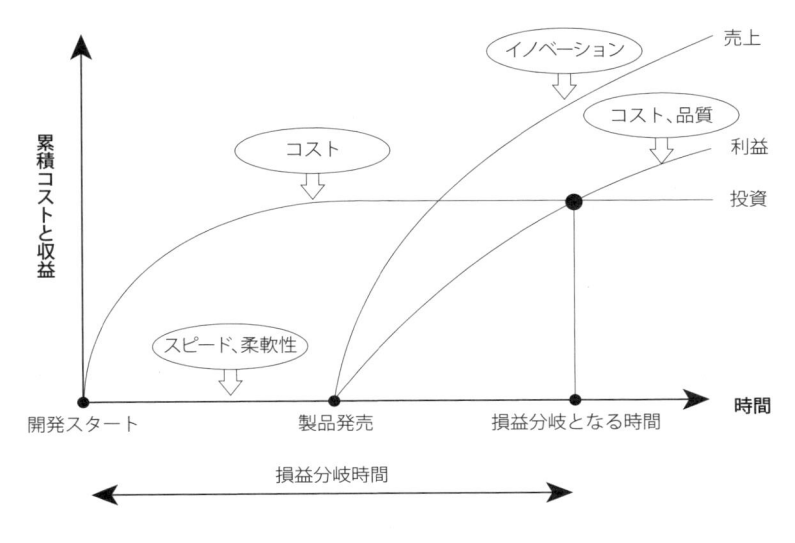

図表10.2　ヒューレット・パッカードの損益分岐時間

出典：アーサー・D・リトル、ハウス＆プライスより（文献10.2）

詳細に論じる。ミクロ指標の役割と実施については、本章の最後で考察する。

マクロ指標

　従来のマクロ指標は、図表10.3で示したように、プロセスとアウトプットを重視する。

　事業の成功は開発アウトプットの結果であり、開発アウトプットは開発プロセス能力の結果であるというのが、その論拠である。この方法では全体像は見えない。第1章で討議し、図表10.4で示したように、多くの企業にとって、優れた製品が事業に与えるインパクトは、より安く迅速な開発のインパクトよりもずっと大きい。

　測定システムにこの要素を取り込むためには、図表10.5で示した方法の一環として、創造力を測定することが必要だ。

　要するに、以下を測定する必要がある。

- 組織はどれほど創造的か？
- その創造性をどのくらいうまく利用しているか（開発力とアウトプット力）？
- どのようにして成果を競合企業と比較するか（事業の成否）？

　最初の二つの測定は社内での比較論であり、経営陣が実行すべきだと考えたことに比べて会社がどのくらいうまく実行したかを示している。たとえば、特許取得件数によって創造性を測定すれば、会社の能力が前年比で向上したのかそれとも悪化したのかがわかるだろう。しかし、特許登録件数は企業方針もさることながら社員の創造性によっても影響されるため、どのように競合企業と比較すればよいかはわからないかもしれない。三番目の測定はもっと客観的だ。たとえば、新製品が売上に占める比率を測ることは、競合企業と比較して会社の能力を評価するために利用できるため、革新性の指標となるだろう。しかし、そのような比較は処方的というよりむしろ説明的になりがちである。競合企業

第 10 章　成果測定とベンチマーキング　253

図表 10.3　従来の成果指標

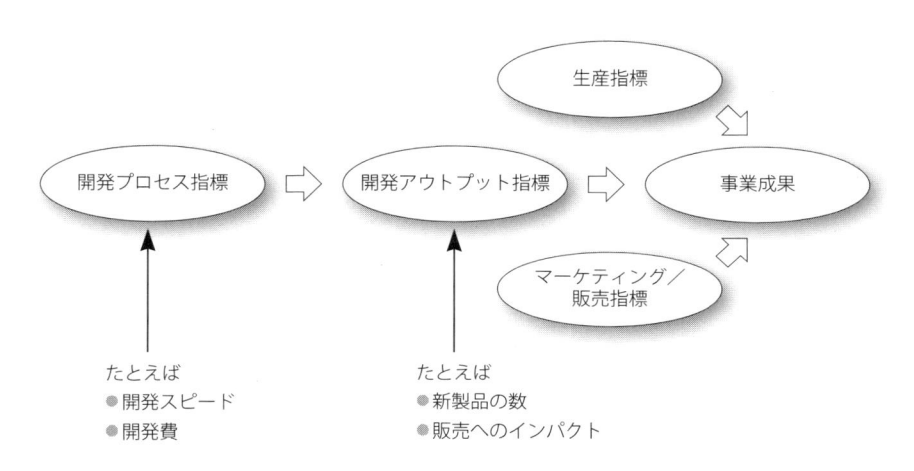

```
                                        ┌─────────┐
                                        │ 生産指標 │
                                        └────┬────┘
                                             ↓
┌──────────────┐     ┌──────────────────┐     ┌─────────┐
│開発プロセス指標│ ⇒ │開発アウトプット指標│ ⇒ │ 事業成果 │
└──────┬───────┘     └─────────┬────────┘     └─────────┘
       ↑                       ↑                    ↑
                        ┌──────────────┐
                        │マーケティング／│
                        │  販売指標    │
                        └──────────────┘
```

たとえば
- 開発スピード
- 開発費

たとえば
- 新製品の数
- 販売へのインパクト

出典：アーサー・D・リトル、ラック他著より。『ジャーナル・オブ・プロダクト・イノベーション・マネジメント』（第13号、1996年著作権、エルゼビア科学出版社）から発行者の許可を得て再録（文献 10.3）。

図表 10.4　業績向上へのインパクト

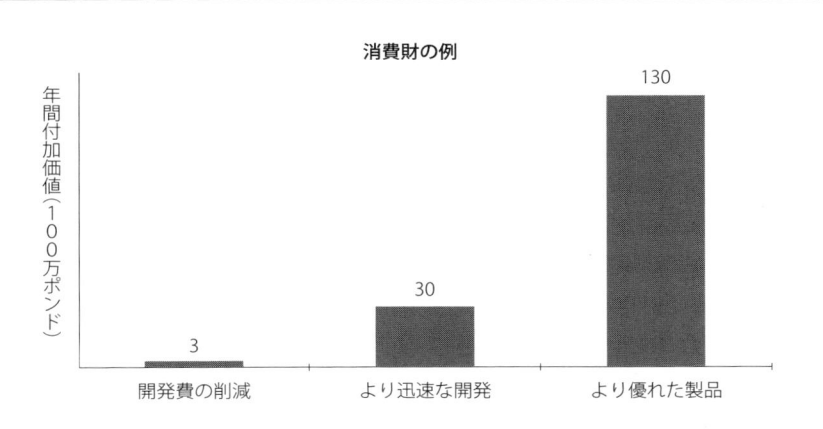

消費財の例

項目	年間付加価値（100万ポンド）
開発費の削減	3
より迅速な開発	30
より優れた製品	130

出典：アーサー・D・リトル

図表 10.5　技術開発の指標

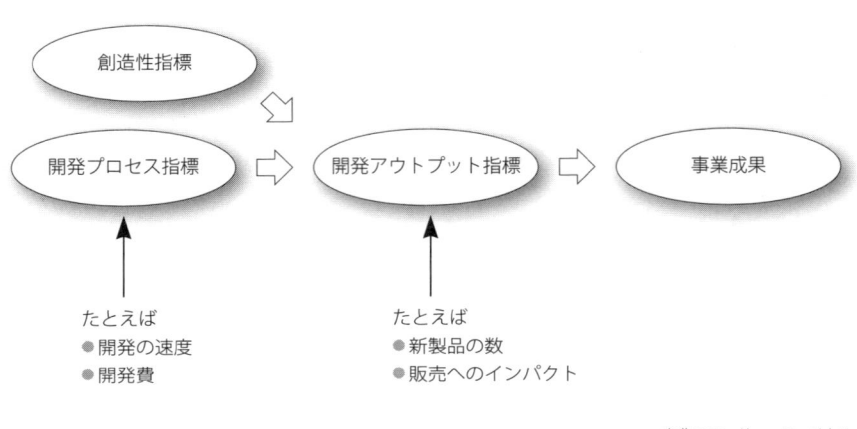

```
         創造性指標
            ↓
開発プロセス指標 → 開発アウトプット指標 → 事業成果
      ↑                    ↑
    たとえば              たとえば
   ●開発の速度           ●新製品の数
   ●開発費              ●販売へのインパクト
```

出典：アーサー・D・リトル

とは異なることがわかっても、その違いが大問題なのかどうか、あなたの会社の能力はどの程度なのか、またどうすればギャップを埋めることができるのかを示すことはめったにない。

●──創造性の測定

　考慮すべき最初の内部指標は、創造性である。誰がアイデアの開発とその開発のためのチームワークに優れているかを特定するために、会社の技術者全員に意識分析とチームプレーヤー分析を行うことから始めることもできるだろう。しかしながら、今のところ、このようなテストではどの技術者がいちばんコンセプトを創造し、それを商品化できるかはわからない。そのため、代わりの指標に頼る必要がある。図表10.6で示したように、代替指標は、直接と間接、過去、現状、先行に分類できる。

　特許と事業で実施された特許件数、技術論文の引用数、ライセンス収入を含む直接指標はすべて、過去において会社がいかに創造的であったかを測る妥当な指標である。現在の能力測定はどうしても主観的になるが、それでもこの測定は、外部から見てあなたの会社がどれほど創造的であるかを知るための妥当

表10.6　創造性の指標

	過去指標	現状指標	先行指標
直接指標	● 特許件数 ● 実施特許件数 ● 論文引用数 ● ライセンス収入	● スキル・レベル ● 賞／賞金 ● 被意見調査数 ● 講演数	
間接指標	● 内定受理率	● 長期欠勤率 ● 離職率	● イノベーシティブな社風の評価

出典：アーサー・D・リトル

な指標となるだろう。別の測定方法は、技術者の人数比率を学歴で重み付けし、スキル・レベルを測定するやり方である。もちろん実際には、賞や賞金の数、技術者の見解を求められた被意見調査数、講演の依頼数などの他の測定で補足する必要があるだろう。

　意識調査は、おそらく創造性を測定する最も有益な方法である。特に、競合企業と接触しているベンダーや顧客を対象に、あなたの会社のイノベーション力に関する調査を行う場合、最も有益だ。意識調査は本来、質的なものなので、調査から得たデータは質的に評価できる。たとえば、創造性に得点をつけるためには、複数回答方式の質問票を利用する。調査参加者が改善を感じられるのか反復調査を行えば、質問票はベンチマーキングの道具になり得る。

　間接指標は直接指標ほどには価値がない。それでも、間接指標は直接指標のデータを検証し、時にはその根本原因に対する洞察を与えることがある。典型的な間接指標には、内定受理率や離職率、長期欠勤率が含まれる。これらはすべて、技術者が会社をどう思っているかを示しており、倫理感の指標や、ひいては創造的社風の指標となる。そして、間接指標や直接指標のどちらにとっても、継続的に測定することは一度限りの測定よりも有益だろう。長期欠勤率2％が良いのか悪いのかを言うことは難しいが、2年間に0.5％から2％へ増加し

たことが倫理感の悪化を示していることは簡単にわかるからだ。

前章で論じたイノベーティブな社風の評価は、創造性の幅広い測定を可能とする。社風に影響を与える要因と、その要因と社員の目標との整合性を評価することによって、有望な創造力に対する視点を得ることができる。さらにその結果を、将来の改善を測定するためのベンチマークとして利用できる。

どれも創造性以外の要因によって影響を受けるため、それぞれの測定を個別に検討すると不備が生じる。技術論文の引用数について考えてみよう。一見すると、引用数は優れたマクロ指標である。発表された論文の数だけでなく、その質や事業への寄与度も反映しているからだ。しかし、引用の数はあなたの会社の広報方針の直接的な結果でもある。引用は、少なくとも部分的には、あなたが技術者を励まして価値ある技術論文を発表させるかどうかにかかっており、本質的にあなたの会社の技術的優位性の一部を明かしている。だがその代わりに、広報活動には適しているが他の点では適切ではない論文を書くように社員に命じた場合には、引用に値するものを発表できないため、引用の数も少なくなるだろう。

意識調査にも不備がありそうだ。回答者の最近の経験によって、回答が歪められることもある。あなたの製品の一つが調査直前に失敗した場合、先入観にとらわれた回答が返ってくるだろう。がっかりさせられた製品を販売している会社について本当に思っていることを言うのは、誰にとってもフラストレーションを取り除くよい機会である。

人材についての間接指標もまた、景気動向や求人市場の流動性のような外部要因によって影響される。しかし、指標を幅広く組み合わせて用いれば、創造性が増したのか減ったのかについて、また創造的な職場環境に対する社員の満足度について、一貫性のあるメッセージを得られるはずである。

● **創造性の活用の指標**

事業成果を発揮しない限り、創造性自体には価値がない。そのため、創造性を「活用した」事業の有効性に関する、二つの指標を検討する必要がある。創造性活用の有効性の一般的な指標をいくつか、図表10.7に示す。これは技術開発がいかにうまく管理されているかを見るプロセス指標と、達成された成果

を見るアウトプット指標に分かれている。

　プロセス指標は、技術開発プロセスがどれほどうまく構造化され、管理されているかを示すときに大きな価値を有する。優れた二つの指標は、予算とマイルストーンの達成率であり、プロジェクトが時間とコストの面で予定通りに進行しているかどうか、各マイルストーンで予定通り進捗しているかどうかを示す。マクロ指標では、各プロジェクトの詳細は関係がない。関心があるのは、全体的な業績である。たとえば、プロジェクトの75％が1カ月以上もマイルストーンに遅れを生じた場合、開発プロセスがうまくいっていないか、マイルストーンが非現実的であるかのどちらかである。どちらにしても、どこに問題があるかを見つけることができるし、またその問題を排除すれば、どんな改善がなされるのかがわかる。

　技術開発プロセスに構造化とデータ収集を強いる指標を導入することには、隠れたメリットがある。しばしば、マネジャーはプロジェクトの75％がマイルストーンを達成できなかったことに気が付かないばかりか、プロジェクトの75％にマイルストーンがないことに気付かず、悪くすれば、プロジェクトの75％が何のプロジェクトであるか識別することができない。測定によって初めて、活動の進捗状況がわかるのである。さらに、第4章で概説したガイドラインに従って、技術のポートフォリオを合理的に判断することができる。

図表10.7　創造性の活用の指標

プロセス指標	アウトプット指標
● マイルストーンの達成率 ● 予算達成率 ● 上市までの時間	● 新製品の数 ● 量産化された製品の比率 ● 新製品からもたらされる売上／利益の比率

出典：アーサー・D・リトル

アウトプット指標は、業績の後追いであるとはいえ、経営者が支出に見合うだけのリターンを得ているかどうかを示すときにいっそう役立つ。最も良い指標は最も簡単である。いくつの新製品が量産化されたか、何パーセントの技術プロジェクトが実際に事業に寄与したか？　これらの指標は、少なくとも部分的には、技術者がコントロールできない社内外の要因に影響されると主張する人もいるだろう。だが測定結果が、新製品が出ないことや、出ても業績が向上していないことを示しているなら、何かが明らかに間違っている。

別のアウトプット指標は、社内顧客がプロジェクトにどれくらい満足しているかを評価するものである。図表10.8は、あるエンジニアリング会社がどれほど内部顧客の役に立っているかを判定するために利用しているパラメーターだ。この会社は、実際の時間、コスト、品質の評価と、この実績と計画の差の評価について、非常に劣っているから優れているまでの5段階で点数づけするように回答者に求めた。集計結果は、一つの「顧客満足度」という指標で表される。当然ながら、社内顧客は開発者が予想したよりも批判的であり、過去の失敗に対するフラストレーションを質問票にぶつけてくる。評価結果は、平均スコアが2点をやや上回る程度で悲しくなるほど低く、サービスが許容できないレベルであることを示唆していた。それでもなお、経営陣は社内報告制度にこの指標を組み込むというコミットメントを守り、その結果を社内全体に広く公表した。調査は定期的に繰り返され、スコアは着実に上がっていった。新しく顧客満足度に注目したことで、職場での関係は密接になり、その結果、仕事が顧客ニーズにもっとぴったりと合うようになり、生産性がより高くなった。

この例は、非財務的な指標を技術に対して適用し、その結果を社内に広く公開することで波及的メリットがもたらされる可能性を示している。わずかな指標（五つか六つ）で、目的の一貫性を伝え、業務の関係を強化することができる。このアプローチは技術開発の認知度を高め、実績の推移を明らかにする。しかしながら、誤解を受けやすい。次の例を考察しよう。ある経営者がグループ内のさまざまな事業体の能力を比較し、技術と製品開発の全体的なレベルを引き上げる（総合的な分析結果を集める）ことに熱中して、以下の五つのトップレベルの指標を設定した。

図表10.8　内部顧客の満足度の指標

時間	コスト	品質
● 発生した実績時間 　―プロジェクト期間 　―試運転 ● 実績時間／予定時間 ● 対応時間 　―プロジェクト開始までのリードタイム 　―中途締切の遵守 　―問合せ対応時間	● 実績原価 　―設計 　―設備と建物 　―試運転 ● 実績原価／予算 ● 営業コスト ● 営業コスト／予算	● 適切な設計 ● イノベーティブなソリューション ● 製品／設備の使いやすさ ● 提供サービスの統合品質

出典：アーサー・D・リトル

- 発売された新製品の数が現在の製品ポートフォリオに占める割合
- 開発投資額あたりの新製品発売数
- スケジュールどおりに発売された新製品の割合
- 予算どおりに発売された新製品の割合
- 新製品の売上げ比率

　一見したところ、これらの指標は合理的にみえる。これらの指標は、開発の時間とコストを管理する優れたプロジェクトマネジメントと相まって、さらに新製品開発を促進した。一年後には、すべてがうまくいっていた。新製品の数は増し、コストに変化はなく、時間とコストの達成は向上した。さらに、新製品が市場でリリースされると、売上げは上昇しはじめた。
　二年後には、状況に陰りが見えた。新製品の数はまだ増えていたが、販売実

績は期待外れだった。前年の製品の多くを納品できず、最新の製品もまさに同じパターンを繰り返そうとしていた。会社は本当の意味で差別化されておらず、市場に適さない新製品の増殖で首が回らなくなったように見えた。さらに悪いことに、製品数の増加が工場・販売・マーケティングの全方面に負担をかけ、コストを増やし、利益を減らしてしまった。

　何がうまくいかなかったのだろうか？　指標の選択で問題なのは、最初の二つの指標が、与えられた資源から生まれる新製品の「数」に焦点を合わせたことである。開発のメッセージは明らかである。素早く勝ちに行き、漸進的な改善に焦点を合わせろということだ。三番目と四番目の指標は、そのテーマを強化する。時間どおり予算どおりに納品できるとわかっているプロジェクトに専念しろということだ。言い換えれば、安全策をとり、大規模でリスクの高いイノベーションからさよならしろということである。五番目の指標は、他の指標の埋め合わせとなるものだが、売上はすぐにではなく時間をかけて測定されるので、相対的な影響力は少なくなる。最初の四つの指標は即座に簡単に評価できるが、売上は即座に簡単には評価できない。全体的な結果は、ありふれた新製品の過剰な拡張である。

　五つの指標の背後にある原則は正しいが、実行を誤ったのだ。

　この問題を避けるためには、指標が一貫したメッセージを発するように同程度の期間を視野に入れた同じ重みをもつ一連の指標が必要である。簡単な指針として、測定期間を現在の測定時間の少なくとも3倍長くすることが考えられる。成果測定の適用のコツは、基本となる実施項目を、より短期かつ同種のサブ実施項目に分解することである。

●───比較計測

　あなたの組織がどれほど創造的であるか、また事業成果を生むために創造性を効率的かつ効果的に活用しているかどうかの指標を設定したら、次は競争状況を理解する必要がある。目標を決定するためには、どれほど競合企業と伍しているかを意識することが必要だ。そこで自社を他社と比較するための本社レベルの指標が求められる。過去にアーサー・D・リトルが実施した調査（文献10.3）は、ちょうどよい指標を特定した。

アウトプット指標
- 実績時間対計画（ヨーロッパの測定で最もよく使われている）
- 費用対予算
- 初期成果物の品質
- 製品原価
- 売上高（日本の測定で最もよく使われている）
- 収益性（アメリカの測定で最もよく使われている）

開発プロセス効率性指標
- 適時性（世界中の測定で最もよく使われている）
- 品質
- 計画の品質
- 資源の品質
- コンセプト設計の徹底度

以上の指標によって、有益な初期ベンチマークが可能だが、十分ではない。次の三つの指標を加えることで、社内のイノベーションの状態に関して明確なイメージをつかむことができる。

- **新製品発売数を研究開発費で割算し、事業規模を反映するように正規化したもの**。競合企業が年に20の新製品を発売するのに対して、あなたの会社が10だとしても、あなたの会社の研究開発費が他社のわずか10％であるなら、あなたの会社の開発能力のほうが優れている（たとえ戦略が悪かったとしても！）。
- **市場シェア成長率を研究開発費で割算したもの**。この指標は、あなたの会社の技術開発が競合企業の能力と比較していかに効果的に長期的な事業の成長を支えているかを示す。
- **利幅の平均水準**も役に立つ。他の要素が同等なら、製品がイノベーティブであるほど、利幅が大きくなる。競合企業と比較して利幅が上昇していることは、イノベーションにおけるリーダーシップを示している。

この種の指標はどれも誤解を受けやすいため、利用にあたっては注意が必要であり、何をなぜ測定したいのかを明確にする必要がある。

テリコの例を考察してみよう。この会社は中堅の国際的テレビメーカーだが、開発力を巨大企業3社のフィリップス、ソニー、松下と比較したいと思っている。最初に必要となるのは、業界の力学に対する視点だ。テレビ業界は成熟しており、新製品は主にスタイリングとリモコンの使いやすさのような小さな技術革新によって差別化されている。中期的には、ワイドスクリーン・テレビが市場シェアを増やすだろうが、長期的にはフラットパネル・ディスプレイやプロジェクション・テレビがより重要になるだろう。放送規格に関する論争が決着すれば、高解像度デジタルテレビも重要性を増すだろう。今のところ業界は成熟し安定しているが、大きな変化が進行しているかもしれない。

そのような状況において、テリコはうまくいっているように見える。多くの新製品を発売し、市場シェアは成長しているが、利幅は少ない。競合企業と同じくらいうまく技術開発をマネジメントしているかどうかを調べるために、テリコの経営陣はさまざまな指標をよく確かめ、多くの歪んだ要素を調整する必要があるだろう。テリコは昨年、ソニーよりも多くの製品を発売したかもしれないが、ソニーの新製品が先端的な技術開発を取り込み、次世代製品の基盤を築いているのに対して、テリコの製品は漸進的でデザイン重視である。したがって、新製品の数の比較だけでは、役に立たない。

技術開発費の測定でも問題が生じる。会社によって定義が異なるという問題は別にしても、どの費用を比較し、そこから何を推論するかという問題が残る。費用は、研究開発費そのものや売上に対する比率あるいは原価に対する比率として表すことができる。もしテリコが自社の創造性の競争力を評価したいなら、研究開発費がいちばん良いかもしれない。開発プロセスの効率にもっと関心があるなら、自社と競合他社の間の規模の違いを考慮し、研究開発費比率による測定がよいかもしれない。市場シェアの成長の測定もまた、製品や技術よりも会社の歴史やブランド・ポジショニング、販売経路へのアクセスによって左右されるので、誤解を招く恐れがある。テリコの規模と若さを考えると、競合企業よりも優れた技術投資回収率を達成しているように思われるが、今後ビッグ・

プレーヤーが市場シェアを伸ばしてくる可能性を過小評価しているかもしれない。

どの指標を使用すべきなのか、どの競合企業と比較して自社を評価するのか、どんな推論を引き出すことができるのかを、明確にする必要がある。同様に、競合企業のデータが比較できるものであることを担保する必要もある。第2章で指摘したように、研究開発費のデータは、報告される国によって偏差が大きく、新製品の機械設備や工場整備のような任意項目からずれが生じるため、ひどく誤解されやすい。唯一の解決策は、利用できるデータをあなた自身の知識や同僚の知識と照合することだ。

ミクロ指標

現場責任者は、技術開発活動において、弱みを追跡し、その改善の進捗状況を明示するためにミクロ指標を利用する。通常は、社内顧客のニーズに関係した指標をいくつか同時に利用するだけだ。いったん改善が行われたら、その指標を止め、別の問題に取り組むために別の指標に切り替えることができる。

たとえば、ある地域の技術グループに、この地域外の子会社をもっとサポートさせたいとあなたが思っているとする。そのための一つの方法は、地域の技術責任者の能力目標の一つを「サポートの提供」にすることだ。地域の業務分担を測定し、地域外で取り組まれたプロジェクトの数や比率を示す。

あなたがどのミクロ指標を選ぶかは、あなたが求める改善次第である。図表10.9は、成果に焦点を合わせた、わかりやすい例をいくつか示している。どの場合も、目標は、ローカルな改善を促進し、事業間の比較を容易にするためのローカル指標だ。

ミクロ指標は対応する業績目標を必要とする。地域の技術グループを考察しよう。彼らは時間の80％を地域の仕事に投入しているが、あなたが60％を望むなら、60％を目標にする。しかし、地域の仕事に影響を与える可能性について承知しておこう。地域の仕事の優先順位を高く保つためには対応策が必要かもしれない。

ミクロ指標は大きく二つのカテゴリーに分かれる。経営目標と連動した、特定の目標を持つものもある。たとえば、プロジェクトの平均期間の15カ月が長すぎるなら、目標を12カ月に定める。ベンチマーク対象企業でわかっていることとあなたの直観に基づいて、目標を設定する。あなたはまた、理想的な完全な世界を想定した場合、どんな目標を設定すべきかを検討したいかもしれない。そのような目標は決して達成できず、公表することもできないかもしれないが、有益で健全な基準を提供するだろう。

その他の測定方法としては、半減目標が良いかもしれない。この目標は、無駄を取り除き、業績を完璧に近づけたいときに利用される。開発にかかる時間の10％が無計画な手戻りから生じるなら、目標を5％に設定する。この目標を達成したら、今度は2.5％に設定し直し、完全な状態との偏差がごくわずかになるまで再設定を繰り返す。もちろん、ゼロを目標にスタートすることもできる。しかし、このゼロ目標は、現場のマネジャーにとって非現実的に見え、真剣に受け止められない危険性がある。半減目標は、あなたが行きたい場所に到達するためのより効果的な手段だ。

ミクロ指標は主に継続的な改善を目指す現場のマネジャーを支援するために利用される。この指標は簡単かつ的を射たものである必要があり、また広く伝えられなければならない。六つ以上の個別のパラメーターを組み合わせた複雑な成果指標はほとんど役に立たない。現場マネジャーと従業員は、彼らが行っていることと指標に基づく得点方法との間に、直接的な相関関係を見出せないからだ。一度に一つの問題に取り組むために設定された、単純な測定法がベストである。たとえば、プロジェクトが時間どおりにマイルストーンに到達できないなら、マイルストーンの達成率の目標を設定し、この問題に継続的に取り組むため改善チームを召集する。この目的が明確で、指標が単純で的を射ており、資源が用意できているなら、結果はついてくるはずだ。いったんこの問題が解決したら、開発スピードや、効果的な生産への移行、あるいは次の障害が何であれ、新しいチームを作ることができる。

このようなミクロ指標は、現地のマネジャーとの関わりと納得感を担保するために、彼らに任せるべきである。経営者が主に関心を持つべきことは、指標が何であるかではなく、これらの指標が確実に使われるようにすることだ。

図表10.9　ミクロ指標

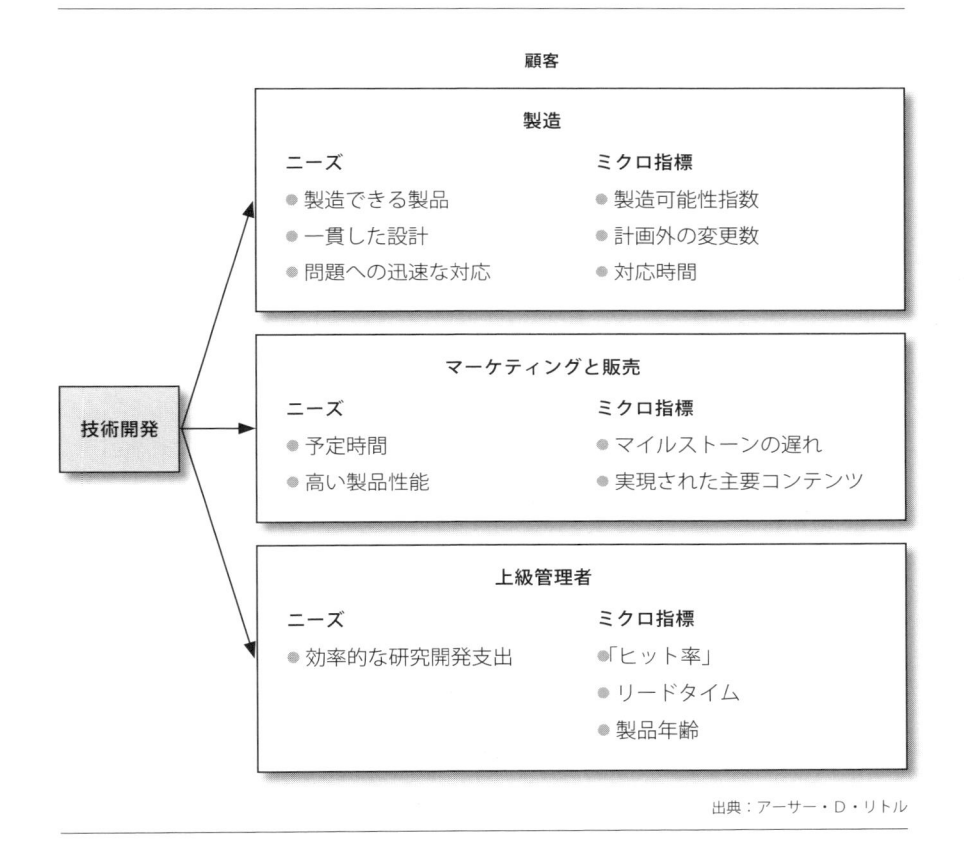

```
                              顧客
                    ┌─────────────────────────────────────┐
                    │              製造                    │
                    │  ニーズ              ミクロ指標       │
                  → │  ● 製造できる製品    ● 製造可能性指数  │
                    │  ● 一貫した設計      ● 計画外の変更数  │
                    │  ● 問題への迅速な対応 ● 対応時間        │
                    └─────────────────────────────────────┘
                    ┌─────────────────────────────────────┐
                    │         マーケティングと販売          │
  ┌────────┐        │  ニーズ              ミクロ指標       │
  │技術開発 │──────→│  ● 予定時間          ● マイルストーンの遅れ │
  └────────┘        │  ● 高い製品性能      ● 実現された主要コンテンツ │
                    └─────────────────────────────────────┘
                    ┌─────────────────────────────────────┐
                    │            上級管理者                │
                    │  ニーズ              ミクロ指標       │
                  → │  ● 効率的な研究開発支出 ●「ヒット率」   │
                    │                      ● リードタイム   │
                    │                      ● 製品年齢       │
                    └─────────────────────────────────────┘
```

出典：アーサー・D・リトル

　ミクロ指標は、報奨制度と関連づけることもできるため、マネジメントに影響を与えることもできる。このような意味で、ミクロ指標は不文律から生じた管理行動を修正するための、有益な手段になり得る。しかし、実行には注意を要する。業績目標とマネジメントへの影響力の両方に同じ指標を用いることは、従業員に相反するメッセージを送り、新たに好ましくない不文律を誘発する可能性があるからだ。

ベストプラクティスに対するベンチマーキング

　本書で概説したように、技術開発のマネジメントは、複雑で多面的な仕事だ。したがって、これに関していっそう学びつづけることには意味がある。合理的な出発点は、あなた自身の事業から学ぶことである。あなたの会社の文化的環境では、どの技術マネジメント・プロセスと成果指標が最もうまく機能するか事業部や事業体から情報を集めよう。そこに大幅な偏差があるなら、それは戦略による偏差なのか、事業の性質による偏差なのか、あるいは複数の事業で最適とは言えない業務が行われているせいなのかを確認しよう。

　ベンチマークは比較の道具になるばかりでなく、質問や学習を促す。社内で幅広くベンチマークを行い、目標を共有し、ベストプラクティスの知識を蓄えれば、外部や他社を見なくても、業績向上を達成できる。このことは特に国際企業に当てはまる。相互協力や一緒に働くことを通して、さまざまな国のアプローチを比較し、相乗効果を生み出すことができるからだ。

　内部のベンチマークの土台がしっかりしていれば、外部を見はじめることができる。他社ベンチマークは、あなたの会社の長期的研究のマネジメントから製品開発や発売に至るすべての技術開発プロセスの構成と実現の両方に関する有益な洞察を与えてくれる。

　ベンチマーキングは、いくつかの異なるレベルで行うことができる。多くの企業は、アウトプットの測定に焦点を合わせたベンチマーキングから始め直接的な競合企業に比べて弱い分野を特定する。さらに踏み込んで、開発プロセスを競合企業や類似企業と比較し、より意味のある成果を長続きさせるにはどうすればよいかを自問することから学ぶことができる。最後に、さらに広く網を広げ、さまざまな業種にわたる「世界クラス」の企業がどのように技術開発をマネジメントしているかを考察し、最良の要素を自社に採り入れることができる。

●───開発力のベンチマーキング

　これは最も明確な種類のベンチマーキングだが、最も実行が難しく、最もメリットが少ない。目標は、競合企業と比べてどれほどうまく技術開発をマネジ

メントしているかを数値で表すことだ。公表されたデータを出発点として、売上高と従業員数に対する研究開発費を比較することができる。出版物やアナリスト・レポートを丹念に調べると、研究開発の規模に関する情報や、研究と製品開発とをどのように分けているか、新製品をもたらす事業がどれほどすぐれているかについての情報をたくさん得ることができる。さらに調べれば、どれほど多くのプロジェクトが進行中なのか、それらは何に焦点を合わせているのかがわかるだろう。時には、コンサルタントを使って競合企業から集めたデータからもっと多くのことがわかるかもしれない。

同じような業界特性と市場力学を持つ他業種の企業をベンチマークし、データを蓄積したいこともあるだろう。たとえば、あなたの会社が鉄鋼業なら、アルミニウム精錬、パルプ・製紙業、石油化学工業などの循環型の資本集約的な材料加工業界から学ぶことができる。

業績データのベンチマークは、どうすれば競合企業に匹敵できるかについて価値のある洞察を与える。たとえば、あなたの会社が400のプロジェクトを持つが、競合他社はすべて10から30のプロジェクトに同様のリソースを投入しているなら、あなたの会社が資源を分散させすぎているのは明らかだ。もし自社の長期的支出が主な競合企業の4分の1以下なら、あなたの会社は技術レースから脱落する可能性がある。社員は優秀かもしれないが、競争相手より四倍も優秀ではありそうもない。もし総支出が競合企業より大きいのに、事業アウトプットが低ければ、開発プロセスの何かが間違っていると思われる。

さらに、あなたの会社と競合企業は同じような業績だが、比較できる産業の企業の業績のほうが優れているなら、あなたの業界のプレーヤーは全員、チャンスを逃しているのかもしれない。他社より先にあなたがギャップに気がつけば、競争優位を手に入れられる可能性がある。

したがって、定量的なベンチマークは、改善のための有益な基準を与える。しかし、他にできることはほとんどない。データは本質的に説明的であり、学習に関してはほとんど役立たない。データだけでは、あなた自身の組織を改善するために何が必要かを特定する役には立たない。そのうえ、データは厳密に比較できない。研究開発の会計指標は国や個々の企業によって非常にさまざまである。プロジェクトの定義も実にさまざまだ。あなたの会社がプロジェクト

を400持ち、競合企業が30持っているなら、あなたが同程度に焦点を絞っていても、プロジェクトを構成する定義が異なるかもしれない。このような但し書きにもかかわらず、定量的ベンチマークはキーポイントを特定して、少なくとも討議の出発点になる。

● ── 開発プロセスのベンチマーキング

　ベンチマーキングの主なメリットは、競合企業が採用している開発プロセスを理解するための成果測定から、彼らが「どのように」運営しているか、ひいては学ぶべき示唆がわかることである。この種のベンチマーキングを始める前に、あなた自身の技術開発プロセスの図表を作る必要がある。戦略を策定し、情報を収集し、能力基盤を築き、社内と社外の開発をマネジメントするためのプロセスのチェックリストを作ろう。誰が各プロセスの責任者であり、誰に説明責任があり、どのようにプロセスが機能し、監視されるかを決定する。たとえば、第4章で討議した正式な技術戦略プロセスを持つなら、プロセスの管理を事業部や会社の機能部門に割り当て、資金調達と監視のメカニズムを明確にし、企業戦略の開発と再検討の頻度を決定する。プロセスの図表を技術開発部の人と一緒にチェックし、何が起きてほしいかではなく、実際に何が起きているかを示すように図表を精緻化する。このこと自体が、あなたに改善のための強力な指針を与えるはずだ。

　どのように運営するかについて明確なイメージをつかんだら、他社がどのように運営しているかの評価を始めることができる。公表された情報源から、またベンダーや顧客や元従業員との会話から、できる限りの情報を集める。始める前には、方針を明確にしておく。あなたの目的は、競合企業が何をしようとしているかを突き止めることではなく、彼らのやり方から学ぶことである。どの競合企業が何をしているかを知る必要はない。知るべきことは、各プロセスの要素のさまざまな管理方法と、管理方法それぞれの良い点と悪い点である。あなたが集めたデータは必然的に不完全だろうが、直接的な競合相手ではない企業から取得した資料で強化することができる。競争相手ではない企業はまた、プロセスに関する議論にも参加してもらえば、なぜプロセスがそのような方法で管理されるのかに関して、より深い見解を与えてくれるだろう。

他社プロセスのベンチマークを行う利点は二つある。一つは、プロセスの文書化という行為自体に価値があり、しばしばベンチマークを始める前に改善の可能性がわかることだ。もう一つは、他社から、特に異なる企業統治下の異なる社風の中で事業運営する企業から、つねに学べることだ。危険があるとすれば、他社でうまく機能していることを、すぐに自社に移植しようとすることだが、おそらくそれはできないだろう。たとえば、急成長する企業家精神にあふれたバイオ・エンジニアリング会社が、競合企業の情報を気にしても、大手製薬会社のほとんどが行っている正式な競合企業監視プログラムを実施することはできないだろう。この問題の一部は、コストと複雑さである。バイオ・エンジニアリング会社は10人の技術情報担当者を雇う費用を正当化するのは難しいことに気が付くだろう。同様に、企業文化も問題である。起業家精神にあふれた企業に、その規模にかかわりなく、10人の競合企業に関する情報担当者を加えた場合、残りの社員は彼らを費用がかかる不必要な人材とみなすだろう。会社の規模が匹敵しても、社風はかなり異なる。プロクター＆ギャンブルとユニリーバがその良い例だ。一方は攻撃的で押しが強く、他方はソフトで内省的である。だが両社とも非常に成功しており、賢明で有能なマネジャーが大勢いる。同様の成果を上げているが、異なる種類の社員を雇い、異なる方法で働かせている。ビジネスプロセスは経営体質と密接な関係があるため、両社の開発プロセスもまた大きく異なる。したがって、他社から学んだものを導入する前には、あなたの組織に合わせる必要がある。

●──「世界クラス」のベンチマーク

　この種のベンチマークの目的は、業界にかかわらず世界の優良企業から学ぶことにある。このような企業にはおそらく、コア・コンピタンスの開発に優れたヒューレット・パッカード、先端製品開発のフィリップス、発見と研究のグラクソ、理論的研究マネジメントの3M、IBM／シーメンス／東芝の共同事業が含まれるだろう。

　競争上の対立がなければ、他社の経営者はあなたの会社のマネジメント方法に関する情報と引き換えに、いつも喜んで自分のマネジメント管理プロセスを話題にする。このようなベンチマークは、課題の大きさとあなたの緊急度合に

応じて、幅広い経営活動の一環として、あるいはコンサルタントによるマネジメントの一環として、臨時に行われることがある。

　社風も業界もよく知らない場合には、アイデアを直接採り入れる余地は小さくなる。ベンチマークのメリットは、移植するためのプロセスの詳細さよりも、異なる管理プロセスに関するアイデアの形でもたらされることが多い。しかし、学習のために社内討議の促進ツールとして、また世界クラスの技術マネジメント構築ツールとして使うとき、「世界クラス」のベンチマークは、最大の可能性をもたらす。

第11章
技術と株主価値

TECHNOLOGY AND SHAREHOLDER VALUE

　優れた技術マネジメントは、イノベーティブな製品と生産プロセスの安定した流れをもたらし、売上と収益性を増大させ、事業の成長を持続させる。要するに、事業成功への道を開き、これを維持する。多くの製造業にとって、これはたしかに長期的成功に通じる唯一の確実な道である。

　技術マネジメントの重要性は自明の理だ。ところが、取締役会や株主が技術投資の事業的な真価を理解できずにいることがあまりにも多い。その理由の一つは、第9章で述べたように、技術者ではない人の技術に対する認識不足のためであり、もう一つは期待はずれに終わった技術の歴史であり、技術を基盤とする企業の失敗が非常に目立つためである。EMIのスキャナー、ロールスロイスのRB211ファン・ブレード、デジタル・オーディオ・テープの事業の失敗などはすべて、この代表例である。

　このような失敗の根底には、資金の不足、または不適切な抑制が考えられるが、こうしたことが起きるのは技術を評価し、技術が株主の利益に及ぼす影響を数値で表すための効果的な算出方法が見つけられないために生じる。本章では、この悪循環から抜け出す道を示す。最初に、技術開発に内在する不確実性を考慮に入れて、技術投資コストと利益を評価する方法を探る。次に、事業体と本社の間で、またCTOと取締役会の間で、企業がどのように技術方針を内部に伝達すべきかを概説する。最後に、正しいメッセージを株主に伝える方法について、特に株主が長期的なハイリスク・ハイリターンの開発に正しい価値

を見出せるようにする方法について説明する。

コストと利益の見積もり

　技術投資をするなら、投資が正しいかどうかを知る評価方法は重要である。定量的な評価だけでは十分ではない。結果の精度が不確かな場合があるからだ。第4章で概説した、一連の量的、質的評価指標が必要である。
　これらの評価指標を利用するメリットは、いかにうまく技術開発を行っているかを示すことにとどまらず、数多く存在する。以下を行うことによって、より良い技術マネジメントを可能にするデータも提供する。

- プロジェクトの利益を認識させる。このツールは、事業課題と同様に技術課題についても透明性を余儀なくさせる。技術者は、特定プロジェクトの目標、コスト、収益、スケジュール、リスクについて明確にしなければならない。
- 上級管理者が目標の優先順位を決定し、手に塩かけて手がけているプロジェクトに対して個人や事業部門が感じている感情的な愛着を断ち切る。
- プロジェクト責任者の仕事を容易にしたり、プロジェクトをより明確に定義したり、目標やマイルストーンの進捗状況を評価したりするのを助ける。
- 一番重要なことだが、会社内および会社間のコミュニケーションを助ける。評価は、技術者と営業スタッフの間のコミュニケーションを促進し、取締役会が意思決定やIRのために必要とする確かなデータを提供する。

　意外にも、多くの企業がまだ正式な評価をほとんど行っていない。アーサー・D・リトルが世界の上級管理者550人以上に対して行った調査では、52％が研究開発のどのプロジェクトに続行価値があるかを評価・判断するための正式なプロセスを持っていないことがわかった（文献11.1）。前年にイギリスで実施したもっと詳細な調査でも同様の結果だった（文献11.2）。50％の企業だけが日常的に技術開発プロジェクトの定量的評価を行い、別の25％が定性的な

判断に頼り、残りは経営者の判断に頼っていた。どんなに尽くした分析も経営者の判断の代わりになることはできない。だが、提出されたデータの利用可能性を無視するのは無謀である。

何を評価すべきなのか？　技術投資のメリットを同僚、株主、他の投資家に説明するために、企業経営者は次の三つの質問に答える必要がある。

- 全体的に見て、対象事業が必要としている技術に強みがあるか？
- それぞれのプロジェクトは財務的に、また戦略的に正当化できるか？
- ポートフォリオは要求される事業利益をもたらすか、またリスクを容認できるか？

あなたは、本書のこの段階に来るまでに、これらの質問に答えるのに必要なテクニックを備えているはずである。今あなたがすべきことは、これらの答えを社内外に伝えることだ。

技術の重要性の社内への伝達

すべての技術者は、何を研究しているのか、どんな成果が期待できるのか、財務利益はコストに見合うのかを、専門用語を使わずに簡潔に説明すべきである。責任者は、第4章で紹介したポートフォリオ手法を使って、技術開発プログラムをまとめて要約し、コストと利益を簡潔に上級管理者に説明すべきだ。その次は、上級管理者が全体像を明確かつ迅速に取締役に説明すべきである。

残念ながら、これはめったにない事例だ。たいてい、技術者でない人は、技術開発を、理解不能な人たちが取り組んでいる理解不能な何かだとみなしている。このような環境では、技術投資は諸経費とみなされる。会社の存続や長期的成功にとって重要だからという理由からではなく、どの競合企業も使っているからという理由で使われる経費だ。

次のような状況はおなじみのものだろう。年次予算の立案中に、最高責任者のひとりが突然、尋ねる。「我が社は研究開発にどのくらいお金を使っている

のか？」「約1.9％だが、工作機械の据え付けやその他のコストを計算に入れれば、約2.3％になります」という返事がくる。「それでは、競合他社はどのくらい使っているのか？」「もう少し多いです。A社は2.4％、B社は2.8％、C社は2.7％だ」「ああ、それでは、支出を2.5％に引き上げたほうがよいのではないか」話はこれでおしまい。その金を「何に」使うべきかについての議論はない。誰もが間違った思い込みをしていないかどうかも議論されず、支出を5％にしたら巨大な戦略的利益が得られるのかどうか、反対に研究開発は不必要であり0.5％まで削減できるのかどうかも議論されない。要するに、研究開発費はしばしば諸経費とみなされ、倉庫保管料や包装費について話すのと同じような質問がなされる。技術は増殖的な効果を持ち、コストの何倍もの利益をもたらし得るという考えは現れない。

この状況を変えるためには、技術者とその管理者がもっと事業に発言できるようになるべきであり、上級管理者は技術者を売り込むべきである（文献11.3）。

技術者の売り込みの必要性という観点から見れば、技術を粉末洗剤のような商品として扱うべきだ。あなたの仕事は、消費者（すなわち他の重役や部長）に、その商品を買うべきだと説得することである。消費財業界における購買行動パターンは、イメージ、価値、満足感の三つの主要な購買基準従っている（図表11.1）。

- 「**イメージ**」は、そもそも、その商品に関心があるかどうかを決定する。見かけ、包装、ブランドネーム、過去とのつながりなどの機能である。
- 「**価値**」は、その商品が値段に見合う潜在的利益が十分に高いかをどうかを決定する。製品性能、外部の試験報告書などの役割である。
- 「**満足感**」は、製品が期待に沿っているかどうかの消費者の尺度である。満足感があればイメージは強化され、消費者はその商品のイメージと価値を他の潜在的消費者に伝達し、好循環が続く。

このモデルを技術マネジメントで用いれば、会社や事業体や他の管理者にとって興味深いメッセージが現れる。

図表11.1　消費者購買モデル

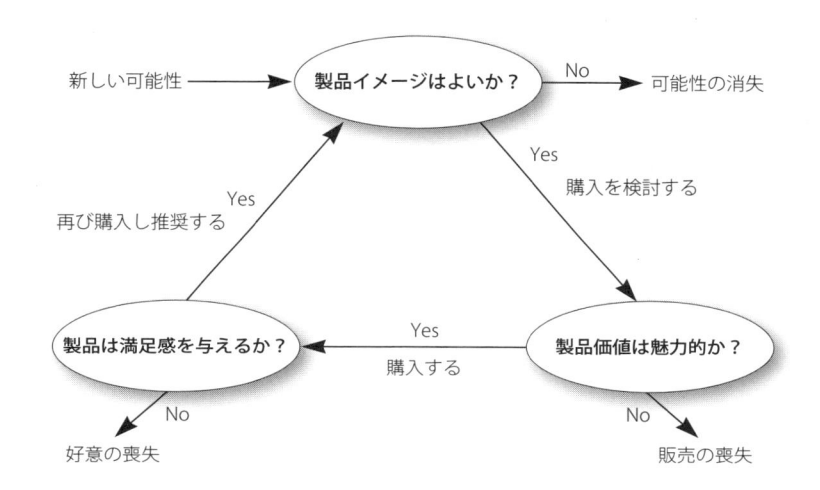

```
新しい可能性 ──→ 製品イメージはよいか？ ──No──→ 可能性の消失
                    ↑        │
            Yes     │        │ Yes
        再び購入し推奨する    │ 購入を検討する
                    │        ↓
    製品は満足感を与えるか？ ←──Yes── 製品価値は魅力的か？
                    │    購入する         │
                    No                    No
                    ↓                     ↓
                好意の喪失              販売の喪失
```

出典：アーサー・D・リトル、『プロダクト・ジャガーノーツ（Product Juggernauts）』に掲載（文献11.4）。

●──イメージ

　多くの組織では、技術は、過去との関連性が乏しい二流のブランドネームから始まる。技術者は多くを約束するが、しばしば実現しそこなう。彼らはいろいろな人と一緒に働くのが苦手で、自分たちの専門用語で話す。技術の見かけと包装はみすぼらしい。あなたがこれまでに読んだことのある技術会議の論文が、いかに退屈で、理解不能で、みすぼらしいかを思い出してみよう。技術者はしばしば彼ら自身の最悪の敵である。彼らは円滑なコミュニケーションやプレゼンテーションの援護射撃に対して否定的であり、技術が素晴らしければ自然に売れると思っている。だがそうではない。もしイメージを変えることができなければ、戦いを始める前に負けてしまうだろう。図表11.2のチェックリストを見てみよう。ブランドネームを築き、顧客の現状認識を変えるための投資を検討しよう。科学で目を眩ませることよりも、むしろ事業利益を強調することによって、技術の「包装」を変えよう。細部に注意を払い、方程式の並ぶ手書き原稿よりも、コンピューターで作ったわかりやすいグラフィックで説明

図表11.2　イメージアップの活動

- 技術者のプレゼンテーション・スキルのトレーニングをする。
- 技術戦略を年間戦略計画の一部にする。
- 技術会議とともに、経営陣のビジネス・ダッシュボードを設置する。
- 過去のプロジェクトを評価し、成果を公表する。
- 広範な技術活動に関してニューズレターの発行やその他の広報活動を行う。
- 広範な技術活動に関して社内広報活動を行う。
- 技術革新に賞を授与する。
- 技術展示会を開く。
- 開発を社内に公表するために技術セミナーを開く。

出典：アーサー・D・リトル

した目立つ文書を使おう。不必要に思われるかもしれないが、このような細部が潜在顧客に驚くほどの効果を及ぼすのだ。最近の大きな買い物、たとえば自動車の購入などを思い出してみれば、無料のコーヒーや親切な販売員などのささいなことが、少なくとも自動車の性能と同じくらい、あなたの購買決定に影響を及ぼすことがわかるだろう。技術も自動車も結局は、今日の信頼に基づいて未来の性能という約束を買うのである。したがって、技術の価値を売り込むなら、社内の顧客にあなたを信頼してよいと納得させることが必要である。

●──価値

イメージが正しければ、消費者（すなわち重役や他の上級管理者）は価値について考えはじめる。そうなると、CTOは「今年は研究開発費を2.5％にしよう」と言う代わりに、資金がどこに使われ、どんな利益をもたらすかを尋ねるだろう。これらの質問への答えを概説し、会社における技術の地位、フォーカスするべき分野、期待できる将来価値などの要約に必要な構成を考える上で、本書は役立つに違いない。

高いレベルで価値を伝えることは重要だ。あなたが技術マネジメントの責任

者なら、あなたの任務は、取締役会を説得して、個別のプロジェクトの集まりにではなく、バランスのとれたポートフォリオに投資させることである。技術者ではない同僚が理解できず、理解の必要性もわからずにいるときに、詳細を説明しようとすれば、彼ら全員、途方に暮れるだろう。簡単に言えば、彼らには技術の詳細と付き合う時間はないのだ。技術に関する議論はポートフォリオに焦点を合わせるべきであり、技術開発とは持続的なサービスとサポートの混合物であり、漸進的な開発と技術の大発見であると説明すべきである。あなたはワクワクするような大発見に多くの時間を割きたいだろうが、同僚は大発見をリスクや不確実性と同一視するだろうし、CEOは特に不確実性を嫌う。ポートフォリオについて話すことは、既存事業の維持と育成を重んじることであり、大発見はフレームワークの重要だが小さな一部として示すことである。

●──満足感

　イメージと価値が正しくても、会社はまだ技術投資が純利益の役に立っているという証拠を必要とする。証拠には目に見えるものと見えないものがある。目に見える証拠は、新製品の重要性や技術開発の役割を示す評価指標とともに過去のプロジェクトの収益と費用などである。評価指標の一部は前章で論じている。一緒に使えば、説得力のある全体像を示すことができる。

　次の例を考えてみよう。大手エンジニアリング・グループの中にある特殊パイプ・メーカーが、技術と製品開発に1億円を投資してから、収益が年に20億円から38億円まで上がった。この会社は製品モデル数をおさえた新製品領域を作り出したが、これは製造コストがより少なく、市場ニーズによりいっそう合致していた。驚くことではないが、これは以前の製品よりも高い値段で、もっと大量に売れた。さらに、この製品は国際市場ニーズにも合っていたので、会社にとってより長期的な成長の可能性を広げた。部品の数もより優れた設計によって、一つの製品領域あたり60,000以上から10,000以下へと劇的に減少し、波及的に管理や原材料在庫の費用も削減した。こうした目に見える成功は技術開発のイメージを改善し、その結果、事業体と会社全体が将来の技術投資の提案をより好意的に受け入れるようになった。

　満足感のような目に見えない証拠もまた重要である。各部長とそのスタッフ

と技術開発部の間の関係が誠実なものであり、また技術部が他の部門のニーズに効率的かつ効果的に応えられるなら、満足度は高くなるだろう。これらの目標を達成し、職務部門を越える関係を築くための手法については、第9章で概説している。

技術の重要性の外部への伝達

　イギリスやアメリカのように活発な自由市場経済では、技術はしばしば株主から悪評を買っている。

　図表11.3を見れば明らかである。これは、イギリスの産業部門の貿易能力——国際輸出入の指標——に対する投資の伸びを示している。結論は避けがたい。投資家は、金融、流通、通信のような、国に保護された低リスク高リターンの産業部門を好む。その一方で、リスクの高い国際競争をともなう製造業にはあまり魅力を抱かない。その理由の一つは、投資家が高い研究開発投資と、その成果が不確実であることに神経質になるからだ。大半の投資家は短期指向であり、技術開発投資が回収できるようになるまで待つのを嫌がり、技術開発とその商品化に関連するリスクを容認したがらない。自由市場が国内の政策によって規制されており、もっと複雑で長期的な株の持合構造を持つドイツや日本のような国では、投資家はまったく対照的である。このような経済では、投資家はより長期指向で、技術投資を支援する心構えができていたが、これも投資市場がグローバル化するにつれて変化するかもしれない。

　経営者にとって、過去10年以上にわたる短期主義に関する議論の積み重ねは、無駄に終わった。もしあなたが上場会社を経営しており、投資家が短期主義の見地に立っているなら、あなたはその状況を受け入れなければならない。しかし、ロジックが十分に強力なら、最も頑固な短期主義の投資家でさえ説得して長期的な見方をさせることができる。

　この最終節では、社外、特に法人株主に技術の価値を売り込む方法について議論する。1990年代初めに、イギリス技術革新審議会は主要計画として短期主義とシティに関するテーマを取り上げて考察した（文献11.6）。このプロジェ

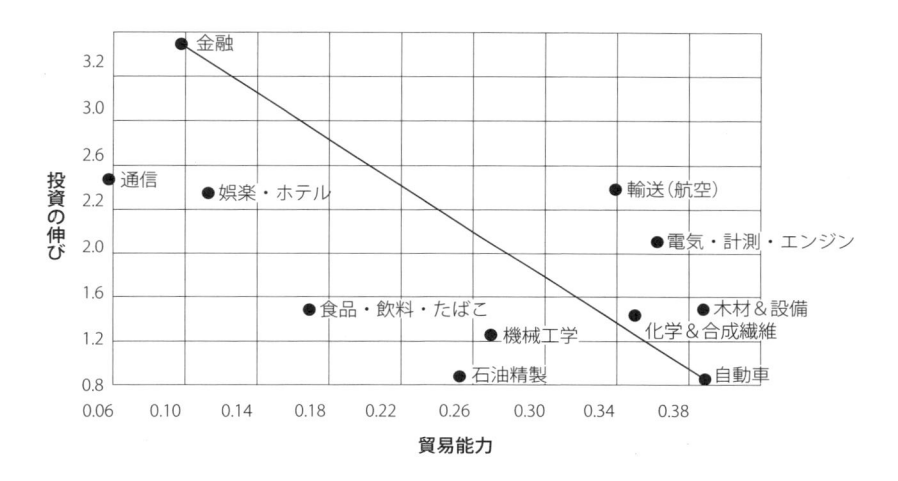

図表 11.3　イギリスの産業の貿易能力と投資の伸び（1979～87 年）

（グラフ：縦軸 投資の伸び、横軸 貿易能力）

- 金融（0.10, 3.2）
- 通信（0.06, 2.4）
- 娯楽・ホテル（0.12, 2.4）
- 輸送（航空）（0.34, 2.4）
- 電気・計測・エンジン（0.36, 2.0）
- 食品・飲料・たばこ（0.18, 1.5）
- 木材＆設備（0.38, 1.5）
- 化学＆合成繊維（0.34, 1.3）
- 機械工学（0.26, 1.3）
- 石油精製（0.26, 0.9）
- 自動車（0.38, 0.8）

出典：ミュルバウアーとマーフィー（文献 11.5）

クトの一環として、アーサー・D・リトルは『イノベーション計画ハンドブック』の制作を援助した（文献 11.7）。本節のアイデアの一部と図表の多くは、このハンドブックを参考にしている。

　まず基本原則だが、株主にとっての企業価値は、現在の企業価値に将来の成長機会を数値化した正味現在価値（NPV）を加えたものだ。現在の企業価値は、資産と収益あるいは取引のレベルで評価できるが、本質的には資産に支えられた強みや短期から中期における収益の規模と堅牢さについての情報に基づく見解を基盤にしている。将来の成長機会の価値は、地理的拡大、技術投資、ブランドの活用などによる機会規模と、この機会を実現する経営能力、そして成功の可能性にかかっている。イギリスの製薬業界のような、技術開発による長期的で一貫した実績を持つ産業には、投資家は喜んで研究開発への多大な投資を支援しつづける（図表 11.4）。アルフレッド・ラパポートは株主価値に関する研究の中で、一般的に投資家は、技術開発で長期的な業績を挙げている事例を示されれば、長期的な観点を持つということを指摘している（文献 11.8）。も

し業績がよくなければ、投資家は将来の成長を大きく割り引くだろう。

買収側の企業が被買収側の企業よりも発展のためによい事業ポジションにいるような買収を見ると成長機会の潜在価値がどれほどあるかわかる。たとえば、ネスレがラウントリー・マッキントッシュを買収したとき、ラウントリーの時価総額は資産価値の4倍まで劇的に上昇したが、これはネスレ傘下に入ることでラウントレーに加わった潜在価値を反映している。その後のネスレの国際流通網に後押しされたキットカットをはじめとする多数の商品の売上の伸びは、この潜在価値が実現したことを示している。キットカットの売上は5年以内に48億円から86億円に上昇した。結論は明らかである。成長が実現されると納得すれば、投資家は将来の成長機会に本当の価値を見出すということだ。技術開発についても同じことが言える。技術がもたらす成長が十分に証明されるなら、技術への投資は良いことに見えるだろう。

技術投資は利幅を増やし、より収益性の高い事業をもたらすのに役立つだろうか？　多くの研究者が、研究開発投資と企業業績との間に強い因果関係を見出している。しかし、一般に成功した企業は失敗した企業よりも研究開発費を使っているため、研究開発が成功をもたらしたのか、成功によって経営者が勇気をもって研究開発費を使えるようになったのかは明らかではない。

歴史的なデータから、過去の研究開発と現在の業績との間の因果関係がわずかにわかる。研究開発費の増加はしばしば6～7年後の事業売上と収益性の増加に反映されるが、このタイムラグは大半の産業分野における急激なイノベーションのスピードと一致している。さらに利幅と研究開発の間には関連があるように見える（図表11.5）。研究開発への投資は事業の成長に役立つばかりでなく、収益性の増大にも役立つ。

ここまではよい。しかし、正確なデータを入手するのが難しい理由の一つは、研究開発を効果的にマネジメントする企業の能力のばらつきが、開発費のばらつき以上に大きいという傾向があることだ。その結果、株主と投資家は、さらなる研究開発を追求するメーカーの主張に同意するのに及び腰になる。彼らは詳細に関して納得したいのだ。会社は技術に投資すべきなのか、もしそうなら、その資金がうまく使われ、収益がその支出を正当化できるという証拠はどこにあるのか？

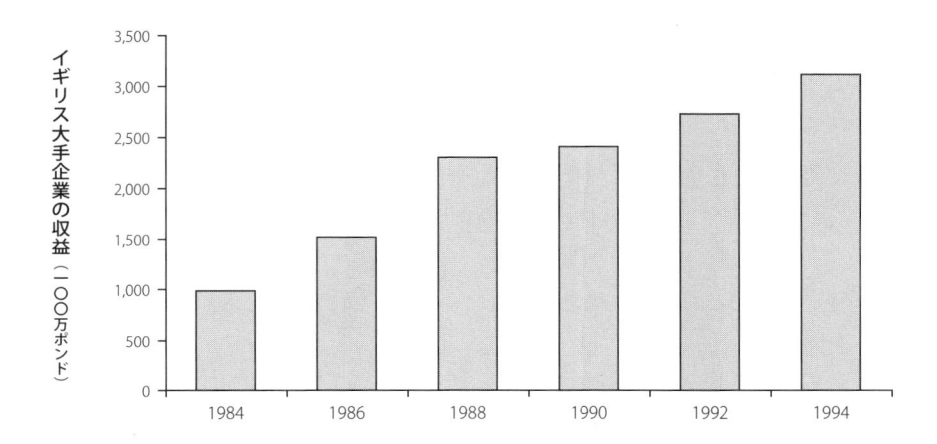

図表11.4　イギリスの製薬業界の収益の伸び

イギリス大手企業の収益（一〇〇万ポンド）

年	収益
1984	約1,000
1986	約1,525
1988	約2,300
1990	約2,425
1992	約2,725
1994	約3,125

出典：アーサー・D・リトルによる大手企業の会計分析

図表11.5　利益率と研究開発投資の関係

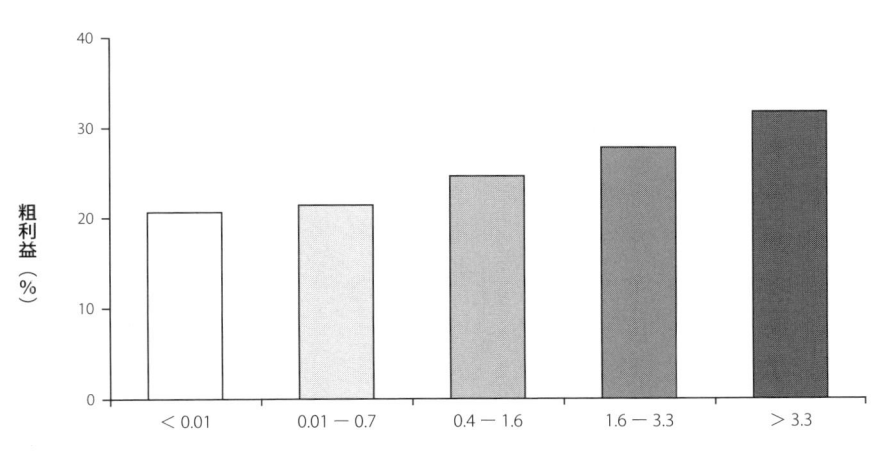

粗利益（%）

過去の研究開発投資／現在の売上（%）	粗利益（%）
< 0.01	約20.5
0.01 − 0.7	約21.5
0.4 − 1.6	約25
1.6 − 3.3	約28
> 3.3	約32

出典：コリアー（文献11.9）

企業は成長のための支援をどうすれば投資家たちから得ることができるのか？　イメージ、価値、満足感の消費者購買モデルを使用した以下のガイドラインは、メッセージを明確に表わし、それを最も効果的に伝えるために役立つはずだ。

- 情報公開と伝達経路に関する基本原則について社内で同意する。
- 会社の技術利用の位置付けを明確にするメッセージを開発し、「イメージ」にする。
- 特定の意図と過去の成果を伝えるために、「価値／満足感」のメッセージを開発する。
- あえて異を唱え、投資家の見解を導入する。「私は自分の会社に投資したいだろうか、もしそうでないなら、どうすれば投資したくなるだろうか？」

●———情報公開と伝達ルールの作成

多くのビジネスリーダーは、将来製品やプロセスの情報公開に神経質である。インサイダー取引法のため、株主が利用できる情報は、公然と利用できるものでなければならない。競合企業があなたの計画を察知するのが心配なら、最も簡単な行動方針は、誰にも何も言わないことである。しかし、競合企業はどのみち公開された情報や顧客、ベンダー、元社員からあなたの会社について多くを知ることができる。プロジェクトの詳細を機密扱いにすることが大前提なら、計画の概要だけでも知らせることは損ではない。

情報伝達はあなたのメッセージを理解させるだけでなく、あなたの関与のレベルを示すものだ。技術開発に関する説明を年次報告書の19ページに2行記すだけでは、その2行に何が記されていようと、あなたが技術開発を真剣に考えているとは誰も信じないだろう。一方、もしあなたが年次報告書の最初のページで技術を奨励し、報道発表や社内報などで頻繁に技術を特集し、技術に関して何度も一貫してアナリストと話し合えば、あなたの話はまじめに受け取られるだろう。

自分に問いかけてみよう。

- 最高責任者は製品と生産技術について、また技術開発について、豊富な知識をもって話すことができるか？ もしできないならば、信用できると思われる（信じる）ためには、その人には何が必要なのか？ 前節に戻り、社内への売り込みについてもう一度考えてみる価値があるだろう。
- 上級技術管理者は株主、アナリスト、報道機関との会議にいつも出席しているか？ もしそうでないなら、それはなぜか？
- 社内を外部に公開したことはあるか？ アナリストや報道機関に、製造組立設備、研究所、製品検査設備などを（願わくは好印象を持って）見せたことはあるか？

これらの質問への答えがイエスなら結構だ。もしノーなら、技術促進を始める「前に」事態を正す方法を決めることだ。洗練された消費者や投資家やそのアドバイザーは、媒体と一致しないメッセージや、あるいは企業トップの心からコミットしていないメッセージは心よく受け取らないからである。

——メッセージとなる「イメージ」の開発

前章までの概説に沿って策定した戦略に基づき、あなたが行き渡らせたいイメージを明確にしよう。あなたは技術のリーダーかフォロワーか？ あなたの製品はイノベーティブか漸進的か？ 競合との競争にとって技術はどれくらい重要か？ 世界の他の人たちにあなたの考えを説明しはじめる前に、これらの点をはっきり明確にしておこう。

どんなイメージを表現したいかがわかったら、メッセージをどのように伝えるかを決めることができる。あらゆる機会でメッセージを伝えるときのキーポイントを次に挙げる。

- どこに投資すべきか明確な考えがあり、持続可能な強みを基に決定していること。
- 事業の成長をもたらすバランスのとれたポートフォリオになるように技術資源を配分していること。

- 望ましい成果を得るために開発をマネジメントする方法を知っていること。
- リスク、リターン、タイミングのバランスが絶妙であり、期待収益には待つだけの価値があること。

　これらの主張はそれだけでは不十分である。それを裏付ける証拠を提供しなければ、まやかしのように聞こえる。ある金融評論家が言ったように、研究開発費の増加の必要性に漠然と言及することは、一時的に業績悪化を隠蔽しようとする試みであることが多い。

　同時に、行き過ぎも避けよう。各プロジェクトをコストや収益の動向とともに詳細に述べることは、退屈で時間がかかり、投資家にとって本当の利益にはならない。その代わりに、事業に大きな影響を与えるプロジェクトや特に多額の投資を必要とするプロジェクトについてより詳細に説明し、期待される全体的業績に焦点を合わせよう。

　これらの重要なメッセージを裏付ける情報の多くは、図表11.6に示したイノベーション・マニフェストの概要とほぼ同じである。それぞれの項目を実証すれば、投資家は満足するだろう。

　マニフェストは社外に配布するためのものではない。社内の覚書として使い、事業における技術の役割について株主や他の重要な利害関係者と討議するために必要な情報を整理しておくものだ。

　メッセージを表現する方法は、あなたがどれほど真剣であるかを伝える。次の声明はすべて最近の年次報告書からの引用である。

- 「我々の目的は、継続的研究と製品・生産技術の開発を通じたイノベーションがもたらす全製品の総合的な性能の卓越性によって、国際的優位を達成することです」
- 「将来、より高い収益を達成するための技術、製品、生産技術を確保するために、技術革新と研究を事業の中心に据えております」
- 「当社は、新製品と新サービスの研究開発のために、786億円を投資しました。1994年までに、最近の5年間に発売された製品が全売上に占める割合は、少なくとも15％になる予定です」

図表11.6　イノベーション・マニフェスト

- 事業戦略に照らして、我が社はどこに投資すべきかを決定した。そして、持続可能な強みを現在構築中である。
  - 投資計画は、事業戦略を論理的に、かつ市場から考えた結論である。
  - 投資対象も事業戦略を支持するものである。
  - 技術革新への投資と他の事業側面への投資はバランスが取られている。

- 経営者は望ましい成果を達成するために開発活動をマネジメントする能力がある。
  - 経営者は定量化できる結果とともに素晴らしい実績を持っている。有機的成長は過去のイノベーション活動の直接的な結果である。
  - 体系化された開発マネジメント・プロセスは、成果を確実なものとし、投資を続行すべき時と中止すべき時を決定している。

- 資源は事業の成長につながるポートフォリオがバランスされるように配分されている。
  - いくつかのプロジェクトは既存事業に漸進的な改良をもたらすだろう。
  - その他の主要プロジェクトは新事業か、まったく違う新しい製品やサービスをもたらすだろう。
  - 投資の一部は中核事業を支える研究のために使われるだろう。

- リスク、収益、タイミングのバランスは適切である。
  - 収益とそのタイミングは定量化できる。
  - リスクは特定でき、管理できる。
  - 収益は、我が社の配当金の成長を維持し、長期的な競争力を強めるのを担保するだろう。
  - 必然的に、成功するのはイノベーション活動の一部だけだが、全体として、我が社は将来の成長にとってよい位置につけるだろう。

出典：イノベーション計画ハンドブック。この図表および本書のその他の箇所で「イノベーション計画ハンドブック」より引用した図表は、英国著作権に属し、政府刊行物発行所の許可を得て複製した。(文献11.7)

それぞれの声明は、疑いなく、技術の素晴らしさとイノベーションへの献身というイメージを伝えることを意図したものだ。しかしながら、一番目と二番目の引用の華麗な言葉には説得力がない。対照的に、三番目の引用は、新製品による売上の割合が15％というのは低いとはいえ、もっとずっと積極的である。

●──「価値／満足感」メッセージの開発

あなたの会社が技術に真剣に取り組んでいること、理にかなった戦略を持っていること、経営陣が技術開発の価値を約束していることを、投資家に納得させたとしよう。株価は上がるだろうか？　否である。投資家はこれまで以上に神経質になるため、どちらかと言えば、しばらくは株価が下がるだろう。今まで、彼らはあなたの会社を他人のもののように思ってきた。今では投資家たちは、あなたが技術に、つまり不確実性に、より関わっていることを知っている。

投資はどれもリスクを伴うが、ある投資は他の投資よりリスクが高い。新しい機械へ投資をしてもあなたの製品は改良されない可能性もあるが、おそらくそんなことはなく改良されるのだろう。機械が計画通りに動かなかったり、市況が劇的に変化したりするリスクは、現実的だが通常は小さい。対照的に、すべてのイノベーションは困難を伴うため、開発プロジェクトが困難に陥るリスクは高い。したがって、投資家を満足させておくためには、投資が価値を生むこと、それをあなたが保証できること、この両方を投資家に納得させる必要がある。マニフェストより詳細な説明が必要である。特に以下を説明する必要がある。

- ●漸進的開発と急進的開発にどのように投資を配分するか。
- ●なぜ技術を開発できると信じているのか。
- ●第一のフォーカスは何か。
- ●技術はどのような影響を事業に与えるだろうか。

本社レベルでは、単なる気持ちのよい響きの言葉の羅列にならないように

メッセージを伝えるのは難しい。あなたがあまり詳細に踏み込み過ぎずに、特定のプロジェクトを体系的かつ厳密に評価していることを暗に伝えるために、十分なデータを利用するのも一つの方法である。新製品の成長性や技術の付加価値を示す定量的指標に加えて、技術投資の種類と目的を示す円グラフを見せれば、投資家はあなたの技術マネジメント力について信用するだろう。

「満足感」測定は特に強力である。たとえば、売上と利幅の増加や生産コストの削減について、同じ製品の旧バージョンと新バージョンとを比較すれば、あなたが事業に実質的な利益をもたらすために技術開発を効果的にマネジメントできることを、投資家に納得してもらうことができる。

同様に、満足感の予測を使うこともできる。たとえば、激しい競争市場にいる世界的な工業機械メーカーは、製品領域の劇的なグレードアップを求め、製品性能を改良し、生産コストを削減していた。技術と製品開発のために年間研究開発予算のほかに20億円の追加投資を行い、経営陣は売上を約20％増やし、現行レベルの二倍にあたる年間12億円の追加利益を計画した。必然的に、このようなプロジェクトの開始時には、コストは簡単に見積り可能だが、売上と収益の予測は不確実である。経営者にとってこれはジレンマだ。予想を公表すれば、将来の災いとなりかねず、この計画に関して競合企業の注意を喚起してしまう。だが内密にすれば、言い逃れしながら次の二年間は収益が20億円低下することになる。

このような事例では、製品領域を改良していること、その結果として売上と収益の増加が期待できるということを説明する必要がある。どの製品か、またどのレベルのリターンが期待できるのかについては、あまり詳しく言う必要はない。それでも、たとえば3年以内に約50％の収益増加が期待できるといったような、目安を置いてスタートすべきである。

適切な説明さえすれば、株主はしばしば提示される条件の見直しに同意するものだ。適切に正当化されれば、技術投資も同様に承認されるだろう。

●──「私は自分の会社に投資するだろうか？」

もしあなたの計画が合理的であることを取締役会や投資界に納得させることができなければ、その計画はおそらく合理的ではない。あなたの論理をテスト

するために、投資家が尋ねそうな質問を自分にしてみよう。本社レベルでは、あなたの戦略が正しいか、自分自身で「なぜか」わかっているかをチェックする有益な練習になる。事業体レベルでは、有効性のチェックになる。以下の4つが尋ねるべき重要な質問だ。

- 会社の事業戦略は何か、また会社は技術が事業に最も貢献できるような活用をしているか？
- 技術開発計画は実行可能か？
- リスクを現実的に評価したか？
- 正味の財務インパクトは何か？

以上の点を綿密に調べることで、何が起きていて、技術開発からどんな可能性のある事業機会があるかを知ることができる。

投資家がどの程度の調査をして、どの質問にどのくらいの重みを付与するかは、投資家と経営者との関係、会社の実績、会社にとっての技術の重要性によって左右される。もし関係が良く、経営者に成功実績があれば、投資家は動向、競争上の強さ、必要な投資額やリスクを第一に知りたがるだろう。しかし、投資額の増減が激しかったり、コミュニケーションが乏しかったりする場合、あるいは業績がない場合には、投資家は上記の4つの質問に対する詳細な答えを求めるだろう。経営者にとっては、投資家のチェックリスト（図表11.7）が有益な出発点になる。

「会社は技術が事業戦略に貢献できるような活用をしているか？」

あなたは明確な事業戦略を持っているだろうか？　多くの企業が持っていないのだが、もしあなたも持っていないなら、この問題は大きく、最初に対処すべきだ。明確な戦略を持っているなら、その戦略における技術の役割を伝える必要がある。本書ではすでに、このためのガイドラインを提供している。

もしあなたが技術戦略の企画に参加しなかったなら、以下の鋭い質問をする必要があるだろう。

図表11.7 投資家のチェックリスト

- 会社は事業戦略を支援するためにイノベーションを活用しているか？
  - 戦略におけるイノベーションの役割は何か？
  - イノベーション計画は、全社戦略、製品と市場の戦略、その他の投資計画と整合しているか？

- 会社のイノベーション計画は実行可能か？
  - マネジメントチームはその任に堪えるか？
  - 会社は必要な人材とスキルを持っているか？
  - 会社の実績はどれほど強いか？
  - 主要プロジェクトの計画は熟慮されたか？
  - 開発活動はバランスが取れているか？
  - 会社は現実的な金額の投資する計画か？

- リスクを現実的に見積もったか？

- 正味の財務的インパクトはどれくらいになるか、またそれは適切に計上されているか？

- リスクとリターンは長期的な株主価値になるか？
  - 会社は利益への影響を評価したか？
  - 提供される成長機会はどれほど価値があるか？
  - リスクのために収益はどれだけ割り引かれるか？

出典：この図表および本書の他の箇所で「イノベーション計画ハンドブック」から引用した図表は、英国著作権に属し、政府刊行物発行所の許可を得て複製した。（文献11.7）

- あなたの技術計画は、全体的な事業戦略と整合しているか？
- 計画された技術開発は、あなたの製品と市場戦略に貢献するだろうか？
    ——計画された技術開発によって、あなたの会社は競合企業に遅れずについていくこと、あるいはこれを追い越すことができるだろうか？
    ——競争力のある新製品や生産技術をもたらすだろうか？
- 技術投資計画は、あなたの他の投資計画と整合するだろうか？　言い換えれば、会社は配当金や追加投資との関係の中で優先順位を技術に与えているか？
- 人材や技術スキルの開発に十分な投資を行っているか？

「技術開発計画は実行可能か？」

　この質問のキーは、あなたが戦略を実行できるかどうかということである。要するに、あなたのマネジメントチームはその任に堪えられるか？　これを知るために、経営陣が期待に沿うためのスキル、資格、経験を持っているかどうかをチェックしよう。経験は非常に重要である。彼らが約束したことを実行した実績や、彼らがイノベーションに熱心である証拠はあるだろうか？

　技術に多額の投資をしている場合には特に、取締役会の構成を確認しチェック・アンド・バランスが機能しているかを確認することも重要だ。特に、非常勤役員は技術を理解しているだろうか、また彼らは開発活動を監視し、経営陣がトラブルに陥っていないかを確かめる手段を持っているだろうか？

　マネジメントチームがその任にふさわしいと信じられるなら、あなたは彼らが次々と仕事を進めることにおそらく満足しているだろう。もし疑いがあるか、投資が異常に高いなら、主要プロジェクトの計画が熟考されたかどうかを再確認する必要があるかもしれない。特に、図表11.8に挙げた質問を自分に尋ねてみよう。

　最終的に、計画の実行可能性は、実行に要する資源にかかっている。あなたが投資するつもりの金額は計画を賄えるか確かめよう。そしていったん距離を置いてみて、本社の立場から投資を検討しよう。

図表11.8　開発計画の評価

- 計画は内部で一貫しているか？
- 財務分析は適切か？
- タイミングは現実的か？
- 技術スキルは利用できるか？
- 適切なマネジメントシステムがあるか？
- 開発活動はバランスが取れているか？

出典：この図表および本書の他の箇所で「イノベーション計画ハンドブック」から引用した図表は、英国著作権に属し、政府刊行物発行所の許可を得て複製した。（文献11.7）

- あなたの会社の投資計画は同業他社と比較してどうなのか？
- 国際的に比較してどうなのか？
- 投資に対する財務的余裕があるのか、それとも資源に必要以上の制約があるか？
- 計画はあなたの会社の競争力や志と一致しているか？

　全般的に見れば、技術開発が実行可能かどうかは、判断の問題である。より小さく十分な資源のない企業に、国際的な大手競合企業と同じ目標を達成することは期待できない。あなたの開発チームが競合企業より優秀だという思い込みは誤りである。あなたは幸運に恵まれているかもしれないが、開発の質の高さが資源不足を埋め合わせるだろうという仮定は、投資の健全な根拠にはならない。

　あなたも投資家も、プロジェクトを継続するための資源が会社にあると信じる必要がある。あなたは新製品のアイデアを200も思い付き、共同研究開発のベンチャー事業を設立できるかもしれないが、下流部門のマーケティング・スタッフの不足、工場の柔軟性の欠如、過密な流通チャネルなどによって、投資価値相当の計画の実現を妨げるかもしれない。

「リスクを現実的に見積もったか？」

どのくらいリスクが変動すると、どのくらい結果に影響するかの感度分析を行って、すべてのリスク要因を特定し、収益見積りが現実的かどうかを確かめるべきである。

リスク要因には以下が含まれる。

- （国内および国外の）「競合要因」。競合企業は何をしているか？ 競合製品を発売しそうか？
- 「技術要因」。イノベーションは技術の飛躍的進歩に依存しているか？ 飛躍的進歩はありそうか？ 何かうまくいかない可能性があるか？ どんなバックアップの選択肢を持っているか？
- 「外部要因」。いつイノベーションは事業成果をもたらすか、そのときビジネス環境はどんな状態か？ イノベーションは第三者に左右されるか？ たとえば、新しいノートパソコン・プロジェクトは日本からの次世代メモリの入手可否に全面的に頼っているか？
- 「遅延要因」。重要プロジェクトが遅れたら何が起きるか？ 1年間の遅れは、重大な時期を逸したことを意味するのか、それとも主要顧客が競合企業に乗り換えることを意味するのか？

リスクも量的と質的に評価できる。定量的な確率ツリーを作っても、単にリスクを一覧表にしてその累積効果を判断してもかまわない。一連のリスクの有無と発生しうる結末が認識できれば、あなたは収益動向の予測を真剣に受け止めることができる。

「正味の財務インパクトはどれくらいになるだろうか？」

これが最も重要で、最も答えるのが難しい質問である。イノベーションへの投資の全費用を見積もり、収益性を判断するのは、難しい仕事だ。

大規模なイノベーションプロジェクトについては、あなたと取締役会は、本書の第4章で概説した評価方法を利用して詳細な財務シミュレーションをするべきである。必要なら、リスク／リターン・モデルを開発し、感度分析を行い、

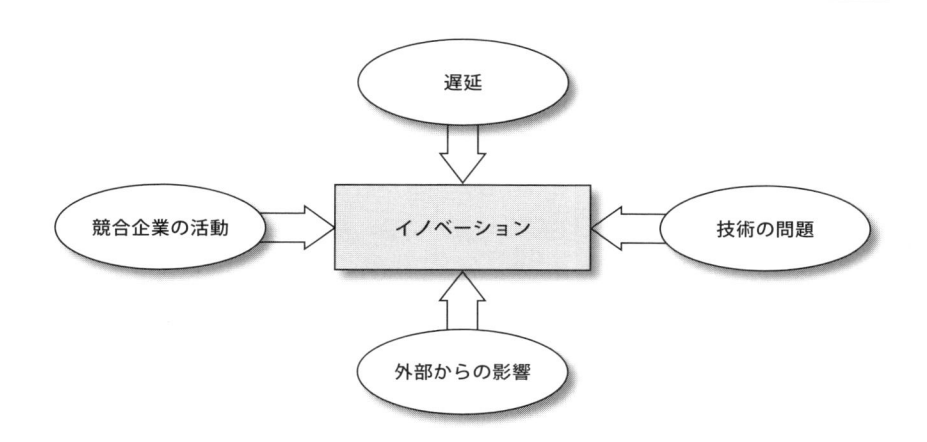

図表11.9　イノベーションのリスク

```
                    ┌──────┐
                    │ 遅延 │
                    └──┬───┘
                       ↓
┌────────────┐    ┌──────────────┐    ┌────────────┐
│ 競合企業の活動 │──→│ イノベーション │←──│ 技術の問題 │
└────────────┘    └──────┬───────┘    └────────────┘
                       ↑
                  ┌────────────┐
                  │ 外部からの影響 │
                  └────────────┘
```

出典：この図表および本書の他の箇所で「イノベーション計画ハンドブック」から引用した図表は、英国著作権に属し、政府刊行物発行所の許可を得て複製した。(文献 11.7)

過去のプロジェクトとの比較によって有効性を示すとよい。割引の基本ケース、投資、課税その他のパラメーターを考慮し、強固な全体像を描くのだ。強固さは細部の精度よりも重要である。投資家は、理想的な条件の下で正確な利益がどうなるかということよりも、条件が変わっても価値があるものは何かを知りたいと思っている。

計画は長期的な株主価値につながるか？

　イノベーションがもたらす株主価値の成長は、会社の製造、マーケティング、財務管理の能力と同様に、イノベーションの当初のアイデアのよさに依存する。したがって、リスクとリターンを株主価値に変えることは、容易な仕事ではない。イノベーション活動と株主価値を関連付けた信頼のおける研究は数少ないとはいえ、長期的な売上成長とイノベーション活動との相関関係には議論の余地がない。

イノベーションの株主価値への影響を見るために、以下に答えるべきである。

- イノベーションの配当利益へのインパクトを評価したか？　経営陣は現在の製品やサービスの売上の必然的な減少を考慮し、資金需要と収益変動を緻密に計画したか？
- 提供される成長機会にはどれほどの価値があるか？　会社は約束した機会を実現できるか、それとも競合企業の活動、顧客嗜好の変化、ベンダーの問題などに対して脆弱か？
- リスクを考慮して、予測されるキャッシュフローをどれだけ割り引くか？現在ではリスク要因によって調整された割引率に基づいたNPVが広く一般に使われているとはいえ、多くの企業はまだ投資回収期間のような単純で精度の低い測定法を利用している。

同様に、株主価値へ影響を与える他の要因に照らして、提案されているイノベーション投資の価値を検討すべきである。技術とイノベーションは株主価値にとって重要だが、他の戦略的活動も重要だ。大規模な買収、新しい地域への参入、製造設備の合理化、上級管理職の交代はどれも大きな影響力を持つ。それらは短期的には技術よりも戦略目標の実現に役立つことがあり、イノベーション投資にとって必要不可欠になるかもしれない。

したがって、最高責任者と上級管理者は、投資家とともに、会社における技術の位置づけを明確にする必要がある。技術が事業の唯一の推進力になることはめったになく、マーケティング、製造、調達などの他部門における実行が乏しければ、技術の進歩がもたらす潜在的利益は失われてしまうことが多い。だからと言って、戦略的な戦いを諦める理由にはならない。技術があっても成功しないかもしれないが、少なくともチャンスはある。技術がなければ、チャンスもないのだ。

最後に、技術は日常的に長期的で部門横断的な観点を持つ「唯一の」部門であるということを、心に留めておこう。この点で、上位レベルで技術をマネジメントする人は、長期的な事業戦略の監視者だ。これは、短期的成果を求める

絶え間ないプレッシャーの下で迅速に問題を解決しなければならない会社に対して、外部からの幅広い長期的成功の観点をもたらす重要な役割だ。

参考文献

1.1 SW Sanderson and V Uzumeri, *Strategies for New Product Development and Renewal*, Working paper, Center for Science and Technology Policy, Rensselaer Polytechnic Institute, Troy NY, May 1990.
1.2 Eric Larson et al. 'Beyond the Era of Materials', *Scientific American*, Vol. 254, No. 6, June 1986, also reprinted in *The Materials Revolution*, ed. Tom Forester, pub. Basil Blackwell, 1988.
1.3 Roger Porter, 'Looking into the Future', *Hoescht High Chem Magazine*, Vol. 15, 1994.
1.4 Joel Clark and Merton Flemings, Advanced Materials and the Economy, *Scientific American*, Vol. 255, No. 4, October 1986, also reprinted in *The Materials Revolution*, ed. Tom Forester, pub. Basil Blackwell, 1988.
1.5 Gary Hamel and CK Prahalad, 'The Core Competence of the Corporation', *Harvard Business Review*, May-June 1990, and 'Strategic Intent', *Harvard Business Review*, May-June 1989.
1.6 Andrew Campbell, Marion Devine and David Young, *A Sense of Mission*, pub. The Economist Books, 1990.
1.7 Tamara Erickson and David Shanks, 'Rethinking Growth and Renewal in the '90s', in *The Best of Prism*, Vol. II, pub. Arthur D. Little, 1996.
2.1 Michael Goold, Andrew Campbell, Marcus Alexander, *Corporate Level Strategy - Creating value in the multi-business company*, pub. Wiley, 1994.
2.2 Michael Goold and Andrew Campbell, Strategies and Styles - *The role of the centre in managing diversified corporations*, pub. Basil Blackwell, 1987.
2.3 Gerard Tellis and Peter Golder, First to Market, First to Fail?', *Sloan Management Review*, Vol. 37, No. 2, Winter 1996.
2.4 David Teece, 'Profiting from Technological Innovation', *Research Policy*, Vol. 15, No. 6, 1986.
2.5 The Innovation Advisory Board, *The Innovation Plans Handbook: Getting the Message Across - Improving communication on innovation between companies and investors*, pub. UK Department of Trade and Industry, 1991.
3.1 UK Department of Trade and Industry, *The 1997 UK R&D Scoreboard*, pub. Company Reporting Ltd., June 1997.
3.2 Accounting Standards Committee, SSAP 13 (Revised) - *Accounting for Research and Development*, pub. ICAEW London, January 1989.
3.3 Institutional Shareholders' Committee Pamphlet, *Suggested Disclosure of Research & Development Expenditure*, April 1992.
3.4 Bill Nixon, 'R&D Disclosure: SSAP 13 and After', *Accountancy*, February 1991.
3.5 Philip Roussel, Kamal Saad and Tamara Erikson, *Third Generation R&D - Managing the link to corporate strategy*, pub. Harvard Business School Press, 1991. (『第三世代の R&D ──研究開発と企業・事業戦略の統合』フィリップ・A・ラッセル、タマーラ・J・エリクソン、カマル・N・サード著、田中靖夫訳、ダイヤモンド社、1992 年)
4.1 Gary Hamel and CK Prahalad, 'The Core Competence of the Corporation', *Harvard Business Review*, May-June 1990.
4.2 The Innovation Advisory Board, *The Innovation Plans Handbook: Getting the Message Across - Improving communication on innovation between companies and investors*, pub. UK Department of Trade and Industry, 1991.
5.1 Boston Consulting Group, *Perspectives on Experience*, pub. Boston Consulting Group, 1972.
5.2 Making Waves, part of the World Economy Survey, *The Economist*, 28th September 1996.
5.3 GK Webb, 'Product Development and Price Trends for Fibre Optic Components', *Technovation*, Vol. 16, No. 3, March 1996.

5.4   George Day and David Montgomery, 'Diagnosing the Experience Curve', *Journal of Marketing*, Vol. 47, Spring 1983.
5.5   Stephen Schnaars, *Megamistakes - Forecasting and the myth of rapid technological change*, pub. Free Press, 1989.
5.6   Ed. Leo Howe and Alan Wain, *Predicting the Future - the 1991 Cambridge Darwin Lectures*, pub. Cambridge University Press, 1993.
5.7   John Gillot and Manjit Kumar, *Science and the Retreat from Reason*, pub. Merlin Press, 1995.
5.8   Lucy Rowbotham and Nils Boblin, 'Structured Idea Management as a Value-Adding Process', *Prism*, Second Quarter 1996, pub. Arthur D. Little.
5.9   Toru Nishikawa, 'New Product Planning at Hitachi', *Long Range Planning*, Vol. 22, No. 4, 1989.
5.10 Ellinor Ehrnberg, *Technological Discontinuities and Industrial Dynamics*, Chalmers University of Technology, 1996.
5.11 Richard Foster, *Innovation - The Attackers' Advantage*, pub. Summit Books, 1986. (『イノベーション──限界突破の経営戦略』リチャード・フォスター著、大前研一訳、阪急コミュニケーションズ、1987年)
5.12 CEH Morris, *Steel - A metal and a material*, Proc. Instn. Mech. Engrs., 1989.
6.1   MJ Neale, *Wealth from Technology*, Proc. Instn. Mech. Engrs., Preprint 5,1990.
6.2   David McDonald and Harry Leahey, 'Licensing has a Role in Technology Strategic Planning', *Research Management*, January-February 1985.
6.3   James Welch *et al.* 'The Bridge to Competitiveness - Building supplier-customer linkages', *Target*, Vol. 8, No. 6, November-December 1992.
6.4   Andreas Zitzewitz *et al.* Global Alliances - 256M. DRAM, Motivations, Challenges and Success Factors, Outsourcing R&D Conference, London, June 1995.
6.5   'Making Alliances Work - Lessons from companies' successes and mistakes', *Business International*, March 1990.
6.6   Elizabeth Garnsey and Malcolm Wilkinson, 'Global Alliance in High Technology - A trap for the unwary', *Long Range Planning*, December 1994.
6.7   David Gibson and Everett Rogers, *R&D Collaboration on Trial - The story of MCC*, pub. Harvard Business School Press, 1994.
7.1   Ranganath Nayak and John Ketteringham, *Breakthroughs*, pub. Mercury books, 1987.
7.2   Richard Gourlay, 'How Big Brother can Offer a Strong Defence', *Financial Times*, 20th November 1990.
8.1   Philip Roussel, Kamal Saad and Tamara Erikson, *Third Generation R&D - Managing the link to corporate strategy*, pub. Harvard Business School Press, 1991. (『第三世代のR&D──研究開発と企業・事業戦略の統合』フィリップ・A・ラッセル、タマラ・J・エリクソン、カマル・N・サード著、田中靖夫訳、ダイヤモンド社、1992年)
8.2   Paul Adler and Kasra Ferdows, 'The Chief Technology Officer', *California Management Review*, Spring 1990.
8.3   Jean-Philippe Deschamps and Ranganath Nayak, *Product Juggernauts*, pub. Harvard Business School Press, 1995.
8.4   Herman Vantrappen and John Collins, 'Controlling the Product Creation Process', *Prism*, Second Quarter 1993, pub. Arthur D. Little.
8.5   Arthur D. Little, *Total Product Management - A management overview*, pub. UK Department of Trade and Industry, 1991.
8.6   Ross Horwich, *A Review of Corporate Research & Development Funding*, Sloan Fellowship Masters Programme Project, pub. London Business School, August 1992.

9.1 V. Nolan, *The Innovator's Handbook*, pub. Sphere Books, 1989.
9.2 Tom Peters, *Liberation Management*, pub. Alfred Knopf, 1992.
9.3 Thomas Allen and Alan Fusfeld, 'Design for Communication in the Research & Development Lab.', *Technology Review*, May 1976.
9.4 Clive Maier, 'All Together Now', *Design*, April 1994.
9.5 Richard Freeman, 'Innovation and Growth - Does UK industry and the city recognise that innovation is essential for profitable and sustainable growth?', *Innovation and Short-Termism*, Financial Times conference, London, June 1990.
9.6 RM Belbin, *Management Teams - Why they succeed or fail*, pub. Heineniann, 1981.
9.7 Horace Freeland Judson, *The Eighth Day of Creation*, pub. Penguin Books, 1995.
9.8 Peter Scott-Morgan, *The Unwritten Rules of the Game*, pub. McGraw-Hill, 1994. (『会社の不文律――ホンネがわからなければ、何も変えられない』ピーター・スコット・モーガン著、三沢一文、黒沢磨紀、浪江一公訳、ダイヤモンド社、1995年)
9.9 Philip Roussel, Kamal Saad and Tamara Erikson, *Third Generation R&D - Managing the link to corporate strategy*, pub. Harvard Business School Press, 1991. (『第三世代のR&D――研究開発と企業・事業戦略の統合』、フィリップ・A・ラッセル、タマーラ・J・エリクソン、カマル・N・サード著、田中靖夫訳、ダイヤモンド社、1992年)
10.1 A Griffin and A Page, 'An Interim Report on Measuring Product Development Success and Failure', *Journal of Product Innovation Management*, Vol. 10, pp.291-308, 1993.
10.2 Charles House and Raymond Price, 'The Return Map - Tracking product teams', *Harvard Business Review*, January-February 1991.
10.3 Christoph Loch, Lothar Stein and Christian Terwiesch, 'Measuring Development Performance in the Electronics Industry', *Journal of Product Innovation Management*, Vol. 13, pp.3-20, 1996.
11.1 *Results of the Arthur D. Little International Survey on the Marketing/R&D Interface*, pub. Arthur D. Little International inc., 1993.
11.2 Ross Horwich, *A Review of Corporate Research & Development Funding*, Sloan Fellowship Masters Programme Project, pub. London Business School, August 1992.
11.3 Lowell Steele, 'Selling Technology to your Chief Executive', *Research Management*, January-February 1987.
11.4 Jean-Philippe Deschamps and Ranganath Nayak, *Product Juggernauts*, pub. Harvard Business School Press, 1995.
11.5 Data produced by John Muellbauer and Anthony Murphy, published in *Economic Policy*, October 1990, and quoted in Will Hutton, 'Why Britain Can't Afford the City', in *Management Today*, September 1991.
11.6 'The Innovation and Short-termism', Financial Times conference, London, June 1990.
11.7 The Innovation Advisory Board, *The Innovation Plans Handbook: Getting the Message Across - improving communication on innovation between companies and investors*, UK Department of Trade and Industry, 1991.
11.8 Alfred Rappaport, 'CFOs and Strategists: Forging a common framework', *Harvard Business Review*, May-June 1992.
11.9 Donald Collier *et al.* 'How Effective is Technological Innovation?', *Research Management*, September-October 1984.

図表一覧

1.1	アルミニウム精錬業者の発展	5.11	連続鋳鋼の生産量の割合
1.2	家電業界におけるライフサイクルの短縮	5.12	技術と市場リスク
1.3	DRAM の記憶容量	6.1	技術委託の選択肢
1.4	耐衝撃性ポリマーの開発	6.2	技術の外部委託の決定
1.5	航空エンジンの高温材料の進化	6.3	DRAM 世代の過去とこれからのライフサイクル
1.6	アメリカの最高経営責任者の重大な関心事	6.4	提携のトレードオフ
2.1	本社の技術方針とマネジメントスタイル	6.5	「囚人のジレンマ」
2.2	技術のリーダーシップと事業の成否	7.1	技術と戦略目標のマッチング
2.3	技術方針のチェックリスト	7.2	提携能力のマッチング
3.1	事業と技術戦略の体系的アプローチ	7.3	評価方法
3.2	事業の技術的ニーズを特定する	8.1	研究開発のチェーン
3.3	主な競争基盤	8.2	研究開発組織の選択肢
3.4	成功要因の見極め	8.3	技術マネジメントの責任
3.5	成功要因の関連技術の特定（例）	8.4	グローバル開発組織
3.6	技術の分類	8.5	グローバル開発組織の競争優位性
3.7	製紙技術のツリーの一部	8.6	資金調達の分類
3.8	技術カテゴリーの定義	8.7	資金調達と目的の関係
3.9	技術能力のレベルの定義	9.1	開発期間中のモチベーションのレベル
3.10	能力レベルの戦略的意味合い	9.2	非公式な技術的コミュニケーションのレベル
4.1	コア・コンピタンス技術のカテゴリー		
4.2	事業部の研究開発費の比較	9.3	効果的な製品開発チーム
4.3	研究開発投資対技術の強さ——事業の比較イメージ	9.4	製品開発プロセスへの開発技術者の関与レベル
4.4	技術開発投資計画	10.1	製品開発管理協会の成果指標
4.5	技術開発の包括的戦略	10.2	ヒューレット・パッカードの損益分岐時間
4.6	技術革新プロジェクトプランのイメージ	10.3	従来の成果指標
4.7	プロジェクトのメリットの評価	10.4	業績向上へのインパクト
4.8	変化するベース・ケース	10.5	技術開発の指標
4.9	草案段階における意思決定の重要性	10.6	創造性の指標
4.10	プロジェクトのポートフォリオのリスク／リターン評価	10.7	創造性の活用の指標
		10.8	内部顧客の満足度の指標
4.11	プロジェクトの時間分布	10.9	ミクロ指標
5.1	電話料金の減少	11.1	消費者購買モデル
5.2	光ファイバー・カプラーの経験曲線	11.2	イメージアップの活動
5.3	日本製オートバイの価格	11.3	イギリスの産業の貿易能力と投資の伸び（1979〜87 年）
5.4	データ記憶技術のトレンド		
5.5	未来の予測	11.4	イギリスの製薬業界の収益の伸び
5.6	レーザー光源に関連する活動	11.5	利益率と研究開発投資の関係
5.7	フレキシブル生産システムで利用されるロボット	11.6	イノベーション・マニフェスト
		11.7	投資家のチェックリスト
5.8	技術の「S字」曲線	11.8	開発計画の評価
5.9	代替技術のインパクトの分類	11.9	イノベーションのリスク
5.10	代替技術に対するアクションの選択肢		

ADL経営イノベーションシリーズ刊行にあたって

　1886年、米国マサチューセッツ工科大学（MIT）のアーサー・D・リトル博士によって、世界最初の戦略コンサルティングファームとして設立された「アーサー・D・リトル（ADL）」。われわれADLは、爾来一世紀を超え一貫して"企業経営のありかた"を考え続けてきました。

　「ADL経営イノベーションシリーズ」は、これまでにADLが培ってきた企業経営に関する想いを、一連の書籍の形をとり、皆様にお届けしていくものです。戦略の要諦とは？　技術の意義とは？　組織のリーダーシップとは？　社員のモチベーションとは？……いかに時代がうつろえども、常に変わらずに「経営の根幹をなす本質的・普遍的な様々な問い」につき、皆様と議論させていただくことを願っています。

　本シリーズは、はやりのビジネス書ともいうべき一過性のベストセラーを目指すものではありません。企業経営、組織運営、事業管理にかかわる皆様の傍らに常にあり、新しい気づきを求めて、末永く何度も何度もページをめくって頂けるような、いうなればロングセラーと評されるものになれば嬉しく思います。

　「thought-provoking」という言葉があります。「示唆に富み、啓蒙的で、思考力を大いに刺激される」といった意味です。この単語が冠されるに相応しいシリーズになることを願っております。

　ご愛顧のほど、どうぞよろしくお願い申し上げます。

Arthur D Little

アーサー・D・リトル（ジャパン）株式会社
マネージング・ディレクター　日本代表　原田裕介

● 著者紹介

クリス・フロイド
Chris Floyd

アーサー・D・リトルのヨーロッパ担当ディレクター。エンジニアリングと新製品戦略の経験を持ち、イギリス、ハロゲートにあるADL北部イギリス事務所の所長を務める。製品開発と技術管理に関する識者として会議やビジネススクールでよく知られており、英国デザイン評議会や貿易産業省イノベーション諮問委員会と密接に協力している。また欧州技術管理委員会の専門アドバイザーも務めた。

● 訳者紹介

前田 琢磨
Takuma Maeda

アーサー・D・リトル（ジャパン）株式会社 シニア・マネジャー

横河電機株式会社においてエンジニアとして勤めた後、ADL参画。過去10年間にわたり電子・電気・機械・通信分野を中心に事業・技術・知財の戦略課題とこれら課題解決実行のための意識改革に取り組む。グロービス経営大学院講師。カーネギーメロン大学産業経営大学院修了(MBA)。慶応義塾大学理工学部物理学科卒業。

アーサー・D・リトル（ジャパン）株式会社について
Arthur D. Little Japan Inc.,

1886年、米国ボストンにて、マサチューセッツ工科大学(MIT)のアーサー・デホン・リトル博士によって、世界最古の経営コンサルティングファームとして創業される。現在、世界30カ国以上に1500人のスタッフを擁し、グローバルにサービスを展開。日本法人は、1978年設立。以来"ものづくり"に携わる企業を中心に、経営課題解決の支援を提供し続けてきた。「経営と技術の融合」「ヒトと組織環境の開発」など戦略立案から一歩踏み込んだ"腹に落ちる"提言の創出を掲げて活動を行っている。
http://www.adl.co.jp/

● 英治出版からのお知らせ

弊社ウェブサイト（http://www.eijipress.co.jp/）では、新刊書・既刊書のご案内の他、既刊書を紙の本のイメージそのままで閲覧できる「バーチャル立ち読み」コーナーなどを設けています。ぜひ一度、アクセスしてみてください。また、本書に関するご意見・ご感想をE-mail（editor@eijipress.co.jp）で受け付けています。たくさんのメールをお待ちしています。

経営と技術

テクノロジーを活かす経営が企業の明暗を分ける

発行日	2008年11月30日 第1版 第1刷
著者	クリス・フロイド
訳者	前田琢磨（まえだ・たくま）
発行人	原田英治
発行	英治出版株式会社
	〒150-0022 東京都渋谷区恵比寿南 1-9-12 ピトレスクビル 4F
	電話　03-5773-0193　　FAX　03-5773-0194
	http://www.eijipress.co.jp/
プロデューサー	高野達成
スタッフ	原田涼子、秋元麻希、鬼頭穣、大西美穂、岩田大志
	藤竹賢一郎、山下智也、デビッド・スターン、松本裕平
	浅木寛子、佐藤大地、坐間昇、大原葵、虫賀幹華、鈴木みずほ
印刷・製本	大日本印刷株式会社
装丁	英治出版デザイン室
翻訳協力	杉美春／株式会社トランネット

Copyright © 2008 Arthur D. Little Japan Inc.
ISBN978-4-86276-032-6　C0034　Printed in Japan

本書の無断複写（コピー）は、著作権法上の例外を除き、著作権侵害となります。
乱丁・落丁本は着払いにてお送りください。お取り替えいたします。

● 英治出版の本　好評発売中 ●

スローン・コンセプト
組織で闘う

「会社というシステム」を築いたリーダーシップ

アリン・フリーマン著　アーサー・D・リトル（ジャパン）訳

20世紀初頭から今日まで頂点にあった巨人・GM。その地位を確立した中興の祖アルフレッド・P・スローン Jr.。その経営コンセプトの影響力は絶大で、スローン以降、他の米国企業、ひいては世界中の企業の構造・運営方法が格段に進歩したと言われる。近代の企業経営を根本から変革した、そして現代にも生き続ける普遍的・本質的な経営の原理原則を、経営イノベーションの先駆者スローンの軌跡から読み解く。

(ISBN978-4-901234-99-3　C0034　四六判ハードカバー　本体1,900円＋税)

なぜ、あなたが
リーダーなのか？

ロバート・ゴーフィー、ガレス・ジョーンズ著
アーサー・D・リトル（ジャパン）訳

リーダーシップの本は、もう読み飽きたかもしれない。理想のリーダー像なら、誰でも語れるかもしれない。しかし、「誰もがジャック・ウェルチになれるわけではない。」言い換えれば、誰もが、その人なりのリーダーシップを発揮できるのだ。だから、著者は言う。「自分自身であれ」と。長所や短所、生い立ち、得意・不得意、人間関係に目を向けて、いま初めて語られる、一人ひとりのためのリーダーシップ論。

(ISBN978-4-86276-001-2　C0034　四六判ハードカバー　本文1,800円＋税)

Arthur D Little
ADL経営イノベーションシリーズ